政府債務の世紀
国家・地方債務の全貌

桜井良治
sakurai ryoji

新評論

はしがき

　21世紀初頭の日本財政は、国も地方も特殊法人も「債務」という麻薬にむしばまれている。麻薬の吸引者が吸引をやめられなくなるように、とめどない債務の累増を止められなくなっている。これまでに発行した公債は、すでに返済不可能なほど巨額の公債残高を生み出している。以前に発行した公債の利子を、新しい公債発行（借換債）によって調達する資金で賄うという財政赤字拡大の連鎖が続いた結果、日本財政は債務膨脹のスパイラルに入ってしまった。
　我が国では、公的資金は民間資本を圧迫するまでに膨れ上がった。先進各国は、多かれ少なかれ、20世紀末までに財政構造改革を成し遂げた。それに対して日本財政だけが取り残され、破産寸前の状態に陥っている。日本は低開発国に対する援助国であるにもかかわらず、日本の国債に対する国際的評価は低開発国以下に下がっている。
　今日では、過去の累積債務が持続不能な巨大な負担となって、国民の肩にのしかかっている。今日の財政最大の課題は債務の処理である。このまま債務の累積が続けば我が国も、2001年12月のアルゼンチン国家破産と同様の事態が生じる可能性が強い。国債の買い手がつかなくなり、暴落も起きかねない。それを防ぐためには、21世紀初頭は国家債務返済の時代とならざるを得ない。
　我が国では、政府の財政赤字と民間の不良債権は、「双子の赤字」として日本経済に覆い被さっている。また、大量の公債発行による非効率な資金運用は、実質上のクラウディング・アウト現象を引き起こし、民間経済の立ち直りを阻んでいる。平成不況期のクラウディング・アウトは金利上昇を伴わない日本型の特徴をもち、「財政不況」と呼ぶべき経済状態をもたらしている。
　小泉構造改革を通じて、行政改革が第二の予算である財政投融資改革を中心として進んでいる。財投資金を浪費する特殊法人改革とその資金源である郵便

貯金改革が、ようやく始まったところである。しかしこの間に、第一の予算である一般会計の公債乱発を中心として財政規律はどんどん失われ、債務は増大する一方である。財政全体の改革を伴わない行政改革は、改革の主柱を失ってやがて失速するであろう。

　いかに小泉構造改革の進度が遅くとも、改革の向いている方向が間違っているわけではない。今後、いかなる政権交代があったとしても、これをさらに進める以外に財政構造改革を実現する路はない。

　小泉改革の成果も大きい。内閣府や首相官邸の民営化推進委員会を中心として、これまで極秘にされてきた特殊法人の会計処理等の行政実態が少しずつ解明され始めた。本書では、これらの資料を活用できたので立ち入った分析ができた。しかし、財務省を中心とした財政破綻情報の公開とそれに基づいた財政全体の構造改革はまだこれからである。

　本書の主要課題は、政府債務の全体像を解明することである。そのために、一般会計を中心としたトータル財政の財政赤字を解明したい。そこで、必要に応じて、①一般会計、②特別会計、③財政投融資（政府関係機関の赤字）、④地方財政支援による財政赤字から成る財政四部門の複雑な赤字創出構造について解明したい。このことを通じて、各部門に蓄積された国家債務の望ましい処理策と今後の債務削減策について検討したい。

　なお、本書のタイトルにある「政府」という概念は、中央政府（central government）と地方政府（local government）を含んでいるので、本書では、国と地方の債務及び両者の債務の関連について包括的に論じている。

　本書は、筆者が15年間大学で財政学を講義しながら沸き起こってきた様々な疑問に答えているため、日本の財政の現状という最も興味深い対象について探求しながら、財政の基本課題について学べる内容になっている。国家予算、公債、財政投融資、地方財政への国家の支援策、国民負担率等の財政の基本課題について説明しているため、日本財政の全体構造についての基礎知識が得られる。従来のテキストと異なって、財政を年々の国家予算のフローの面だけでなく、特別会計や財政投融資残高というストックの面からも説明している。財政学を身に着けてから財政実態に応用するのではなく、財政実態を学ぶ中から、新しい財政学を探求する構造になっている。

本書は、借入金等の隠れ債務を含めた日本の債務の全体を対象としているため、公債についての記述は、あえて最小限に留めている。ただし、建設公債と赤字公債の区別等の大きな疑問については、その基本構造を説明している。

　本書の政策提言を一貫して支える理論的な柱は、応益原則に立脚するアダム・スミスの財政理論である。その考え方の中心は、「利己心」の支配する市場原理に立脚して、受益と負担の関係を重視した財政経費負担を求めることによって効率的な資金配分と経費節約を図るものである。本書はまた、財政資金配分についての政策決定過程の分析では、アダム・スミスの小さな政府論を継承するJ.M.ブキャナンの財政理論に立脚している。戦後の支配的な財政理論であり続けたケインズ等の偉大な財政理論については、その主要な考え方について、財政理論家の経歴も含めて本文と脚注で詳述している。

もくじ

はしがき ……………………………………………………………… i

第1章 財政赤字増大の構図　3

第1節 債務の連鎖 ……………………………………………4
1. 揺りかごから墓場まで続く債務 ……………………………4
2. 債務の無限連鎖 ……………………………………………5
3. 花見酒の財政構造 …………………………………………7
4. 潜在的国民負担率の上昇 …………………………………8
5. 実質的国民負担率の上昇 …………………………………9

第2節 ケインズ政策による均衡財政の放棄 …………10
1. 戦前までの財政均衡の厳守 ………………………………10
2. ケインズ政策による債務の免罪 …………………………12
3. ケインズ有効需要拡大理論の基本 ………………………13
4. 公共支出の拡大 ……………………………………………14
5. 公債政策の選択 ……………………………………………15
6. 恒常的公債発行政策 ………………………………………16
7. フィスカル・ポリシー政策上の公債の性格 ……………17
8. ブキャナンのケインズ批判 ………………………………18
9. ケインズ政策の問題点 ……………………………………19

第3節 債務創出の政治力学 ……………………………21
1. 経済主体としての政府部門 ………………………………21
2. 財政資金調達方法の拡大 …………………………………22
3. 政治家の増税回避傾向 ……………………………………23
4. 政権延命のための債務の最大化 …………………………24
5. 官僚の債務創出動機 ………………………………………26
6. 財界の公債発行による公共支出拡大期待 ………………27

第4節　財政赤字の弊害 …………………………………… 28
1．財政赤字の全般的問題点 ………………………………… 28
2．財政硬直化 ………………………………………………… 29
3．日本財政に対する信用の失墜 …………………………… 31
4．世代間の負担問題 ………………………………………… 34
5．クラウディング・アウトと金利上昇 …………………… 37
6．財政民主主義の崩壊 ……………………………………… 38
7．財政コストの錯覚 ………………………………………… 40

第2章　財政の全体構造　43

第1節　財政フロー …………………………………………… 44
1．平成15（2003）年度一般会計予算 ……………………… 44
2．国債発行の実態 …………………………………………… 50
3．財政投融資（単年度）…………………………………… 55

第2節　財政ストック化の進行 ……………………………… 57
1．財政ストック化の進行 …………………………………… 57
2．財政ストック増大要因 …………………………………… 59

第3節　財政膨張による民間経済圧迫 ……………………… 62
1．財政経費膨張と転位効果 ………………………………… 62
2．民間経済を圧迫する財政膨張 …………………………… 64
3．財政膨張の影響——財政フローの面から ……………… 65

第3章　決算に見る会計の全体構造　71

第1節　一般会計と特別会計 ………………………………… 72
1．一般会計と特別会計の実態 ……………………………… 72

2．一般会計と特別会計の比率……………………………………74
　3．一般会計の歳入及び歳出………………………………………75
　4．一般会計から特別会計への資金繰入…………………………76
　5．保険特会の剰余金運用問題……………………………………77
　6．赤字特会の債務処理策…………………………………………78
　7．今後一般会計からの繰り入れを要する措置…………………80

第2節　特別会計の構造 ……………………………………………81
　1．特別会計の分類…………………………………………………81
　2．財政法による特別会計設置……………………………………81
　3．特別会計設置の法的根拠………………………………………82

第3節　複雑な会計操作による予算統制の崩壊 …………………83
　1．会計間の資金移動………………………………………………83
　2．会計間資金移動による財政の錯綜……………………………86
　3．財政の拡散による予算統制の喪失……………………………87
　4．政府関係機関における予算統制の崩壊………………………87

第4章　財政投融資と特殊法人改革　　89

第1節　財政投融資改革 ……………………………………………90
　1．財政投融資の仕組み……………………………………………90
　2．財政投融資の貸付先……………………………………………91
　3．財政投融資の原資………………………………………………92
　4．改革前と改革後の比較…………………………………………93
　5．財政投融資の肥大化……………………………………………95
　6．財政投融資を活用している事業………………………………96

第2節　財投資金改革 ………………………………………………98
　1．預託制度の廃止と新資金調達方式……………………………98
　2．預託廃止後の暫定措置…………………………………………102

第3節　真の財投改革

1．財投方式の公共性と収益性 ………………………… 103
2．持続可能な財投計画 ………………………………… 105
3．財投貸倒れと特殊法人改革 ………………………… 107
4．公的貯蓄性資金使用の限界 ………………………… 108

第4節　道路公団改革

1．道路4公団債務 ……………………………………… 110
2．道路公団民営化政府方針 …………………………… 111
3．利権の温床「料金プール制」 ……………………… 112
4．道路採算性情報公開 ………………………………… 114
5．今後の道路整備方式 ………………………………… 116

第5章　長期債務の全体像　　119

第1節　長期債務残高の内訳 …………………………… 120

1．国の長期債務の全体像（内国債と借入金）……… 120
2．「国の長期債務」の概念 …………………………… 122
3．内国債の全体像 ……………………………………… 122

第2節　地方、財投を含めた長期債務残高 …………… 123

1．国及び地方の長期債務残高 ………………………… 123
2．債務の重さ …………………………………………… 124

第3節　様々な国債 ……………………………………… 127

1．普通国債（6種類）………………………………… 127
2．特別国債（4種類）………………………………… 133

第4節　建設国債と赤字国債 …………………………… 136

1．建設国債と赤字国債の法律上の相違 ……………… 136
2．赤字国債の問題点 …………………………………… 137

3．建設国債の問題点 ･････････････････････････････････････138

第5節　借入金の構造 ････････････････････142

1．借入金（一般会計・特別会計）の概容 ･･････････････････142
2．一般会計借入金の内訳 ･････････････････････････････････143
3．特別会計借入金の内訳 ･････････････････････････････････145
4．借入金の借入先（一般会計・特別会計）･････････････････149

第6章　地方支援による債務　151

第1節　地方団体の赤字額増大と地方債政策 ･･････････152

1．地方財政借入金の総体 ･････････････････････････････････152
2．新たな地方債導入 ･････････････････････････････････････153
3．国「特例加算」と地方の「臨時財政対策債」･･････････････155
4．地方債の財投引受 ･････････････････････････････････････158
5．地方分権の動向 ･･･････････････････････････････････････160

第2節　地方交付税の資金繰り ････････････161

1．地方財源不足と債務の補てん策の概容 ･･･････････････････161
2．債務補てん策の3種類詳細 ･････････････････････････････163

第3節　交付税特例措置と債務の実態 ･･････166

1．地方財政悪化と交付税特会財源不足 ･････････････････････166
2．地方交付税の改革 ･････････････････････････････････････171

第7章　既処理債務の累増　175

第1節　旧国鉄債務処理の経緯 ････････････176

1．国鉄長期債務処理の経緯 ･･･････････････････････････････176
2．国鉄用地高値売却の失敗（昭和60年代）･････････････････177

3．財政構造改革期の国鉄清算事業団問題（平成8年以降）……………179

第2節　国有林野事業債務「第二の国鉄」……………181

　　1．累積債務増大の歴史 …………………………………………………181
　　2．累積債務の最終決着 …………………………………………………186
　　3．債務処理の世代間負担問題 …………………………………………191

第8章　隠れ債務の課題　　193

第1節　隠れ債務の特徴 ……………………………………………194

　　1．表債務のとの対比 ……………………………………………………194
　　2．隠れ債務の問題点 ……………………………………………………195
　　3．隠れ債務の発生誘引 …………………………………………………196

第2節　会計処理による隠れ債務発生過程 ……………………200

　　1．会計処理による隠れ債務創出 ………………………………………200
　　2．一般会計に係る繰入れ特例 …………………………………………201
　　3．特別会計間の資金操作 ………………………………………………202
　　4．各種特例の実施状況 …………………………………………………204

第3節　隠れ債務処理方法の問題点 ………………………………206

　　1．近年の最終処理事例 …………………………………………………206
　　2．隠れ債務既処理策の特徴 ……………………………………………207

第9章　小泉内閣の財政改革　　211

第1節　経済財政構造改革 ……………………………………………212

　　1．財政改革の位置づけ …………………………………………………212
　　2．社会保険料負担上昇 …………………………………………………213
　　3．従来の「財政構造改革」との相違 …………………………………214

4．行政改革の進展 ································ 216

第2節　財政規律の後退　217
　　1．公債発行額の上限公約 ·························· 217
　　2．隠れ借金増大に支えられた30兆円枠 ·············· 221
　　3．国の長期債務拡大傾向 ·························· 223

第10章　実効性ある財政構造改革　225

第1節　危機対応型財政への移行 ······················ 226
　　1．アダム・スミス財政の原点 ······················ 226
　　2．R.A.マスグレイブの市場補正機能 ················ 227
　　3．国家危機対応型財政 ···························· 227
　　4．財政資金備蓄の必要性 ·························· 228
　　5．経済危機と不良債権管理 ························ 229

第2節　表債務（公債）抑制措置 ······················ 230
　　1．債務創出規制指標 ······························ 230
　　2．政権交代ごとの債務規制法 ······················ 231
　　3．債務創出規制法 ································ 233

第3節　隠れ債務抑制措置 ···························· 235
　　1．新しい財源調達方式 ···························· 235
　　2．財政全体の債務解明 ···························· 236
　　3．余裕特別会計からの借入れ制限 ·················· 236

第4節　総計予算主義への改善 ························ 237
　　1．一般会計中心主義と特別会計の整理 ·············· 237
　　2．本予算中心主義　補正予算の縮減 ················ 238
　　3．予算の単年度主義の見直し ······················ 239
　　4．経費節約インセンティブ ························ 241

第5節　情報公開と予算審議 ……………………………242
1．省庁の利益と情報公開 …………………………242
2．隠れ債務公開による財政全体の統一的把握 …244
3．財政全体の情報公開 ……………………………245
4．国会予算審議の充実 ……………………………246

第6節　財源の多様化と受益の特定 ………………247
1．費用負担者の明確化 ……………………………247
2．財源の多様化と予算の複雑化 …………………248
3．事業ごとの費用の特定 …………………………249

おわりに ……………………………………………………251
引用・出典文献一覧 ………………………………………253
索引 …………………………………………………………260

政府債務の世紀
　　―国家・地方債務の全貌―

第1章

財政赤字増大の構図

第1節　債務の連鎖

1．揺りかごから墓場まで続く債務

　今世紀は、前世紀に生まれた膨大な債務を引き継いで、債務の負担にあえぐ世紀となっている。①国の一般会計、②特別会計、③財政投融資、④地方財政のすべての財政分野で赤字が増大し続けている。しかも、赤字財政の単年度のフローと多年度の累積ストックが累積している。債務が債務を呼び起こす今日の国家財政の状態は、止めどない核分裂が引き起こす「臨界[1]状態」に類似している。原子力発電所の放射能もれ事故のように、累積債務が制御不能なほど膨大な債務を生む自己増殖のプロセスが続いている。

　我が国の21世紀は、まさしく「債務の世紀」と呼ぶにふさわしい。「債務の世紀」という言葉には、現在の「債務の増大」と将来の「債務の返済」の両方の意味が含まれている。

　20世紀前半は、人類が戦争に明け暮れた時代であった。明治から昭和初期にかけて、戦前の我が国でも、国家財政の最大の課題は国防という名目での軍事費の調達であった。軍事費膨張をめぐって軍拡と軍縮の対立軸が形成され、それをめぐる財政上の対立が頻繁に起こった。軍事力増強のための費用を賄うために、赤字国債が増発された時期があった。しかし、軍事国債は一時的に増発されたが、今日の慢性的な財政赤字増大に見られるような恒常的な問題にはならなかった。

　20世紀後半は、先進各国が「福祉国家」を目指した時代であった。資本主義経済における「市場の失敗」を補う手段として、政府が様々な公共的な役割を果たすことが求められた。戦後は、イギリスをはじめとして、先進各国が「揺りかごから墓場まで」を合言葉として競って福祉国家を目指した。それと並行して、社会保障を支える租税と保険料は肥大化していった。国民負担率の増大

は、国民生活と経済を圧迫し始めた。

　国家活動の経費を租税だけで賄えば、後世代に深刻な影響を及ぼすことはなかった。しかし、社会福祉予算の大きさに対して租税が不足する部分については公債で賄われた。このことが、長期債務という大きな問題を引き起こした。「揺りかごから墓場まで」という福祉国家のスローガンの下で財源なき福祉政策が推進された。そのために逃れられない債務を長期間、時には生涯にわたって背負う結果がもたらされた。我が国の建設国債における60年という長期償還の場合には、これから生まれてくる子どもや孫の世代にも、生涯の大半を費やしてその償還を義務づけることになる。

　高齢化社会の年金、医療、介護保険の社会保障財源となるはずの資金は、公共支出拡大政策によって散布され尽くした。年金支出によって現世代が財政資金を使い果たした結果、次世代には増税だけが残されるという結果がもたらされた。

　社会保障支出の財源は、主として租税と保険料で賄われた。しかしそこに、ケインズ政策に基づく景気対策のための財政支出拡大が加わったため、国家財政は歯止めなく公債支出を増大させていった。一般会計のみならず、特別会計や財政投融資等の様々な財政手法を導入して資金散布がなされたため、今日では債務の返済が困難な状況に陥っている。

　戦後日本のケインズ主義的なフィスカル・ポリシーを指針とした財政運営は、公債発行による放漫財政運営による弊害をもたらした。景気対策機能に貢献できると考えられた公共事業は、財政赤字と環境破壊をもたらした。市場原理に反するすべての国家活動は、国民負担の増大と資金の浪費、将来への債務の先送りという悲惨な結果をもたらした。それによって、次世代には債務の山が残されたため、平成バブル不況期以降、債務の処理が財政の最大の課題として重くのしかかっている。この債務を処理しなければ、健全な公共政策を実施することは不可能である。

---

(1) 炉心に核燃料を入れ、制御棒を引き抜いていくと核分裂反応が生じ、熱を発生するようになる。これは連鎖反応が起こり始めたためで、このように核分裂が持続的に進み始める境目を「臨界」といい、この状態を「臨界に達した」という。

2．債務の無限連鎖

　これまで何とか政府債務の増大が持続可能であったのは、国民の租税が債務返済の担保となってきたからである。無限の将来にわたる租税資産を担保価値とすれば、担保割れは起きないという考えもある。現在の債務処理方法では、実際にそれが前提になっている。

　今日の国家債務は、徴収が不確実な遠い将来の租税資産を担保にして公的借り入れを増加させている。国家債務という現代の恐竜が肥え太りながら生き続けるためには、将来にわたって租税という食糧を食べ続けなければならない。しかし、仮に今日のような租税収入が存続したとしても、債務が膨張していけば返済が可能かどうかは疑わしい。返済が長期化するにつれて、利子負担も無限の将来に及ぶことになる。租税資産から将来の予測される利子負担を差し引くと、ネットの租税資産は極小となる。将来に引き継がれる膨大な公債残高を差し引くと租税担保価値は潤沢ではない。

　後世代に負担を転嫁する資金調達手法は、無限に続く債務増大の悪循環をもたらした。これは、民間経済のマルチ商法に分類される無限連鎖講（ねずみ講）に匹敵する現象である。ねずみ講を存続させるためには、無限の会員を募り、組織が拡大し続ける必要がある。同様に、無限の債務連鎖を続けながら財政が持続可能であるためには、それを支える租税担保価値が増大し続ける必要がある。しかも、租税担保価値が、債務の増大速度よりも早い速度で増大し続けなければならない。

　そのためには、右肩上がりの経済成長とそれによる租税の増収が必要である。バブル経済の時期までは、国家債務の深刻さは経済成長によって緩和されてきた。経済成長期のインフレも債務の縮小に役立ってきた。しかし今日では、その前提は完全に崩れ去り、デフレによる債務の貨幣価値の増大という逆の現象が起きている。

　債務の最終負担財源は将来の租税しかない。将来、財政資金が貸し倒れ状態に陥らないようにするためには、租税担保で支えるしかない。そうすると、将来には大増税によって、個人や民間企業の所得が徴収され尽くすことになる。

3．花見酒の財政構造

　財源なしで、様々な欲望を追求する現代の財政の姿は、古典落語の世界に描かれている花見酒(2)の構図に匹敵する。財源の乏しい不況の時代に債務を増やしてまで様々な施策を実施し続ける構図は、金を持たずに酒を飲み続ける「花見酒」の構図に似ている。この逸話は、古典落語では有名な噺である。

　花見酒の構図は、実態経済に基づかない浮かれた消費経済を批判したものだが、租税収入に基づかない財政支出拡大にも通じるところがある。この構図は『花見酒の経済学』(*1)という本で紹介されたので、経済学上でもよく知られている。最近では、単に、底の浅く実態の伴わない「ほろ酔い加減の浮かれた経済」という意味で使われることも多い。

　公債発行による資金調達は、対価を支払わずに社会の富をすべて消費しつくすため、花見酒の場合と似ている。しかし、花見酒の場合の救いは、自分の酒を飲み尽くしただけで終わっているということである。公債発行は、後世代の資金まで飲み干してしまう点で「花見酒」の構図よりもっと問題が大きい。

　花見酒の構図は酒を飲んだ後に何も残らない浪費を意味するので、赤字国債発行に匹敵する。赤字国債の場合、後世代に資産を残さずに負担を転嫁し続けることによって、自らの負担なしに様々な便益を享受しようとする点で問題は深刻である。

　今日ではそれのみでなく、社会資本の建設財源として建設公債を発行することによって、次世代に財政負担を転嫁し続けている。建設公債は、次世代に大

---

(2) 古典落語のスタンダードに「花見酒」というのがある。二人の男が、花見客相手に酒を売ろうとする。熊さんと辰つぁんが、灘の生一本を3升借り込んで、花のもとでひともうけをたくらむ。つり銭として、十銭玉を1枚だけ用意して商売にのぞむ。ところが、なかなか客が集まらない。熊さんが、花見客の酒の匂いばかり嗅がされて我慢できなくなる。釣銭用に持ってきた一銭を払って、景気づけに一杯飲む。次に辰つぁんも我慢できなくなって、受け取った一銭を払って一杯飲む。二人は調子がよくなって、一銭ずつ受け渡してどんどん飲み続ける。酒はどんどん売れて間もなく底を突く。二人はうまく仕事を終えて、店じまいの段取りとなって片づけが始まる。酒の総売り上げに匹敵す代金があるはずであった。ところが、酒代は一銭しか残っていなかった。実際には、誰も対価を負担せずにすべてが消費されたことになる。

きな負担をもたらしている。ダム等の公共事業を実施する場合、後の世代にとって、それらの社会資本が本当に必要かどうかが不透明だからである。

4．潜在的国民負担率の上昇

　我が国では、間近に直面する高齢化社会に備えて社会保障支出は増え続ける一方である。戦後、社会保障政策の充実を課題とする大きな政府を目指して社会保障支出が増加した。さらに、高度成長期以降の公共投資拡大等の積極財政政策が財政膨張を加速した。そのため、租税負担と社会保険料負担の合計である国民負担率[3]は、うなぎ登りに上昇していった。

　いまや、高齢化社会への備えや様々な危機管理上の緊急課題に備えて財源の備蓄が必要な時代である。それにもかかわらず、政府は膨大な国家債務を背負いながら、さらに毎年新たな債務を増やし続けている。

　さらに、公債という表債務だけではなく、一般会計・特別会計の借入金、政府関係機関の財投債務も増加の一途をたどっている。これらの債務の処理を新たな公債発行で賄うと、結局は将来世代の租税で返済する以外になくなる。

　昭和40（1965）年度予算で臨時的に歳入補填公債（赤字公債）が導入されたため、その予算年度内の昭和41（1966）年1月から戦後初の公債発行が開始された。次いで、昭和41年度当初予算から建設公債の発行が開始され、それ以後、毎年発行されている。

　さらに、その約10年後の昭和50（1975）年度の12月補正予算で特例公債の発行が再開された。それを発端として、翌昭和51（1976）年度からほぼ毎年特例公債が発行されている。

　我が国では毎年、膨大な国債発行によって国民負担を先送りしているにもかかわらず、現世代の国民負担率は増大する一方である。いまや、国民の一年間の勤労の成果であるGDPの約4割が国と地方の租税等で徴収されている。これだけでも、民間経済を圧迫してクラウディング・アウトを引き起こすのに十分な割合である。近い将来、勤労者が獲得した我が国の年間GDPの半分近くを国民負担として政府（国・地方）に召し上げられる時代が迫っている。

　国民負担率に含まれる数字は、あくまでも現世代の租税負担と社会保険料負

担だけである。公債による資金調達分は含まれない。公債発行等の債務増加によって将来に先送りした負担分を当該年度の負担とした場合の潜在的国民負担率[4]は、もっと大きな金額に上っている。

5．実質的国民負担率の上昇

　政府事業の赤字や複雑な会計操作から生じた隠れ借金も年々膨張している。これまでの政府の隠れ借金処理策を見ると、長期国債の発行によって処理されてきたため、最終処理は一般会計の租税に依存する構造になっている。財政全体で膨張した債務の処理は、すべて国民の租税を担保とする一般会計への負担の転嫁によってなされてきた。まず、不採算事業の生み出した債務の元本や利子を一時しのぎで一般会計が引き受ける。その財源が不足する場合、租税の増徴によるのではなく、新たな公債を発行することによってまかなわれてきた。このことは、後世代の財政負担を無際限に増大させる事を意味する。

　今日では、政府債務の最後の担保は国民の租税しかないことが明確になっている。しかし実際には、その負担は、税収不足のため長期公債発行方策によって処理されることが多い。そうすると、最終的には将来世代の租税負担によって資金回収されることになる。

　今日では、我が国の財政は巨大になり、潜在的国民負担率は40％以上にのぼっている。ここに、隠れ債務も足した実質的国民負担率[5]は、気の遠くなるような金額に膨らんでいる。

---

(3) 〔国民負担率＝国・地方租税負担率＋社会保障負担率〕と定義される。平成15 (2003) 年度予算における日本の国民負担率は36.1％に上る。その内訳は、租税負担率20.9％（国税分12.0％）、社会保障負担率15.2％である（財務省HP『財源の現状と今後のあり方』平成15年9月）。
(4) 〔潜在的な国民負担率＝国民負担率＋財政赤字対国民所得比〕と定義される。この場合の財政赤字は、処理済みの表債務だけを含む。国と地方の新規公債発行額という年度ごとのフローの数値が国民所得に占める割合を示す（財務省HP『財源の現状と今後のあり方』平成15年9月）。
(5) 「実質的国民負担率＝潜在的な国民負担率＋隠れ債務残高対国民所得比」と定義される。この場合の財政赤字は、処理済みの表債務だけではなく未処理の隠れ債務を含む。

第2節
ケインズ政策による均衡財政の放棄

1．戦前までの財政均衡の厳守

　戦前までの日本の国家財政運営では、歳入と歳出が均衡しているのが当然であった。つまり、公債発行額は最小限に抑えられてきた。時には、歳入と歳出の均衡が大きく崩れた時代もあった。しかしそれは、戦争や震災等による国家危機という特別の事情によるものであった。

　公債には、社会・経済の発展に役立つ生産的な公債と、資源の浪費につながる不生産的な公債がある。経済が未発達で民間資本が乏しい時代には、国家主導で資本の育成や産業革命を成し遂げる例がある。その場合、国債発行は、社会の零細な資金を集めて民間資本を育成するための重要な梃子として役立つことがある。これは、生産的な公債発行の事例である。

　公債発行はまた、貨幣資本が不足する時代における資本の蓄積に大いに役立った。明治初期の殖産興業政策がその代表である。この資本主義発展段階における初期資本の蓄積を、カール・マルクス[6]は「資本の本源的蓄積[7]」と名づけている。公債発行政策は、資本不足の時代に、新たな資本の創出策として生産的な役割を果たしたからである。

　我が国の明治初期の公債発行政策については、大内兵衛氏の著した『日本財政論・公債篇』[*2]に体系的に記述されている。そこでは、日本資本主義の黎明期に果たした公債の役割について述べられている。明治政府は、地租等の租税徴収権を背景として交付公債を発行して、封建勢力の一掃を図って大成功を収めた。これは、世界史上に特筆すべき有意義な公債発行政策であった。

　戦争や震災等の不慮の出来事があった時代にも公債が大量に発行された。しかし、大戦争等の国家存亡のかかる危急の事態に遭遇した場合の公債発行であっても、必ず発行に合わせて早期に返済計画が立てられた。戦争直後には、い

かなる場合でも早期に返済のための財源が確保され、着実に返済がなされた。

例えば、1904（明治37）年2月〜1905（明治38）年9月までの日露戦争の時代には、多額の戦費の不足を補うために大量の公債が発行された。日露戦費公債は外債発行による資金調達が中心であり、不足分を内国債で補う形をとった。そして、公債を早期に返済するために臨時特別税が導入された。その中心は相続税である。相続税はその後恒久税となり、100年以上経った今日でも我が国の重要な資産課税として存続している。

昭和初期の戦時期には、不生産的な赤字国債の大量発行が、戦争の拡大と経済の混乱という災禍をもたらした。戦時公債政策は、日本財政の資金力をはるかに超えた資金調達を可能にしたため、戦争の惨禍(さんか)を長期化させた。これは、公債の日銀引受[8]によって貨幣を乱発し、終戦直後の戦時インフレをもたらした点で破滅的な国債政策であった。今日の日本の公債政策も、市場経済活動を妨げる点で同様に不生産的な政策である。ただし今日では、公債の日銀引受は、戦争の惨害やインフレを繰り返さないために禁止されている。

---

(6) Marx, Kerl Heinrich（1818〜1883）マルクスは、1818年5月5日にドイツのライン州トリーアの町に生まれた。父はユダヤ人弁護士であった。ボン大学、ベルリン大学で、主として法律学を学んだが、マルクスの関心は哲学と歴史にあった。マルクスは、1847年に共産主義者同盟に加わり、1848年に「共産党宣言」を作成した。1867年9月14日に『資本論』第1巻（第1部）を刊行した。その後、マルクスの遺稿をもとに『資本論』第2巻（第2部）が刊行された。第3巻（第3部）は、1894年に、エンゲルスの編集によって出版された。（大阪市立大学編『経済学辞典』岩波書店〔第二版〕、1986年、1251〜1253ページ）

(7) 「資本の本源的蓄積」カール・マルクスが『資本論』で、資本主義発展の基礎となる最初の資本の蓄積を説明する際に用いた基本概念である。資本主義が勃興するためには、企業活動の元手となる最初の資本が必要である。この資本を蓄えることを本源的蓄積といい、その蓄え方は国によって異なる。イギリスでは、マニュファクチャーを通じて長期間に蓄えられた。日本の場合は、封建社会から急速に資本主義に移行したため、最初の資本蓄積が乏しかった。そこで、明治政府は、公債制度を最大限に活用して初期資本を生み出した。

(8) 財政法第5条「すべて、公債の発行については、日本銀行にこれを引き受けさせ、又、借入金の借入については、日本銀行からこれを借り入れてはならない。但し、特別の事由がある場合において、国会の議決を経た金額の範囲内では、この限りでない」

2．ケインズ政策による債務の免罪

　公共事業推進政策や景気対策等のための公債発行が日常化してきたのは、戦後、特に高度経済成長期以降の傾向である。戦後の先進各国では、ケインズ[9]の唱えたフィスカル・ポリシーに沿って、国債発行による景気拡大政策が実施された。

　フィスカル・ポリシー（fiscal policy）政策では、理論どおりに行けば、総有効需要が低い水準の不況期には、需要を高めるために財政支出の拡大、特に公共投資支出の拡大による公共需要の増加が図られるはずであった。社会保障支出などの移転的支出の増加や減税政策も、民間可処分所得の増加策として実施される。これらの政策によって、総有効需要の水準を完全雇用水準まで引き上げる努力がなされる[*3]。

　逆に好況期には、上述の財政支出の縮減や増税によって総有効需要をインフレ防止の水準にまで引き下げる努力がなされる[*4]。

　要するに、ケインズ派財政論では、不況期と好況期の景気波動を調整する役割が期待された。つまり、不況期には公債発行を通じた有効需要拡大政策による財政赤字の拡大が図られる。逆に、好況期には財政黒字達成とそれに伴う公債の償還の推進が図られるはずであった。つまり、好況期と不況期に合致した対照的（シンメトリカル）な財政政策の採用を提唱していたわけである[*5]。財政収支の面から見ると、この政策によって常に一定量の安定財源が確保されるため、コンスタントな財政政策が実施できるはずであった。

　理論通りにいけば、不況期にのみ公債を発行して好況期には公債の償還をするはずであった。不況期には大量の赤字国債を発行して経常経費を賄ったとしても、好況期には、税収の増大による財政収入の増大が期待できるため、公債は容易に返済されるものと考えられた。国債発行による景気浮揚後に増税をして国債を償還すれば、好況期の景気過熱が防げる。景気の谷と山がなだらかになるので、一石二鳥となるはずであった。

3．ケインズ有効需要拡大理論の基本

　ケインズ政策では、一国の経済活動全体の水準は社会全体の**有効需要**の大きさに依存すると考えられた。そこで、社会全体の有効需要水準をコントロールするためのフィスカル・ポリシー政策が考案された。

　有効需要の波及効果を決める基礎的な単位は、**限界消費性向**[10]の大きさである。波及効果の拡大は、①所得拡大⇒②消費拡大⇒③生産拡大、の順に行われる。この波及効果が多きなうねりになるか、小さなものにとどまるかは、消費の大きさによって決まる。つまり、社会全体で、所得増加分に対してどれだけの割合を消費に回すかによって決まる。

　初期投資が社会全体にどれだけの大きさの最終需要を生み出すかは、景気乗数のもつ**乗数効果**の大きさに依存する。さらに乗数は、限界消費性向の大きさに依存して決まる。乗数は、各産業に対する波及効果をすべて足し合わせたものである。1単位の初期投資が各産業に波及していくと、$1+c_1+c_1^2+c_1^3+\cdots =\frac{1}{1-c_1}$ だけの追加的な需要が発生することになる。この場合、仮に「限界消費性向 $c_1=0.8$」とすると、乗数の大きさは「$\frac{1}{1-c_1}=5$」となる。

　以上の波及効果が開始されるためには、不況に左右されずに実施される**初期投資**が必要になる。その初期投資は、不況期の民間経済の中からは自動的に沸き起こって来ない。そこで、国家が公共支出によって初期投資を生み出す必要

---

(9) John Maynard Keynes（1883～1946）ケンブリッジ生まれ。イートン校を経てケンブリッジ大学に学ぶ。1908年母校に戻り、研究生活に専念、以後マーシャルの愛弟子として金融論を講義。1936年、『雇用、利子及び貨幣の一般理論』を著し、完全雇用という理念を現実政治においても確立した。1941年、イングランド銀行の理事に任命された。また1944年には、戦後世界経済と金融問題処理のためにブレトンウッズにおける連合国通貨会議にのぞみ、イギリス代表団首席として活躍した。1946年4月21日、心臓麻痺で逝去。（大阪市立大学『経済学辞典』〔第二版〕岩波書店、1986年、326～327ページ）

(10) 限界消費性向とは、1単位の所得増加部分について、そのどれだけが個人消費に回るかの割合を示す。例えば、消費性向 c_1 が0.8の場合、100万円の所得増加部分に対して80万円が消費に回ることを意味する。その場合、残りの20万円は貯蓄に回る。この場合の限界貯蓄性向は「$1-c_1$」となる。以上の数値の場合「$1-0.8=0.2$」である。乗数の大きさは、限界貯蓄性向の逆数「$\frac{1}{1-c_1}$」と考えることもできる。（井堀利宏『入門マクロ経済学』新世社、34ページ）

が生じる。その後は、乗数理論に従って景気が回復していくというシナリオである。以上の例で、仮に政府支出を1兆円とすると、〔初期投資1兆円×乗数5＝5兆円の最終需要〕が社会全体に生み出されることになる。

4．公共支出の拡大

フィスカル・ポリシー政策では、不況期に景気を回復する初期需要増加策として、減税と公共投資等による財政支出拡大という選択肢がある。その場合、ケインズ理論では、財政支出拡大策の方が景気回復効果が大きいとされる。減税の乗数と政府支出の乗数を比べてみると、政府支出乗数の方が必ず大きくなるためである。その理由は、政府支出が増加すると財市場で直接需要の増加となって現れるが、減税の場合には可処分所得の増加が消費を刺激するという間接的な効果でしかないからである[*6]。

〔政府支出乗数〕 $1+c_1+c_1^2+c_1^3+\cdots=\dfrac{1}{1-c_1}$

前述の事例と同様に、限界消費性向0.8の場合、乗数は5となる。その場合、政府支出1兆円の初期需要増加は社会全体に「1兆円×乗数5＝5兆円」の最終需要増加をもたらす。

〔減税乗数〕 $c_1+c_1^2+c_1^3+\cdots=\dfrac{c_1}{1-c_1}$

しかし、限界消費性向0.8の場合、減税乗数は4にしかならない。その場合、減税1兆円の初期需要増加は社会全体に「1兆円×乗数4＝4兆円」の最終需要増加をもたらす。

要するに、初期需要として1兆円の政府支出の増加は1兆円の総需要を直接増加させるが、1兆円の減税は、1兆円だけ可処分所得を増加させても消費は1兆円以下しか増加しない。なぜなら、限界消費性向（c_1）は1以下だからである[*7]。

1兆円の減税の場合、初期需要増加はc_1兆円となるため、波及効果はc_1兆

円から開始される。そのうちの（$1-c_1$）兆円は貯蓄に回され、有効需要の増加とはならないからである。したがって、政府支出拡大の場合にみられる「初期投資1」が存在しないものとみなされる。この分に限って減税の総需要拡大効果は政府支出増よりも小さくなる。

初期需要のもたらす直接的な需要増の大きさは違うけれども、それ以降のプロセスでは生産が増大し、所得が増大するにつれて可処分所得も増大し、それがさらに生産増加を引き起こす乗数過程を生み出す点では同じである[*8]。

表1－1　乗数の大きさ：まとめ

政府支出乗数：政府支出を拡大したときのGDPに与える効果	$\dfrac{1}{1-c}$、c＝限界消費性向
政府支出乗数（税率がある場合）：比例的な所得税率tを一定として、政府支出を拡大したときのGDPに与える効果	$\dfrac{c}{1-c(1-t)}$、t＝税率
減税乗数：税負担を1円減税するときにGDPに与える効果	$\dfrac{c}{1-c}$
均衡予算乗数：政府支出と税収を同額だけ増加させるときにGDPに与える効果	1

出典：井堀利宏『入門マクロ経済学〔第二版〕』新世社、2003年による（一部修正）。

5．公債政策の選択

公共支出拡大のための財源調達方法としては、租税と公債の二つがある。政府支出を増加させるとともに増税をした場合は、均衡予算を維持しながら政府支出の規模を拡大させることになる。政府支出増それ自体の乗数の大きさは、限界貯蓄性向の逆数 $\dfrac{1}{1-c_1}$ である[*9]。

〔政府支出乗数〕　$1+c_1+c_1^2+c_1^3+\cdots =\dfrac{1}{1-c_1}$

〔増税乗数〕　　　$-(c_1+c_1^2+c_1^3+\cdots)=-\dfrac{c_1}{1-c_1}$

しかし、限界消費性向0.8の場合、減税1兆円の初期需要増加は社会全体に「1兆円×乗数4＝4兆円」の最終需要増加をもたらす。また、増税は減税の

ちょうど反対の政策であるから、増税それ自体の乗数は「$-\frac{c_1}{1-c_1}$」となる。均衡予算を維持しながら政府支出を増大させる場合であるから、両方の乗数を足し合わせると、

$$\underset{\text{支出増大}}{\frac{1}{1-c_1}} + \underset{\text{増税}}{-\frac{c_1}{1-c_1}} = 1 \quad \text{となる。}$$

要するに、この場合の波及効果は打ち消されて「1」となる。「1」は何に掛けても増加しないので、波及効果はないといえる。ただし、この場合、1兆円の支出拡大を1兆円の減税で実施すれば、1兆円に限定された最終需要の拡大は生まれる。政府支出拡大によって、投資した分だけの需要拡大がなされていることになる。

以上の論拠により、租税は徴収された分だけ消費を削減するというマイナス効果を伴うのに対して、公債は、当面はプラスの経済波及効果だけが考えられる。そこで、公債発行による財政支出拡大策が推進されることになった。

6．恒常的公債発行政策

ケインズの有効需要論は、フィスカル・ポリシー政策を通して景気循環の調整策として利用された。ケインズ派財政学は、国民経済、特に景気対策に対する財政の役割に注目した。そこでは、国民経済に中立的な均衡財政は放棄されたため、単年度予算における収入と支出の均衡は求められなくなった。この政策は、戦後経済の復興過程で先進各国で導入され、現在ではケインズ政策として定着している。

先進各国が戦後の経済成長期に一時的に債務の増大に耐えられた理由は、戦後の経済成長期に特有な税の自然増収[11]にあった。しかし、各国とも今日では、高齢化社会を目前にしてその負担に耐えられなくなっていった。

我が国では、社会資本整備のための財源の不足分が「建設公債」で賄われたため、膨大な公共事業資金調達が可能になった。建設公債は、インフラ整備の意義の大きさを前提として、豊富な税収によって確実に返済がなされると考えられて発行されてきた。しかし今日では、その前提のいくつかは疑わしいもの

となっている。例えば、今日のように、経済社会が目まぐるしく変動する時代には、60年間もの長期間にわたって効果を発揮し続けるインフラを探すことは容易ではない。そこで、深刻な次世代への公債負担の問題が生じてきた。

さらに、単年度予算の歳出不足分が「赤字公債」で賄われるようになると、後世代負担はますます深刻になった。現在世代の大量の国債発行は、将来世代の納税者の租税負担の増大をもたらし、世代間負担問題を深刻化させてきた。

7．フィスカル・ポリシー政策上の公債の性格

▷建設国債

公債政策の理論では、不況期により多く公債を発行して、好況期により多く償還することによって、フィスカル・ポリシーの役目を果たすことが求められた。しかし建設国債は、建前からみれば、公債発行対象経費に充当される事業の期間の長さに応じて償還期間が設定されている。建設事業の事業期間の長さに応じて償還年限が長期にわたるため、好不況の景気循環の波動の調整には役立たないはずである。

実際には建設国債は、対応事業の実施期間にかかわりなく、毎年様々な償還期間で発行されている。また後年度には、国債管理政策上の都合しだいで、景気動向と税収の大きさに応じて、自在に借り換えられている。

しかも、建設公債は毎年の予算編成で恒常的に発行されたため、景気の谷の時期だけでなく、好景気の時期にも止めどなく発行されてきた。公債発行の慢性化とそれによる債務残高の増大圧力に伴って、その景気調整の役割は薄れていった。また、制度的には、国家債務の増大を防止するための「国債整理基金」の積み立てが準備され、戦後の公債発行当初は、比較的順調に返済財源が確保された。しかし、低成長で財源が乏しくなるにつれて、債務返済努力は次第に軽視されていった。

---

(11)「税の自然増収」経済成長につれて、法人利潤や個人所得が増大するため、それにつれて租税が自動的に増加する。例えば、所得税に累進課税を設定しておけば、所得増大につれて課税率が高まる。また経済成長の副産物であるインフレーションは名目賃金の増大をもたらす。そうすると、この面からも累進課税率の増大をもたらす。

▷**赤字国債**

　景気対策としてのフィスカル・ポリシーを実施するための赤字国債発行が、債務増大を助長してきた。景気対策として国債を発行する場合、通常、臨機応変に発行できる赤字国債が発行される。年度ごとの好不況に応じた歳入の過不足に応じて発行される赤字公債は、景気対策のために機動的に運用できるからである。不況期に赤字国債を発行して、好況期に償還できれば理想的である。

　前述のように、昭和50（1975）年度予算の12月の補正予算で特例公債の発行が開始されて以降、歳入補填と景気刺激を目的として資産形成に貢献しない不生産的な公債が発行され続けた。それ以降は、バブル景気の影響で税収が多かった平成2（1990）年～平成5（1993）年を除いて毎年「特例法」が制定され、赤字公債が発行された。慢性的な公債発行政策が継続された結果、公債の景気調整機能はうすれていった。

　さらに、民間経済が十分に発展した現代における大量の公債発行は民間資本の活力を奪い、経済成長力を阻害するため逆効果となる。これは、今日の赤字国債に代表される不生産的な公債発行に共通した問題である。

8．ブキャナンのケインズ批判

　J.M.ブキャナン[12]は、ケインズ経済学が国家債務の無際限な拡大をもたらすという観点から体系的に批判している。氏のケインズ批判は、ケインズ理論そのものの整合性はもとより、それ以上にそれが政策決定プロセスを経て適応された時に必ず生じる財政の放漫経営に向けられている。

　ブキャナン氏の直面した課題は、1970年代以降の先進国に蔓延した財政赤字の問題である。その中でも、アメリカは、財政赤字と貿易赤字という「双子の赤字」に悩まされ続けていた。そのことが、民間経済を含めてアメリカ経済全体を蝕んでいた。氏は、主著『赤字財政の政治経済学－ケインズ卿の遺産－』の中で述べている。

「大きな責任を負わなければならない過去の学者はケインズ卿その人である。彼の考えがアメリカの権威ある（原訳：体制派）経済学者（establishment economists）によって無批判に受け入れられた。ケインズの考えの影響を示す歴史

的証拠の増加を無視し続けるわけにはいかない。ケインズ派経済学は政治家を締り(しま)のないものに変えてしまった。つまり政治家の例の支出癖に対する効果的な束縛を破壊してしまった。ケインズ派のメッセージで武装した政治家は、課税の必要に迫られずに支出できるし、また支出している。『赤字づけのデモクラシー』は、我が国（アメリカ）の経済的苦境と本書の課題を表わしている」[*10]

　日本でも、ケインズ政策に基づく公共支出拡大策が財政破綻(はたん)をもたらした。アメリカの財政再建プロセスは、政策決定過程におけるとめどない財政支出膨張に対する制度的な歯止めを設けた点で大きな教訓を与えている。今日のアメリカでは、1970年代以降の公共支出拡大を求める政治決定プロセスの研究が進み、「公共選択理論」として理論化されている。ブキャナン氏は、これらの研究成果が認められて、1986年にノーベル経済学賞を受賞した。今日の日本でも、アメリカの財政均衡化法やキャップ制度のような歯止めにより、財政規律を回復することが求められている。

9．ケインズ政策の問題点

　これまでの我が国の財政運営の経過を見ると、ケインズ主義に基づくフィスカル・ポリシー政策に反して、実際には好況期にも財政支出は拡大し続けている。景気変動に対応した計画的な公債償還が実現した例は稀である。好景気の際には赤字公債発行額は多少抑制されるが、建設公債の乱発をともなう財政出動は恒常的になされてきたからである。

---

[12] Buchanan, James MacGill（1919〜）。テネシー州のマーフリースボロに生まれる。1940年に中部テネシー単科大学を卒業し、1941年にテネシー大学の修士号を取得した後に、1948年にシカゴ大学の博士号を取得。フロリダ州立大学、カリフォルニア大学ロサンゼルス校等の教授を歴任した後、1969年以降、バージニア工科大学教授、同公共選択研究センター所長を勤めた。（大川政三他『財政学を築いた人々』ぎょうせい、昭和58（1983）年、p413）1983年に、ジョージ・メイソン大学に移る。1986年に、ノーベル経済学賞を受賞。（ジョージ・メイソン大学HP）2004年3月現在、同大学ジェームズ・ブキャナン政治経済研究センター所長。

不況期には、予算編成年度が進むにつれて公債発行額が増大する結果、公債費の元本と利子の負担が重くなる。長期不況が深まった近年の政府予算では、税収不足によって、公債の償還ができないほど追い詰められている。過去に発行された大量の公債を借換国債の発行によって返済するというやり方でしのいでいるのが現状である。このような財政状況では、公債制度を景気対策のために機動的に運用することは到底不可能である。

フィスカル・ポリシー政策が成功しない大きな理由の一つは、経済の実勢を判断して、景気の持続力を判断することが困難だからである。平成バブル期には、政府支出拡大策によって景気が過熱し、景気循環の山が高くなった。ついには、実体経済のファンダメンタルズ[13]を超えて、フィクションの領域にまで景気が増幅されたことによってバブル経済が発生してしまったのである。

景気回復時期についての予測も、いつも不透明である。不況期には、毎年の政府予算の目玉は景気対策になる。ところが、政府は好景気に財源の備蓄をしていないため、景気対策財源にはいつも余裕がない。そのため、いつも公債発行による景気回復に期待がかかり、景気が回復すれば公債が償還（返済）されるという見通しで公債が乱発される。しかし、いつになっても景気が回復しないため、公債は一向に償還されないという状況が続いている。

平成長期不況のように15年近くも不況期が継続すると、その間の毎年の予算において公債を発行し続ける結果となるため、毎年実施される景気対策予算は、累積する赤字の山を築き上げる結果をもたらす。しかも、公債発行によって民間経済から資金を奪う結果、景気はますます後退する。バブル経済の過熱と長期化、そしてバブル崩壊の加速は、フィスカル・ポリシー政策のもたらした最大の失敗であった。

フィスカル・ポリシー政策が実施されるまでの遅れであるタイム・ラグも撹乱要因となる。①研究機関の景気判断予測の遅れ、②政策決定の遅れ、③国会審議過程の遅れ、④政策効果発揮の遅れ、等が政策効果を鈍化させたり、意図しない政策効果や逆効果をもたらす大きな要因となっている。

ケインズの有効需要論には、本質的な問題がある。本書は理論書ではないので、問題点の要約に留めるが、①生産物要素費用に占める労働力比率の低下による限界消費性向の役割の低下、②経済規模の拡大と経済構造の複雑化や消費

の多様化等による乗数の低下、③公的支出の非効率性に基づく生産性の低さによる乗数の低下、④経済・財政規模の拡大による初期投資の影響の低下、等が挙げられる。

第3節 債務創出の政治力学

1．経済主体としての政府部門

　経済学では、すべての経済主体は、経済原則に従って利己心を追求して行動すると考える。これが、アダム・スミス[14]の唱えた「自利の追求」という経済原則である。この原則は、ニュートンの万有引力の法則と同様、すべての経済主体に例外なく作用している。

　経済的利益追求の原則に逆らうことは、万有引力に逆らって行動しようとすることに等しい。そして、この原則に逆らって計画経済を実施した社会主義経済は崩壊した。資本主義経済も例外ではなく、この原理を軽んじたことが公共部門の肥大化をもたらした。

　経済学の祖であるアダム・スミスの唱えた経済学の原理では、個人や企業等、すべての経済主体は自己の利益の拡大を求めて行動することが前提になってい

---

[13] 様々な経済指標で、客観的に測定される実体経済の潜在力のことである。有力な指標としては、①GDP成長率の高さ、②失業率の低さ、③貿易黒字の大きさ、等である。株価の実勢としては、企業業績や配当が指標となる。バブル期に高騰した地価の実勢（資本価値）を測る指標としては、賃貸価格（収益価格）が有力な指標となる。

[14] Adam Smith（1723〜1790）スコットランドのカーコーディ生まれ。グラスゴー大学（1737〜40）、オックスフォード大学（1740〜46）に学んだ後、1751〜63年までグラスゴー大学教授を務める。スコットランド道徳哲学の伝統を受け継ぎ、経済学を主軸とする道徳哲学体系の樹立に専念した。アメリカ独立戦争中の1776年に、主著『諸国民の富』（An Inquiry into the Nature and Causes of the Wealth of Nations, 1776, 5 .ed. 1789）を著した。その中で、市場経済は、政府介入がなくとも需要と供給の法則に従って、理想的な資源配分をもたらすと主張した。1790年、エディンバラで死去。（大阪市立大学編『経済学辞典』（第二版）岩波書店、1986年、744〜745ページ）

る。各経済主体の私利の追求が、社会全体の公利の実現へと帰結することを説いているのである。しかしながら、政治家や官僚による利己心の追求は、いかなる良好な経済効果ももたらさない。それどころか、租税や社会保険料の乱費による経済の衰退をもたらす。この点で、通常の経済主体と同等に取り扱うことはできない。

　通常、経済学における経済主体としては、①企業、②家計、③政府の三つに分類される。政府部門は、市場経済を離れた特別な機能として位置づけられている。しかし、政治家や官僚の行動原理を把握する場合、企業や個人と並んで、経済的利益を追求する経済主体と見る方が分かりやすい。

　経済学説史上、ほとんどの経済理論において、政治家や官僚は経済的利益を生み出さない「不生産的人口」に分類されてきた。ただし、一国の資金配分についての実質上の決定権をもつだけに、その取り扱いはその他の不生産的人口よりもはるかにやっかいである。

　政治家や官僚は、経済主体として政府の一翼を構成し、政府部門に所属する。彼らは、建前上、国民のために奉仕する役割を担っているため、その他の経済主体とは違うように錯覚されがちである。しかし今日ではその行動原理は利己心の追求にあることが明らかになっている。すべての公共経済分析は、この原理を基礎に置いてなされるべきである。

2．財政資金調達方法の拡大

　財政の資源配分機能が重視されたことが、政府事業の拡大をもたらした。国家の役割を民間資本の公共財供給に対する管理・統制機能にとどめておけば問題は大きくならなかった。ところが、多くの先進国で国家による公共財の直接供給機能を増大させたため、国の財政負担が無際限に膨張した。

　バブル期の税収不足による財源の乏しい時代にも、高速道路や整備新幹線、空港やダム等が建設された。そこで、公共財供給のための資金源として、租税、建設公債、財政投融資、借入金等、あらゆる資金調達方法が動員された。それらの資金調達手段が多くなるにつれて、政治家と官僚の利権獲得の手段も増加していった。

市場経済における収益性を無視して、準公共財の供給がなされた。そのために、有償・無償の様々な財政資金が投入された。収益性の乏しい民間資本の敬遠する公共投資分野ほど利権の対象になりやすく、不採算事業を誘致するほど選挙民の評価が高くなる。つまり、不採算事業は、政治上の集票、集金、集権の餌食になりやすいからである。

政治的資金誘導が活発になり、政官財の癒着が公共投資を代表とする公共支出を加速した。公共事業の公共性の高さを主張することが、事業資金調達の「錦の御旗」となった。収益性の乏しい事業を無理やり推進する場合には、市場経済の収益性と離れたところに公共性があるように主張された。しかし今日では、結局、それらの事業には収益性だけでなく公共性すら乏しいことが判明した。

3．政治家の増税回避傾向

一般に政治家の行動原理は、建前上は「国民福祉の最大化」である。しかし実際には、経済原則に照らすと、その行動原理は自らの幸福の最大化を図ることである。そのための手段として、「選挙票の獲得数の最大化」という目標を達成しようとして行動するのである。

すべての政権が自らの延命を至上課題として行動する民主主義社会では、その実現のために国民の支持率の上昇が不可欠である。支持率の上昇のためには、財政支出を拡大して国民に対するサービスを増大させなければならない。

しかし、政治家は、国民の痛みが伴う増税を回避しようとする傾向がある。なぜなら、選挙の際の得票率の下落を心配するからである。政治家は、当面の国民負担の増加なしで、できるだけ政府支出を増大させようとする。通常、そのための財源としては、現世代の負担となる増税よりも後世代の負担となる公債発行の方が選好される。その結果、債務は無際限に増大することになる。

国、地方を問わず政治家は、住民の無限の将来に及ぶ租税担保枠を最大限に活用して、最大量の公債を発行しようとする傾向がある。財政支出の拡大を通じて資金の配分権限を拡大しようとする権力意欲が、放漫な財政支出の拡大を助長してきたのである。

図1−1　政府部門の債務創出動機

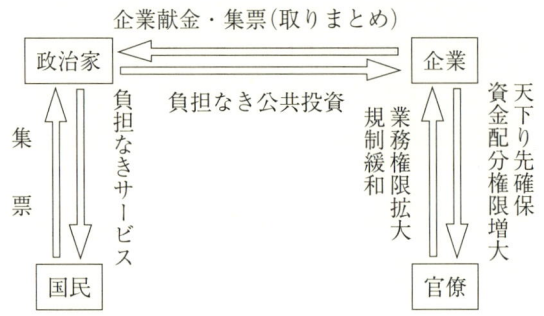

```
              企業献金・集票(取りまとめ)
      ┌政治家┐ ────────────────→ ┌企業┐
      │     │ ←──────────────── │    │
      │     │    負担なき公共投資  │    │
   集  │ 負担                     業資 天
   票  │ な                       務金 下
      │ き                       権配 り
      │ サ                       限分 先
      │ ー                       拡権 確
      │ ビ                       大限 保
      │ ス                         増
      │                            大
      └国民┘                   └官僚┘
```

注1．矢印の方向は、資金や利権の動きを表す。
　2．筆者が作成。

　現在の増税をすれば、政権に対する国民の支持が低下する。しかし、将来の増税をもたらすことになる公債政策は現在の有権者の不満を招かない。そのため、公債を発行すれば、政権担当者は増税時に起きる国民の批判なしに安易に支出拡大策を実施できる。

　有権者の様々な要望に対して政治家ができるだけ応えようとすることが、無際限の国民サービスの増大を招く。国民に対する一時的な人気取りを目指す結果として歳出が増大する。

　その際、増税によって歳出を増加させれば、後年度の負担は生じない。増税の場合、国民にとって事業のもたらす便益と費用について比較考量が可能となるため、便益が費用を上回る事業のみが実施に移される。増税をすれば納税者に政策内容が問われるが、債務の場合にはまったく問われないという面も債務を増大させる大きな要因となっている。

4．政権延命のための債務の最大化

　いまや、選挙民に人気の有る政策を実施するためには、「国家債務の最大化」をもいとわないケースが多く見られる。そのためにできた債務は、できるだけ時期政権にたらい回しにされる。すべての政権がこのような行動をとるため、債務残高は天井知らずに膨張してしまうことになる。

各政権が、選挙票の最大獲得を通じて満足度を最大化しようとする。この政治家の行動規範は、経済活動法則の一環として作用している。各内閣は、政権担当期間において、歳入が不足する場合にも平気で歳出を増加させようとする。そのために、できるだけ多額の公債を発行して景気対策や社会資本整備を目指すわけだが、それが理由で各内閣における公債発行競争はいまや歯止めを失っている。公債発行政策は、歳出増加のための好都合な「打出の小槌」と化した。そのため、すべての政権は一国の財政力を超えた極度額まで公債を発行し続ける傾向がある。

　民主主義社会における政権交替ごとの債務増大傾向については、2003年3月10日の参議院決算委員会で江本孟紀（たけのり）参議院議員の質問に答えて小泉首相自身が認めている[*11]。江本孟紀議員は、国家債務増大の原因について、小泉総理大臣に質問している（以下の括弧書きは、参議院議事録の通り）。

江本参議院議員「平成13年6月25日に財務省が出されました国債及び借入金並びに政府保証債務現在高によれば、国と地方の借金を合計すると780兆円だということでございます。今はもっと増えていると思いますけれども、総理、こんなに借金が増えたのは原因は何だと思われますか」

　それに対して、小泉総理大臣は、民主主義政治の政策決定過程によって債務が創出されるプロセスついて正直に認め、国民の適切な負担を求める答弁をしている。

小泉総理大臣「これは、民主主義の国では多かれ少なかれ、いかに国民の要望にこたえるか、選挙で各政党、各候補者はいかに有権者の心をつかむために努力するかというと、いろんな要望にこたえて、拒否するよりは何とかやってあげましょうと言うのがはるかに効果的だとだれもが感じていることであります。

　そうなりますと、無理の中でもやりくり算段してやってあげましたと言うと、各地域の人、有権者の人は皆喜ぶわけであります。しかしながら、すべての政策は税金の負担があって初めてできる。一方、増税はほとんどすべての人が反対だと思います。減税は賛成。ということから、減税しますよと言うと拍手喝采、増税しますよと言うとこれはもう駄目ということになりますから、隠れ借金のみならず、借金というのは今痛みになりませんから、将来返しますよと、今痛みがありませんから。その借金を財源にして施策をすると、ああ、今はい

いなと。しばらくしたら返しますよと言うとまた選挙が来る、また同じことを繰り返す。で、だんだんだんだん増えていったと。気が付いたらこのような借金財政になっちゃった。今、借金を返すことに苦しんでいる、こういう時代でありますので、私は、常に財政という問題、国民の負担なくしてあらゆる施策は実行できませんということが、これから国会におきましても大変重要になってくると」

　これは、政党政治と債務増加の関係を正直に認め、民主主義社会の政策決定過程における歪みを認めた歴史的な発言である。最終的には、すべての債務は現在と将来の納税者の負担となる。現在の世代から徴収できる税額は有限なのに対して、将来世代から徴収される租税は無限にあるように錯覚される。膨大な債務のつけは、現世代の納税者が払いきれない場合、長期国債として何の責任もない次世代の納税者の負担に転嫁される。

　残念なことに、政治家には高齢者が多いため、次世代の負担を考えるような年齢にはほど遠い。早急に、少なくとも国会議員の70歳以下等への定年制を導入しなければ、世代間の負担の公平を図る財政運営は困難である。

5．官僚の債務創出動機

　今日では、官僚の行動原理は自己の利益の最大化にある。具体的には、①立身出世欲、②省益の最大化、③天下り先の確保、④財政資金の特殊法人やその子会社への受け渡しと後の吸収・確保、④国政選挙への立候補により政治家になること、等にあることが明白になっている。

　今日のように、国民負担率の増大につれて公経済が肥大化すると、財政資金を管理・配分・運用する官僚の権限が肥大化するため、経済主体としての官僚の位置づけは、最もやっかいな問題となる。

　従来、官僚は、国民に奉仕する公僕として市場経済の外に位置づけられていた。しかし、財政活動が複雑化し、市場活動と密接にかかわるようになった今日では、官僚も市場経済の一主体として、そこに含めて考える方が分かり易い。本来の経済活動をしない官僚も、経済的利益を求めて行動することに変わりはないからである。

官僚は、「公僕」として私利の追求を禁止されているのもかかわらず、実際には市場経済の一員である経済主体として私利を追求している。官僚の行動原理が「国民福祉の最大化」ではなく「生涯に受け取る給与と退職金の最大化」にあることは、経済原則に照らして明白である。

　すべての省庁は、省益を求めて行動していることを理解する必要がある。省益は、多くの場合、官僚個人の利益と一致している。官僚は、一国の経済活動から生じる富に対する最大限の分配にあずかろうとして日々努力している。役人の求める経済的利益の最大化は、民間人と違って長期的な視点から求められる。給与や各種手当ての向上と立身出世意欲の実現のみならず、定年退職後の天下り先の確保がその目標の中心だからである。

6．財界の公債発行による公共支出拡大期待

　財政主導型の景気拡大策は、不況期には、企業に支持されることが多い。赤字国債の発行は単年度の経常経費調達のためになされるため、短期的な景気向上を図る手段として好都合に見える。民間資本にとって、企業コストのかからない一時的な景気刺激策による景気過熱は、短期的な収益向上にとって、有利に思える。

　同様に、建設国債発行による公共事業の実施は、建設期間が長期にわたる建設業、土木産業や不動産業等に大きな事業拡大を期待させる。

　しかし、個々の企業にとって、短期的な視点からは部分的に有利に見える公共支出の拡大策も、総資本の立場に立つと必ずしも有利な点ばかりではない。また長い目でみると、企業にとって、公共部門の拡大は必ずしも望ましいものではない。

　債務拡大による公共支出増大策は、その後の企業利潤から支払われる法人税等の企業課税の増税を導くため、租税負担が大きくなり企業の競争力をそぐことになるため、最近では政府債務の増大による公共支出拡大策に対して、長期的な企業の発展の視点に立つ経済団体からの慎重論がふえている。

第4節　財政赤字の弊害

1．財政赤字の全般的問題点

　石弘光編『財政構造改革白書[15]』では、財政赤字の弊害について指摘した上で、財政構造改革の理念についてまとめられている。その第1部「財政構造改革を考える」の副題は、「明るい未来を子供たちに」と記されている。そこで

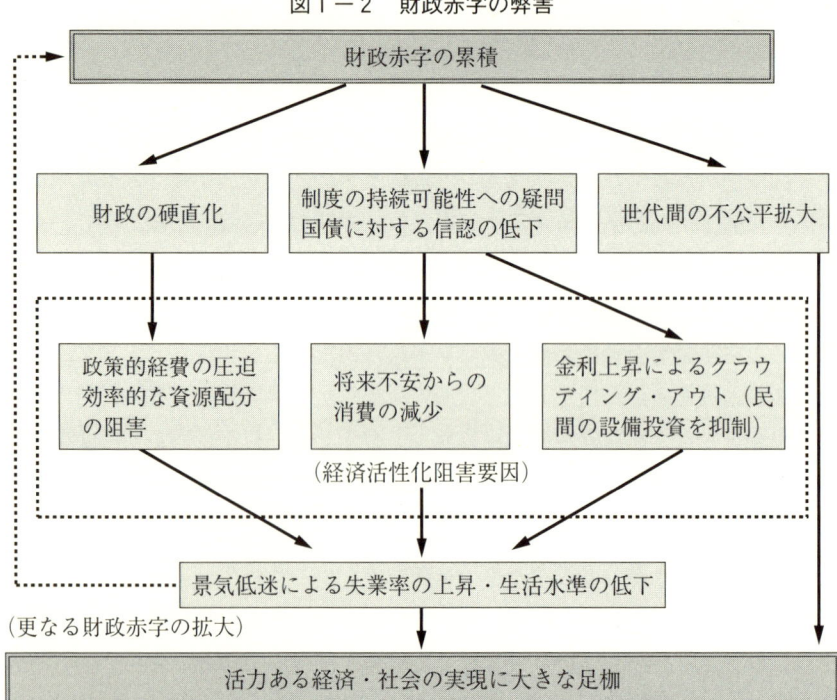

図1－2　財政赤字の弊害

```
                    財政赤字の累積
           ┌─────────┼─────────┐
           ▼         ▼         ▼
      財政の硬直化   制度の持続可能性への疑問   世代間の不公平拡大
                    国債に対する信認の低下

      政策的経費の圧迫   将来不安からの   金利上昇によるクラウ
      効率的な資源配分    消費の減少    ディング・アウト（民
      の阻害                          間の設備投資を抑制）

              （経済活性化阻害要因）

           景気低迷による失業率の上昇・生活水準の低下

(更なる財政赤字の拡大)

           活力ある経済・社会の実現に大きな足枷
```

原資料：財政制度等審議会　資料

出典：財務省HP「財政の現状と今後のあり方」平成15（2003）年9月による。

は、財政赤字の弊害について、①日本財政に対する信用の失墜、②世代間の不公平、③民間経済への悪影響（クラウディング・アウト）、④財政の硬直化による経済社会への足かせ、という四つの観点から指摘している[*12]。

図1-2のように、財務省「財政の現状と今後のあり方」では、同白書と同様の主旨で、高齢化社会が進展する中での財政赤字の累積の問題を憂えている。「財政赤字の累積が、中長期的に経済成長の阻害要因となることについては、世界の共通認識となっており、財政の硬直化や世代間の不公平の拡大をもたらすなどの様々な問題点が以前より取り上げられてきている。また、巨額の債務残高により、諸制度への持続可能性に対する不安も、内外から指摘されるようになってきている。このような状況を考えると、我が国においても、将来、高齢化が更に進んでいくに従い、財政赤字の弊害が、活力ある経済・社会の実現の大きな足枷となると考えられる」[*13]

2．財政硬直化

▷危機対応力の喪失

国の財政支出には、もともと国債費（元本と利子の支払）や地方交付税等の義務的経費が多い。それ以外の裁量的経費の代表である公共事業にも、省庁ごとの配分の硬直化や使途の限定による制約が大きい。そのため、自由裁量経費は極めて少ない。社会の急激な高齢化に伴って、近い将来、年金、医療、介護保険等の財政需要が急速に増大することは確実であるうえ、災害や政変等に伴う政策的な資金の備蓄の必要性も増している。それにもかかわらず、年金等の将来のための備蓄財源は急激に減少している。

---

[15] 『財政構造改革白書』は、平成8（1996）年10月に出版された書物である。平成8～10年にかけて、政府による財政構造改革推進の動きがあった。そこに設けられた財政制度審議会・財政構造改革部会会長であった石弘光氏が監修し、財政制度審議会の中間報告段階での主張をまとめた書物である。資料として、「財政構造改革に向けての中間報告」、「財政の基本問題に関する報告」が掲載されている。特に、「財政改革を考える」の第1章「財政の現状と財政構造改革の必要性」は、財政赤字の問題点と財政改革の理念という普遍的な課題についてまとめられている。当時の財政改革は、長期不況のために中断を余儀なくされた。しかし、この書は今日でも「財政改革のバイブル」としての役割を果たしている。

『財政構造改革白書』では、「財政の対応力が損なわれること」の問題点について指摘している。

「財政赤字の累増は、利払費等の増大を招き、子どもたちの時代には政策的な経費として自由に使えるお金はどんどん少なくなってしまう。いわゆる財政の硬直化である。目前に迫った本格的な高齢化社会の到来を展望した場合、年金、医療、福祉等社会保障関係の歳出の相当程度の増加は避けられない。更には、財政の健全性を確保しつつとは言うものの、着実な社会資本整備の推進も必要である。また、国際社会において我が国の責任が増大していくことも考えられる。このような今後の多様な財政需要に対し、財政が弾力的に対応していける余地が年々制約されてゆくのである」[*14]

財政の硬直化は、人体の生命力を失わせ様々な病気を引き起こす動脈硬化のように、経済の循環機能を麻痺させ、民間経済を圧迫して経済不況を慢性化・恒常化させる作用をもつ。

慢性的な財政赤字体質は、景気動向に対応して支出を増減させる財政政策の景気調整機能を奪う。ケインズ主義的財政政策によれば、不況期の財政出動が景気を回復させるはずであった。しかし、今日の財政硬直化の下では景気対策資金が不足するため、不況期の財政出動を困難にしている。

▷財政需要の変化への対応力喪失

現代世代だけに次世代への債務の負担転嫁の資格があるということは有り得ない。だからといって、各世代がすべて後世代に負担を転嫁すれば財政は成り立たなくなる。今日のデフレ傾向が続けば、債務の重さは各世代にますます過重になって転嫁されることになる。

現在の世代にとってダムや高速自動車道等の建設が重要だと考えられる場合、大量の国債発行によって建設資金が賄われる。しかし、将来の世代にとっては、公害や交通事故が多発する高速自動車道よりも鉄道の整備の方が意義が高い可能性がある。将来、排気ガスによって地球環境を破壊する自動車交通に対してはより厳しい対応に迫られるであろう。将来の高齢化社会では、公害が少なく安全な乗り物として、鉄道が再評価されることは確実である。

平成15（2003）年度の公共投資関係予算には、重点化項目（新重点4分野）として、「地域イントラネット」の整備費が盛り込まれている(*15)。しかし、将来、光ファイバー・ケーブル等、より高度な通信技術が発達すれば、それは陳腐化する可能性もある。10年後の財政需要の優先順位は10年後に決定する方が、国民の要望と実際の行政需要に即している。各時代ごとに、必要な事業を決定する方がより必要性の高い事業を選択できるのである。

3．日本財政に対する信用の失墜

▷日本国債格付けの低下

国債の格付けとは、要するに各国ごとの国債についての将来の返済可能性の高さについての評価である。今日では、国際的格付け会社による国債評価格下げ等により、日本財政に対する信用の失墜の問題はますます深刻になっている。国家債務の増大につれて日本の国債格付けは下がり続け、日本経済全体に対する信任が薄らいでいる。

アメリカのムーディーズ・インベスターズ・サービス(16)は、国債的に信用の高い伝統ある格付け会社であり、日本政府が発行する国債の格付け(17)を実施してきた。2004年3月1日現在の日本国債についての格付けを見ると、外貨建長期でAa1〔4〕、自国通貨建長期A2と設定されている。自国通貨建長期で比較すると、日本と同じ格付け国は、イスラエル、キプロス、ポーランド、南アフリカの4ヵ国であり、発展途上国と政情が不安定な国だけである(*16)。

---

(16) ムーディーズジャパン株式会社は、1985年の設立以来、世界の資本市場で活動する機関投資家および債券の発行体を対象に、幅広い信用格付け、調査および情報サービスを提供している。また、日本の投資家を対象に国内外市場の社債、CP、証券化債券、預金、ファンド、その他債務に関する最新の信用情報を提供している。これには、居住者の発行する債券、および非居住者による円建て外債（サムライ債）の多くの銘柄が含まれている。また、銀行間取引等で広範囲に利用されている銀行財務格付け、ならびに発行体格付けを提供している。（moodys.co.jp HP）

(17) ムーディーズの信用度の等級は格付け記号によって示され、各記号は信用特性がほぼ同様のグループを表す。次の9つの記号により、信用リスクが極めて低い格付けから、信用リスクが最も高い格付けまでを表す。信用の高い方から、①Aaa、②Aa、③A、④Baa、⑤Ba、⑥B、⑦Caa、⑧Ca、⑨C、と表される。さらに、AaからCaaまでの格付けに、1、2、3という数字付加記号を加えている。（moodys.co.jp HP）

日本の銀行の中で最も上位の静岡銀行は、2004年3月16日現在、A1の優良ランクに格付けされている。静岡銀行はバブルに巻き込まれなかったために名を馳せた、健全経営の優良地方銀行である。地方の一銀行の方が、日本国の国債よりも高い評価を受けていることになる。

　ムーディーズ社は、民間会社発行の社債や投資信託、政府発行の国債、各国公社債（日本の財投債）等への投資の安全性等の投資環境を評価するための格付け会社である。債券格付けは、発行体が債券の元本および利息を償還まで予定通り支払う能力についての格付け会社の意見である。信用リスクについての詳細な分析から判断した評価を簡単な記号で表現しているので分かりやすく、同時に、世界中および他業界の債券との比較が可能になっている[*17]。

　同社は1985年の設立以来、世界の資本市場で活動する機関投資家および債券の発行体を対象に幅広い信用格付け、調査および情報サービスを提供している。現在、大手銀行、証券、保険会社をはじめ、一般事業会社、公益事業会社、政府系機関を含む300を超える日本の発行体の債券・債務に、ムーディーズの格付けが付されている[*18]。

　日本国債の格付けは、2002年5月以来、自国通貨建てで見ると、南アフリカの小国であるボツワナをも下回る結果となった[18]。ボツワナは1966年に独立し、現在は黒人政権に変わっている。独立後、黒人による工場占拠のための暴動等による政情不安が続いているため、経済は低迷している。また、エイズ患者が蔓延しているため、平均寿命は36歳しかない低開発国である。

　小泉内閣の大蔵大臣と財務大臣を歴任してきた塩川正十郎氏は、在任期間中、この評価に異議を申し立て続けてきた。しかしこの評価は、公債残高の大きさや租税による返済能力についての客観的な評価であるため、否定できない。

　各国の国債が完全に安心できる債権であれば、評価会社の評価に頼る必要はない。しかし、民間企業の発行する株式や社債であれ、国家の発行する国債であれ、投資債券である以上、返済可能性に関するリスクは避けられない。

　これまでの各国の国債暴落は、突然、前触れなしに発生してきた。自由市場経済のもとでは、国債価格が市場の評価によって左右されることはやむをえない。国債暴落という最大の投資リスクを避けるためには、評価会社の債券評価ランクを無視することはできない。

▷将来の高金利下の国債消化困難

　国債大量発行の基本的な問題点は、利子という不生産的支出の増大である。国債発行政策がこのまま推移すると、遠からず、国民の税収の大半が公債利子の支払いだけで消えてしまう計算になる。そうなると、国家財政は利払いのためだけに存在することになる。

　財務省は、2004年2月16日の衆議院予算委員会に、「公債1兆円を新たに発行した場合の元利払負担に関する仮定計算」という資料を提出した。これによれば、1兆円の公債をすべて10年債（利率2.0％）と仮定し、これを60年で償還すると仮定して計算すると、最終的には元本償還1兆円＋利払い0.7兆円＝1.7兆円を負担することになる。つまり、現状の低金利が続いたとしても、最終負担額は元本の2倍近くに達することになる。この利子負担0.7兆円は長年にわたる国民の重い租税負担をまねき、他方、大量に公債を保有する大企業や個人資産家への誤った所有再分配をまねく。

　平成に入ってからのバブル崩壊後、大量の国債発行の影響を最小限に抑えてられたのは、低金利のおかげである。しかし、国の財政資金が逼迫するに伴って国債発行期間が長期化する傾向にある。例えば、建設公債の場合、10年単位で借り換えて60年間で返済している現状では国債償還期間が長期に及ぶため、将来の高金利時代に入ることは避けられない。

　今後、景気が回復して高金利時代が到来すると、今日のような低コストでの国債発行・借り換えは、次第に困難になる。高金利が得られなければ、誰も投資対象として魅力のない国債を購入しようとはしなくなる。そして、利子率の増大につれて国債費は増大して行き、国債の発行・借り換えに伴う利息コストが急増するため、財政破綻は加速されることになる。

　国債費に占める利払い費の割合が増大すると、国債元本の償還はますます困難になる。そうなると、国債残高はますます増大することになる。その場合、国債保有はリスクの高い危険資産の保有を意味するため、個人も企業も国債購入を控えるようになる。そうなれば、国債の暴落が起きても不思議ではない。

⑱　2004年3月1日現在のボツワナ国債の格付けは、「自国通貨建て長期」がA1、「外国通貨建て長期」A2〔4〕である。自国通貨建て長期では日本のA2を上回っている。(moodys.co.jp　ホームページ)

▷**国債市場消化の失敗**

　現在、日本の国債が何とか企業と個人によって消化されているのは、銀行預金等の市場金利が低いため、資産価値が安定している国債に優位性があるからである。また、株価が低迷しているため民間金融市場での投資リスクが大きいことも公債投資を助長している。

　しかし、2002年9月になって、国債募集額が応募額を下回るという危機的な兆候も現れている。国家財政の信用度が著しく低下した今日では、民間の市場資金から低金利で国債を発行したり借り入れることは次第に困難になりつつある。2002年9月20日には、日本の10年物国債の競争入札で、初めて入札予定額に応札額が満たない「未達」に終わった。その結果、「国債引受シンジケート団（シ団）」が不足分を引き受けることで安定消化に大きな役割を果たした。財務省は徐々にシ団を縮小してきただけに、その方針に狂いが生じてきた。財務省の改革の重点は、国債市場の透明性を向上させることにある。そのため、シ団の主な役割である10年物国債の引き受け比率を2002年の5月債で25％に引き下げ、将来のシ団廃止を検討していた。しかし、この「未達」が発生して以降、慎重論が登場している[*19]。この出来事は、今後の国債発行による資金調達が必ずしも容易でないことを示している。

4．世代間の負担問題

▷**負担の先送りによる負担感の喪失**

　政府債務には、世代間の負担の転嫁の問題がある。家計の債務では、子どもが債権と債務を合わせて継承する特別の場合以外は、一般に親から子へ債務が継承されることはない。それに対して政府債務は、最長60年の長期にわたって将来の世代に引き継がれる。

　そうなると、将来の世代の受益を名目として発行された国債の元本償還や利子負担は、遠い将来の未知の世代の納税者の税金によって支払われることになる。そのため、まだ生まれていない子どもや孫の世代にまで負担がのしかかることになる。この点で、政府債務は家計債務よりも深刻である。

　先に挙げた『財政構造改革白書』では、「次世代への負担の先送り」の問題

表1－1　政府債務と家計債務（住宅ローン）の相違一覧

	政府債務 国債、借入金等	家計債務
担保	将来世代の国民の税金	土地・住宅資産等
最終負担者	国民	家計の債務者 （所得者）
世代間の負債継承	あり	原則なし（親子二世代ローンは例外）
債務支払い不能の可能性	国債残高の大きさや年々の返済額や債務残高等に対する一国の経済力や税収変動に左右される	ローン金額の大きさや毎月の支払額、ローン残高等に対する家計の所得獲得能力に左右される

注．筆者が作成。

点について下記のように指摘している。

「公債発行は増税に比し現世代の国民の負担感が希薄で、認識しないうちに将来世代の負担となる財政赤字を膨らませるという問題がある。たとえ建設公債であっても、10年ごとの6分の1償還で大量の特例公債が発行されているという状況下では、特例公債の増加という形になってしまう。このような状況下では、償還に伴う税負担の相当部分を将来世代が負うことになってしまう。まして、特例公債においては、便益は我々の世代のみが受けるのであり、負担は全て子どもたちということになってしまう」[*20]

▷世代間の受益と負担の不均衡

　公債発行政策が租税収入の確保を怠らせたため、現在世代の国民負担率は抑制された。しかし、そのことが将来世代の国民負担率を増大させることになる。将来世代の国民負担率には、債務の元本だけでなく多額の利子負担が加わるために、その負担はますます過重になる。

　政府が現在世代の租税収入を財源として公共支出を増大させる場合、受益と負担は同世代の中で均衡するため、資源配分に悪影響は出ない。しかし、公債発行に依存する場合は事情が異なってくる。その場合、現在の受益世代は将来

の勤労者から得られる税収をあてにするため、支出の痛みを感じずに事業を実施できる。つまり、公債発行によって財政支出をどんどん拡大して、受益だけを享受できるため、財政支出は無限大に増大する。

現在の財政支出は、将来世代の税収という究極の財政収入を巻き込むことによって膨張し続けている。そこでは、歳入の大きさが無際限に見積もられているため、受益と負担の原則がまったく見えなくなってしまう。そこから、様々なムダ使いが生じるのである。

それに対して将来の納税者は、その世代に受益をもたらさない公債の償還（返済）を義務づけられることになる。つまり、受益をもたらす資産を残さない赤字公債や、時代の変遷によって受益の不確実になった建設公債を償還することを義務づけられる。

『財政構造改革白書』では、世代間の受益と負担の明確化が財政膨張を抑制する手段となることに注目している。

「世代間の問題を数値化しようとする試みとしては、最近、世代会計の議論が行われている。世代会計とは、各世代別に、公的部門への支払いと受け取りの差額の現在価値（将来の債務を、想定されている金利で割り戻したもの）を比較しようとするものである。世代会計は米国の予算教書（1993〔平成5〕年度、1995〔平成7〕年度）で取り上げられ、我が国でも、経済企画庁が平成7年度の経済白書で日本の各世代別の受益・負担額を試算している」[*21]

同白書はさらに、「これによると、現在の我が国の受益と負担の構造は、高齢者の受益を若年層の負担で賄う形となっている。例えば、現在の60歳以上の世代は大幅な受益超過（1世帯当たり約6,700万円）となっているのに対し、40歳以下の世代では、負担が受益を上回っている。そして、若い世代ほど負担が増え、20歳代では約2,600万円の負担超となる。さらに、このままの財政構造で老齢人口の割合が高まると、将来世代（未成年及び今後生まれてくる世代）の負担はさらに大きく膨らみ、現在の20歳代の負担と比べた追加的負担の大きさは約1,300万円にも及ぶ。これは、国民負担率の上昇が将来避けられないことを示している」[*22]としている。

世代間の負担の問題には、大きく分けて、①現代の高齢者が年金財源を先食

いしているという問題、②公債の乱発によって、財政支出を将来の世代に転嫁している問題、の二つがある。この二つの問題は、いずれも将来世代に投票権がないため、事業実施と財源調達手段に関する政策決定が現代世代の投票行動のみに左右されていることから生じている。

5．クラウディング・アウトと金利上昇

マネー・サプライの動向と関連して、国債発行による**クラウディング・アウト効果**（crowding-out effect）[19]が注目されている。これは、国債発行による政府の資金需要が民間の資金需要と競合し、その結果、民間の資金需要が押しのけられる（枯渇する）ことを意味する。クラウディング・アウト効果が生じるときには、財政支出の増加によって民間投資が削減されるため、財政政策による総需要の拡大効果が削減されることになる。これが生じるかどうかは、民間の資金需要の強さに依存する。国債残高が累積するにつれ、国債の売り圧力が絶えず働くことによって、国債市況が悪化する傾向になり、長期金利が高い水準にとどまる傾向が出るため、クラウディング・アウトの生じる危険性がある[*23]。

『財政構造改革白書』では、財政赤字が民間経済のクラウディング・アウトをもたらす弊害について語られている。

「財政支出の拡大により公債が大量発行されると、市中の資金が公債の購入に充てられてしまうために、市中の資金が不足し、金利を上昇させる。このため、民間企業は高金利での借入を余儀なくされ、中長期的な経済成長の源泉である民間投資の抑制（クラウディング・アウト）を引き起こす。この点は、過剰貯

---

[19] 金利上昇によるクラウディング・アウト（crowding out）貨幣供給量の増加を伴わない財政支出拡大は、利子率を上昇させ、さらにこの利子率上昇の民間投資抑制効果によって、大なり小なり本来の所得増大効果を減殺する。これは、金融市場において民間資金需要と公的資金需要が競合し、民間資金需要が排斥される事を意味するため「クラウディング・アウト効果」と呼ばれる。1970年以降の世界的に深刻化するスタグフレーションのもとで、財政支出拡大の景気回復に対する有効性の低下を説明する要因の一つとしてフリードマン（Friedman, M）、ソロー（Solow, R,M）らによって指摘された。（水野正一他『経済学辞典』中央経済社、1989年）

蓄の存在する我が国では現在あまり感じられていないが、本年（出版年なら1996年）5月のIMFのレポートは、先進諸国の債務残高と実質金利の間には強い相関関係があるとして、実質金利の上昇は世界的な投資支出の減少をもたらし、成長を緩やかなものにしてしまうとの指摘をしている。高齢化が進んでいく中で我が国の過剰貯蓄がいつまでも続くとは考えられない。クラウディング・アウトが我が国でも生ずることになり、財政赤字が子どもたちの時代の活力を奪ってしまうということになる」(*24)

　同白書の指摘のとおり、近年では日本の貯蓄率は急落傾向にある。クラウディング・アウトは、金利が上昇する場合に発生しやすいと考えられている。平成に入ってバブルが崩壊した後、大量の国債発行の影響を最小限抑えられたのは低金利のおかげである。しかし、前述のように、建設公債を10年単位で借り換えて60年間で返済している現状では、将来の高金利時代を避けることは困難である。

　今後、高金利時代が到来すると、今日のような低コストでの国債発行・借り換えは次第に困難になる。国債残高が減らなければ、利子の増大につれて国債費は増大していく。そして、国債費に占める利子の割合が増大すると国債償還はますます困難になる。

6．財政民主主義の崩壊

▷財政複雑化による明朗性の喪失

　公債が発行され隠れ債務が拡大したのは、高度経済成長期以降のことである。それまでは、国民の税金の使途については国会審議で明確にされてきた。ところが今日では、債務の増加に伴う財政の複雑化によって実質上の審議が困難になってきた。

　残念なことに今日では、財政上の資金配分とその処理については、民主主義の原則が機能していない。資金配分について、肝心な国民が蚊帳の外に置かれている。これでは、国民が支払った様々な税金の使途について、意思表示をする機会が与えられていないことになる。

財政資金を取り扱う省庁には、国民の税金を扱っているという基本姿勢が欠けている。これまでの債務処理の経緯を見ると、ひとたび帳簿上の隠れ借金をつくれば国民の承認なしに債務は増え続ける。この手続きが、役所の帳簿勘定でなされていくところに恐ろしさがある。最終的には、将来の大増税によって国民負担が増加することは確実である。膨大な債務の返済は、子々孫々に引き継がれる。国民は、その後60年の長きにわたって、債務の返済のために租税財源を拘束されることになる。財政に関する情報公開は、今日の財政民主主義の根幹をなしている。しかし、財政構造の複雑化に伴ってその実態が見えにくくなる一方である。一般会計、特別会計、財政投融資とどんどん広がっていった財政の全体構造を解明することによって、債務の全体像を説明すべき時が来ている。

▷「代表なきところ課税なし」に違反

　政府債務の増大が財政民主主義に違反するとするもう一つの理由は、世代間の公平に関するものである。将来世代の負担を増大させる現行の公債累増システムは、選挙権をもたない将来世代に課税することに等しい。『財政構造改革白書』では、財政民主主義の崩壊の問題点について次のように指摘している。「米国の独立運動当時のスローガンに、『代表なきどころ課税なし』というものがあるが、この面から考えると、資産を残すから良いとされている建設公債にも問題があることがわかる。すなわち建設公債発行により社会資本整備を行うことには、その効用を享受するため費用の一部を負担すること自体は合理的といえるものの、政治プロセスに参加できない20歳未満の人たち、あるいはこれから生まれてくる世代にとってみれば、自らは関与できないところで社会資本整備の内容が決定され、自らの負担が決まってしまうという問題がある。さらに、場合によっては、経済・社会の急速な発展、技術革新等により、整備された社会資本が不用のものとなってしまうという可能性があるわけであるが、こうしたリスクが押しつけられるという問題もある。また、特例公債発行下では、結局全ての負担が子どもたちに行ってしまうという問題もある」[*25]

7．財政コストの錯覚

▷事業経費低下の錯覚

　今後の財政資金負担原則については、受益原則に適合するように見直す必要がある。アダム・スミスの財政経費負担原則によれば、事業から受け取る受益と経費負担の関係が密接であるほど財政支出からの浪費は少なくなる[*26]。その場合、できるだけ経費を抑制しようとする意思が働くからである。

　事業経費のすべてが同世代の企業や個人からの租税のみで賄われているとすれば、同世代内の費用負担と受益の関係のみを問題にすれば事足りる。この場合には、各世代の総負担は総事業費と一致することになる。当該事業が真に実施すべき価値があるかどうかは、総便益と総事業費を比較すれば容易に判定できる。その場合、事業は、事業費を上回る便益がある場合にのみ実施されることになる。

　しかし、公債発行によって次世代に費用の大半を負担させる場合には事情が大きく異なってくる。ここでは、租税負担による事業資金調達の場合と異なって、公債発行による資金調達の分だけ事業費用が軽く見積もられる。数式で表すと、以下のようになる。

　　公債発行の限界費用＝租税負担の限界費用 － 公債発行による経費充当分

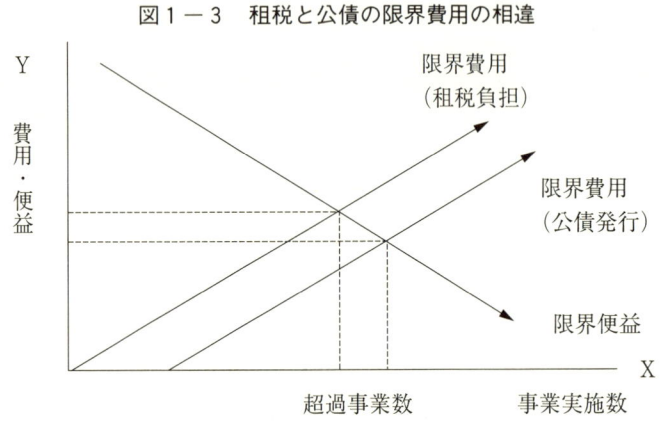

図1－3　租税と公債の限界費用の相違

注．筆者が作成。

債務による資金調達は、限界費用が限界便益を上回る採算以下の地域での不要不急の開発を増加させることによって不用な建設需要を増加させた。このような開発が進んだ理由は、事業費の支払いを将来世代に先送りして費用を不当に低く見積もったことと、開発費の将来世代への転嫁によって現世代のコスト意識が低下してしまったことによる。要するに、世代間の財政負担の転嫁は、財政資金の適正な使用を歪める結果をもたらしている。

　事業経費を公債によって支弁する場合、現在の世代は、ほとんど負担せずに最大の便益を享受できる。そのため、最も大きい純便益を享受できる。費用の大半を自分の痛みを伴わない次世代以降の負担に転嫁すれば、事業にかかる費用が極小に見積もられる。その結果、限界便益が限界費用をはるかに下回る不要不急の事業がどんどん実施に移される。その事業の本来の総費用を見積もれば費用が便益をはるかに上回るため、実施されることはありえないはずである。

▷**歪んだ財政負担の先送り**

　財政赤字は、必要性の低い事業への支出を促進し、その負担を次世代に次々に先送りし、転嫁する構造である。公債発行は、将来の租税等の財政収入の多くを過去の債務の利子と元本の支払いに縛り付けることを意味する。その結果、各時代で本来必要とされる支出に財源を振り向けることを不可能にする。

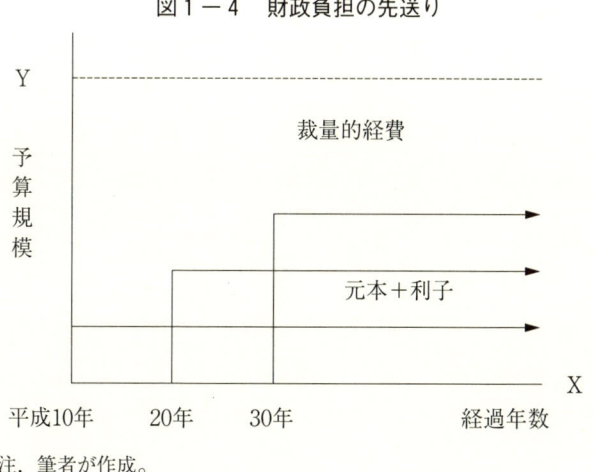

図1－4　財政負担の先送り

注．筆者が作成。

時代の異なる各世代が自らの租税のみを用いて支出計画を立てれば、各時代ごとの優先順位の高い事業や政策の順に支出がなされる。そのため、不要な財政需要が生じる余地は少ない。しかし、債務の連鎖が続くと、現在の世代の財政需要を過大に評価して将来に押し付けることになるため、現在の世代が将来にわたる財政支出を拘束することになる。次世代は、その返済のために多額の元本と利子をつぎ込まなければならない。

　遠い将来には、今日では考えられないような新たな財政需要の発生に伴って、その時代に合った租税の使途が求められることは確実である。それは、人口の高齢化に伴う財政需要の増大を考えただけでも明白である。その他、予測されない災害、疫病の蔓延、戦争、テロ等の政情不安が発生することは確実である。それを考慮すると、現在世代の財政需要の充足のみのために債務を増やすことは非効率である。

　各世代が自ら創出した債務をすべて先送りすれば、財政は成り立たなくなる。この債務の連鎖が遠い将来にまで続くと、どの世代もその時代に本当に必要な施策が一切実施できないという悪循環に陥る。将来世代の財政資金の使途は、将来世代の新たな財政需要に基づいて将来世代が決めるべきである。そうでなければ、必ず無駄な財政支出が増大することになる。

第2章 財政の全体構造

第1節 財政フロー

1．平成15（2003）年度一般会計予算

▷**歳入の構造**

　今日の我が国財政は、単年度で見ると、一般会計80兆円余りを中心として成り立っている。国の財政全体の中で、フローの代表が一般会計である。そこでは、毎年、租税や公債等の潤沢（じゅんたく）な資金を用いて予算が編成される。しかし、バブル不況期以降、税収の占める割合が減少して公債の比率が増大傾向にある。

　平成15年度の一般会計歳入総額約82兆円の内訳を見ると、42兆円（51%）が租税および印紙収入で賄われているが、36兆円（45%）は公債金収入に依存している[*1]。その理由は、一般会計における租税および印紙収入が前年度よりも大きく落ち込んだため、公債で補填（はてん）する割合が増大したためである。租税収入の内訳を見ると、①所得税13.8兆円、②消費税9.4兆円、③法人税9.1兆円が、大きな割合を示している。税収の変動では、所得税、法人税の前年度からの落ち込みが激しい。

　平成15年度予算の歳入における国税総額（補正前）は41兆7,860億円しかない[*2]。同予算における地方税（計画）は、道府県税13兆4,339億円、市町村税18兆7,386億円、合計32兆1,725億円である。国と地方を合計すると73兆9,585億円となる[*3]。地方税全体を100とすると、道府県税が41.8%、市町村税が58.2%を占めることになる。

　その他に社会保険料負担も加わるので、これが租税負担の限界である。それにもかかわらず、年々の国・地方の一般会計から多額の公債発行がなされ、財政規模が拡大している。それだけでなく、①特別会計、②財政投融資、③地方財政等の国の一般会計の周辺部分が年々肥大化している。

　単年度でとらえると、公経済は、GDP約500兆円の国民経済の枠組みの中で

図2－1　歳入
(単位：億円、％)
なお（　）内は構成比

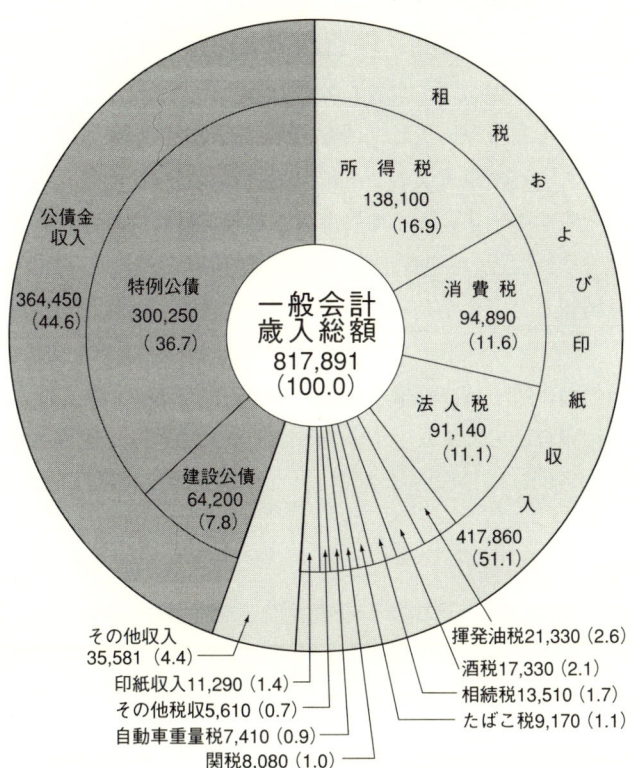

一般会計歳入総額 817,891 (100.0)

公債金収入 364,450 (44.6)
　特例公債 300,250 (36.7)
　建設公債 64,200 (7.8)

租税および印紙収入 417,860 (51.1)
　所得税 138,100 (16.9)
　消費税 94,890 (11.6)
　法人税 91,140 (11.1)
　揮発油税 21,330 (2.6)
　酒税 17,330 (2.1)
　相続税 13,510 (1.7)
　たばこ税 9,170 (1.1)
　関税 8,080 (1.0)
　自動車重量税 7,410 (0.9)
　その他税収 5,610 (0.7)
　印紙収入 11,290 (1.4)

その他収入 35,581 (4.4)

注．計数はそれぞれ四捨五入によっているので、端数において合計とは合致しないものがある。
出典：財務省HP「財政の現状と今後のあり方」（平成15年9月）による。

支えられている。国民経済の大きさから見て、国民負担の大きさに耐えられる財政規模には限度がある。一般会計中の国税と地方財政における地方税を加えた額が国民負担の限度のはずである。ところが、毎年の公債発行によってその限度が破られていった。

　日本の税体系は、戦後から昭和末年までは、所得税、法人税に代表される所得課税の時代が続いてきた。所得課税中心税制は、今日ではアメリカの国税等に見られるにすぎない。アメリカでも、地方税は消費課税のウエートが大きい。

我が国では、1989（平成元年）4月1日に消費税が導入され、1997（平成の）4月から税率が5％に増加した。そのために、今日ではヨーロッパ先進国の税体系に近づいている。

1980年代の消費税導入を背景とした税制議論において、「所得・消費・資産の課税の均衡」という標語が主張され続けてきた。バブル期に資産課税強化の動きがあったわけであるが、これは1992年の地価税導入に際しても言われたことである。しかし、バブル崩壊とともに土地資産課税強化の動きは衰退した。今日では、土地資産の下落に伴って資産保有の優位性は失われた。土地資産保有による担税力は収益性の範囲に限定された限られたものとなったために課税強化の動きは消滅した。したがって、今日では「所得・消費の課税の均衡」と言うべきである。

租税収入以外の項目では、公債収入が過半を占める勢いである。小泉内閣のもとでも、この割合は増加する一方であり、それにつれて公債残高も増大傾向にある。

▷ **歳出の構造**

平成15年度一般会計当初予算における歳出総額は81兆7,891億円である。そのうち国債費は約17兆円で、全体の約5分の1を占めている。一般会計歳出から国債費、地方交付税交付金等の義務的経費を除いたものを「一般歳出」という。社会保障関係費、公共事業関係費、文教および科学振興費でこの一般歳出の3分の2以上を占めている[*4]。

平成15年度当初予算における歳出総額81.7兆円の中で、毎年、恒常的に支出される国債費と地方交付税を除いた一般歳出は47.5兆円に上る。そのうち、社会保障費や防衛費等は裁量の余地の少ない毎年決まって支出される経費である。わずかでも裁量の余地のある経費は、公共事業費8兆円、文教・科学振興費6.4兆円のうちの義務教育を除く部分等、わずかな金額にすぎない[*5]。

▷ **一般会計の変化**

一般会計は、財政全体の中に新鮮な水を送り込むポンプの役割を果たしてきた。しかし、長年にわたる租税資金の枯渇によってこのポンプも近年では硬直

第2章 財政の全体構造 47

図2－2 歳出

(単位：億円、％)

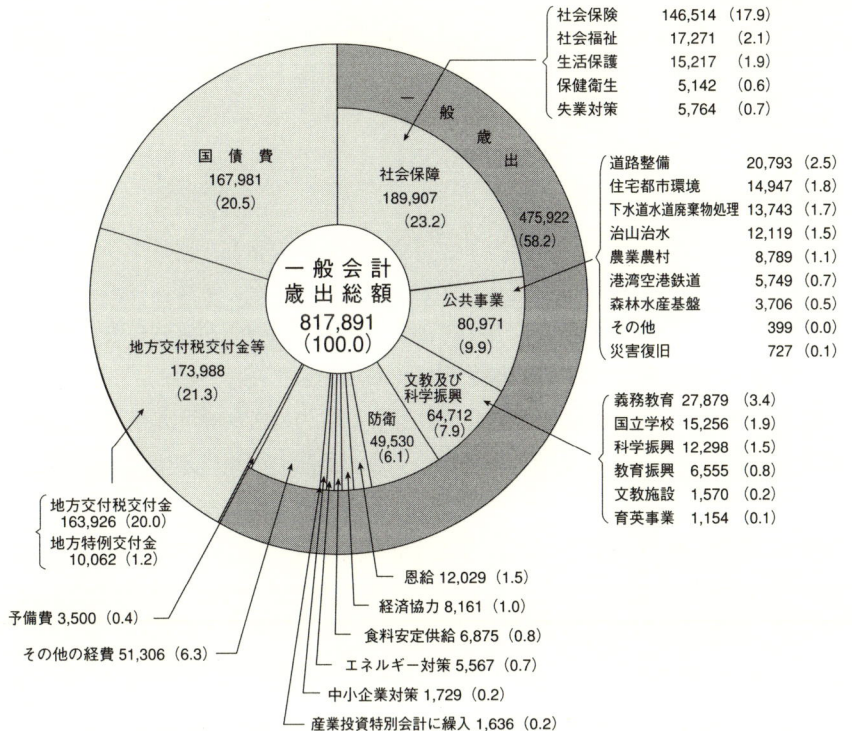

なお（ ）内は構成比

項目	金額	構成比
社会保険	146,514	(17.9)
社会福祉	17,271	(2.1)
生活保護	15,217	(1.9)
保健衛生	5,142	(0.6)
失業対策	5,764	(0.7)
道路整備	20,793	(2.5)
住宅都市環境	14,947	(1.8)
下水道水道廃棄物処理	13,743	(1.7)
治山治水	12,119	(1.5)
農業農村	8,789	(1.1)
港湾空港鉄道	5,749	(0.7)
森林水産基盤	3,706	(0.5)
その他	399	(0.0)
災害復旧	727	(0.1)
義務教育	27,879	(3.4)
国立学校	15,256	(1.9)
科学振興	12,298	(1.5)
教育振興	6,555	(0.8)
文教施設	1,570	(0.2)
育英事業	1,154	(0.1)

一般歳出 475,922 (58.2)
社会保障 189,907 (23.2)
公共事業 80,971 (9.9)
文教及び科学振興 64,712 (7.9)
防衛 49,530 (6.1)
恩給 12,029 (1.5)
経済協力 8,161 (1.0)
食料安定供給 6,875 (0.8)
エネルギー対策 5,567 (0.7)
中小企業対策 1,729 (0.2)
産業投資特別会計に繰入 1,636 (0.2)
予備費 3,500 (0.4)
その他の経費 51,306 (6.3)
地方交付税交付金 163,926 (20.0)
地方特例交付金 10,062 (1.2)
地方交付税交付金等 173,988 (21.3)
国債費 167,981 (20.5)

一般会計歳出総額 817,891 (100.0)

出典：財務省HP「財政の現状と今後のあり方」平成15年9月による。

化が進み、水流が滞りがちである。

　一般会計における歳出総額と税収のギャップは近年拡大しており、それを埋めるために公債発行額が大幅に増大している。近年では、税収の不足した分を公債発行で補う措置が続いている。平成11年度以降の数年間は、多額の減税財源を公債発行で賄うという異常な事態が続いている。税収不足が深刻化し始めた平成10年度から、公債発行額が大幅に増大している。平成11年度には、税収不足にもかかわらず歳出が増加するという異常な事態が発生している。この年には、公債発行額が37.5兆円というピークに達している[*6]。

小泉内閣は、平成13（2001）年4月26日に成立した。そして、公債発行30兆円枠を厳守することを公約としたが次第に財政規律が緩んでいった。平成13年度決算、平成14年度の当初予算では、公債発行額30兆円の公約が果たされた。しかし、実際には各年度の補正予算で追加的な公債が発行されたため、30兆円の枠は崩れている。今後は、補正予算も含めた管理をしなければ国債発行額は減少しないという状況にある[*7]。

▷ **歳出の硬直性**

近年では、歳出の硬直化によって、資金の使途の柔軟性が薄れてきた。その原因は、戦後長期にわたる縦割り省庁の官僚支配のもとで予算編成が硬直化してきたことによる。その結果として、国民の租税等の資金が年々の既定経費にしか向けられず、予算編成に新鮮味がなくなってしまった。

歳出面では、急速な人口の高齢化等に伴う経費の増大やバブル崩壊後に次々に実施された経済対策の実施によって、一般会計歳出の規模が増大してきた。その中で公債の累増に伴い一般会計歳出に占める国債費の割合が増大していることにより、政策的な経費である一般歳出の割合が大幅に低下し、財政の対応力が失われつつある[*8]。

本来、一般会計の資金は時代の変化に対応した様々な使途に使われるべきである。その中でも一般歳出は、自由に使えるはずの裁量的経費のはずである。しかし、その中の社会保障費が増大傾向にあるため、裁量性は薄れる傾向にある。一般歳出の中の残された経費も公共事業費等によって侵食されているため、裁量的経費として残される部分はごくわずかでしかない。

国家歳入が縮小する長期不況期に財政に余裕をもたせるためには、国家歳出を大胆に削る以外に方策はない。しかし、毎年決まった経費に充当される義務的経費の金額が多すぎる。例えば、地方団体に配分される地方交付税や長期債務の返済に使える公債費の範囲は、毎年一定額が必ず計上されなければならない。これら義務的経費を除くと、自由に使えるはずの一般歳出の総額は限られている。

歳出削減のためには、義務的経費を除いて裁量的に使用できる経費を削減する以外にない。つまり、裁量的経費の代表である公共事業費等を大胆に削減す

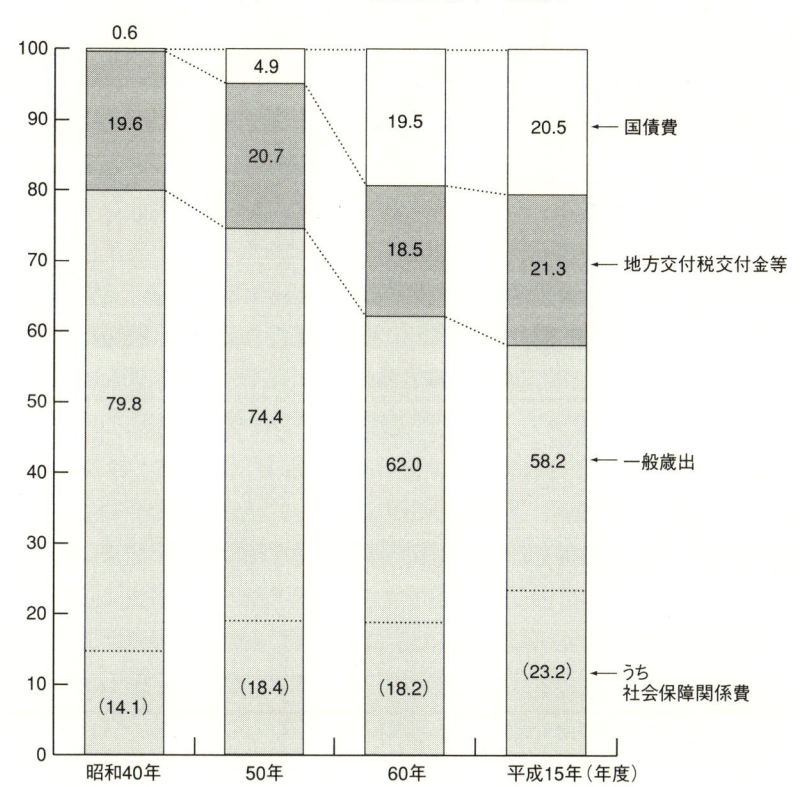

図2－3　一般会計歳出の構成比

年度	国債費	地方交付税交付金等	一般歳出	(うち社会保障関係費)
昭和40年	0.6	19.6	79.8	(14.1)
50年	4.9	20.7	74.4	(18.4)
60年	19.5	18.5	62.0	(18.2)
平成15年	20.5	21.3	58.2	(23.2)

注1．当初予算ベース。
　2．平成15年度の地方交付税交付金等は、地方特例交付金を含む。
出典：財務省HP「財政の現状と今後のあり方」平成15年9月による。

る以外にない。しかし、現状では公共事業関連省庁の事業資金の配分のシェアが決まっているため、削減は容易ではなくなっている。

　例えば、年収1,000万円の家計なら、年収から租税や社会保険料を差し引いた可処分所得からさらに、住宅ローンの元利返済額や生命保険料や教育費や子どもへの仕送り等を差し引いた残りが一般歳出に相当する。さらに、ここから食費や光熱費等を差し引くと、実際に自由に使える資金はわずかしか残らない。

2. 国債発行の実態

▷公債発行額の推移

　公債には、国が発行する「国債」と地方自治体が発行する「地方債」がある。ここでは、国家財政に限定して説明するため、「公債」と「国債」は、同じ意味で用いられる。ここでは財務省資料による図に合わせて、「公債」と統一表記する。国が発行する公債（国債）の中には、後述するように「建設公債（四条公債）」と「赤字公債（特例公債）」がある。前述のように、昭和41（1966）年度の建設公債発行以来、建設公債が毎年発行されている。さらに、昭和50（1975）年度補正予算における赤字公債発行以来、好景気の特殊な時期を除いて赤字公債が毎年発行されている（第5章第4節「建設国債と赤字国債」参照）。

　近年、政府が景気回復を最優先とした財政運営を行ってきた結果、公債発行額は平成11（1999）年度には過去最高の37.5兆円となった。平成15（2003）年度の公債発行額も36.4兆円に上るなど、依然として我が国の財政は非常に厳しい状況にある。同年度には、歳出総額のうち公債発行によって賄われている割合を示す公債依存度は過去最大の44.6％になっている[*9]。

　平成15（2003）年度の公債発行額36.4兆円のうち特例公債が30兆円を占め、残りの6.4兆円を建設公債が占めている。バブル景気の影響が残っていた平成2〜5年には特例公債発行ゼロで賄えた。しかしその後、平成6年から次第に特例公債の発行割合が増え、平成10年には両者がほぼ同額となっている。平成11年以降になると、特例公債の発行割合が増大し続けている。

　近年では、過去に発行された公債の残高が急膨張しているため、それを借り換えるための借換債の発行額が急増している。平成15年度の借換債発行額は75兆円にも上る。そうすると、平成15年度の実際の公債発行総額は、新規債36.4兆円＋借換債75兆円＝111.4兆円になる。しかし、借換債は各年度ごとの新規公債発行ではないため、図2-4では省かれている。

第2章 財政の全体構造 51

図2－4 公債発行額の推移

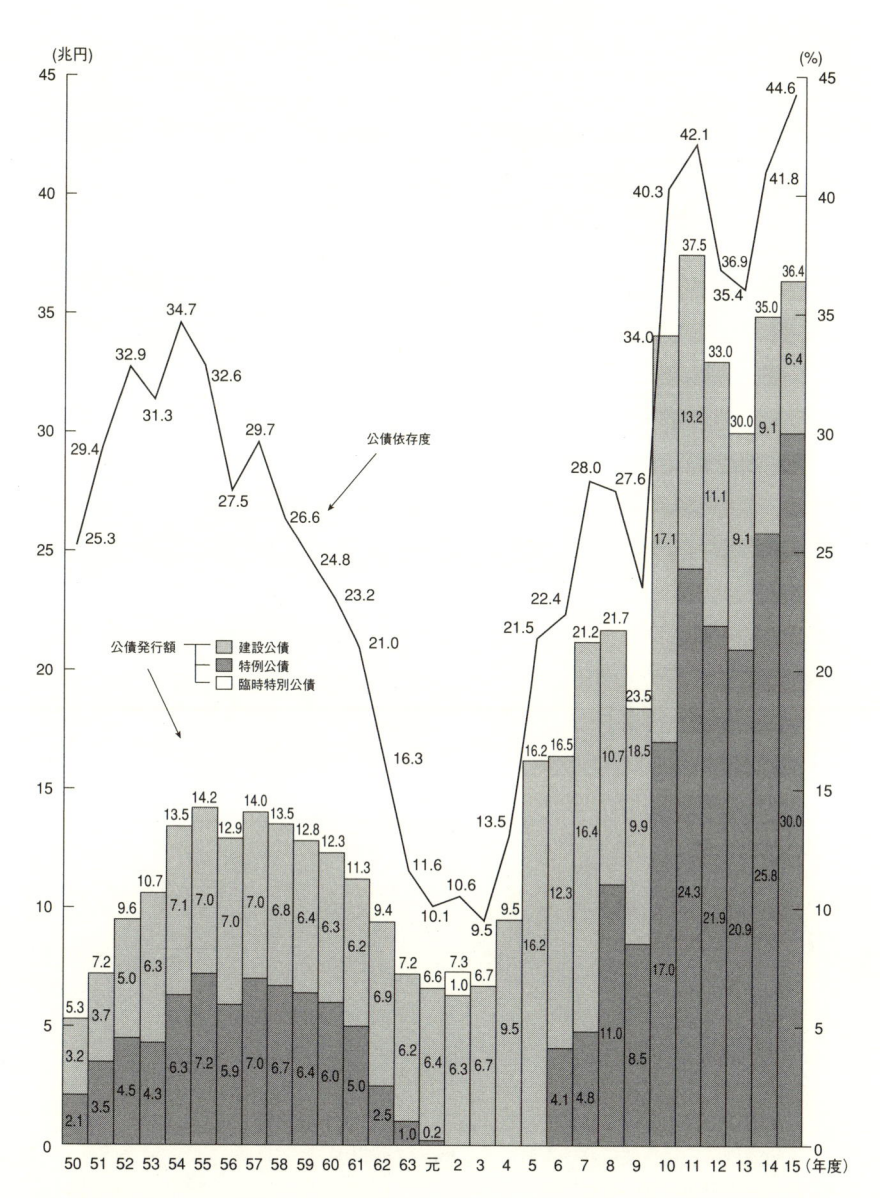

注．14年度までは決算、15年度は予算。
出典：財務省「財政の現状と今後のあり方」平成15年9月による。

図2-5　公債残高の累増

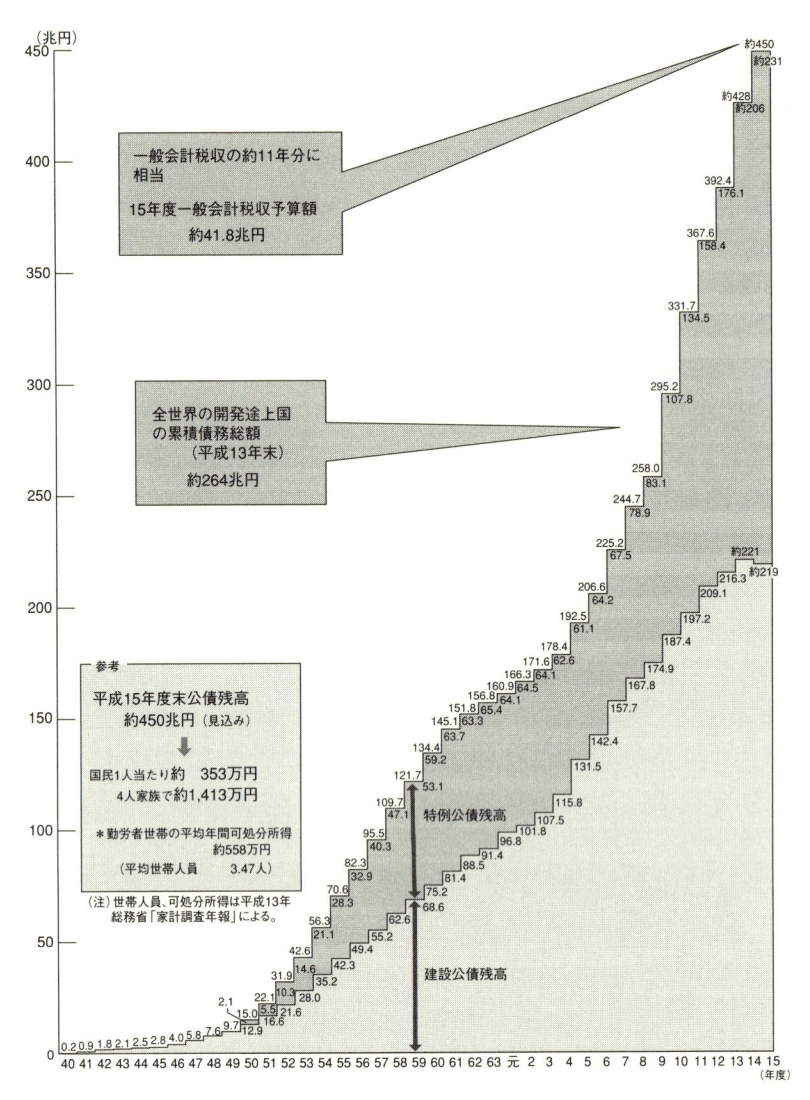

注1．公債残高は各年度の3月末現在額。ただし、14年度、15年度は見込み（14年度は、15年度借換国債の14年度における発行予定額（約9兆円）を含む）。
　2．特例公債残高は、国鉄長期債務、国有林野累積債務等の一般会計承継による借換国債を含む。
出典：財務省「財政の現状と今後のあり方」平成15年9月による。

▷公債残高の累増

 連年の公債発行により、我が国の公債残高は年々増加の一途をたどっている。平成15（2003）年度末の公債残高は約450兆円にもなると見込まれているが、これは現在および将来への大きな負担となっている[*10]。

 平成15年の公債残高450兆円のうち、建設公債は219兆円、特例公債は231兆円であり、特例公債の方が上回っている。平成11（1999）年以降、特例公債発行額が増大しているため、それ以降、年々、特例公債残高の占める割合が高まっている。また、経費膨張分が特例公債で補填されているため、財政の不健全性が高まっている。

 平成15年度の公債発行残高450兆円は、平成15年度予算の一般会計税収41.8兆円の10.8年分に相当する金額にまで増加していることになる[*11]。これを家計にたとえると、年収の11倍の住宅ローンを組んだことになる。

 世界の開発途上国の債務は、平成15（2003）年9月現在、合計で約2.1兆ドルである。1ドル＝110円として約231兆円である。我が国の国債残高の規模は、これを大きく上回っている[*12]。

 日本の人口は、平成16（2004）年1月1日現在（概算値）で1億2,750万人である[*13]。この公債残高450兆円は、国民一人当たりに換算すると353万円に上る。4人家族では1,412万円に達する。またこれは、勤労者世帯の年間平均可処分所得567万円の2.5倍になる。要するに、国の公債残高450兆円を家計の増税によって返済しようとすると、すべての家計が2、3年分の所得をすべて放棄せざるを得ないという計算になる。実際には、家計の収入は生活費や住宅ローン、生命保険等の義務的経費に拘束されている部分が大きいため、自由に使える部分をすべて租税で徴収したとしても、返済に10年以上はかかる計算になる。

▷国債費の重圧

 前述の図2−2に示されたように、平成15年度予算における国債費は約16.8兆円となり、一般会計歳出の20.5％を占めている。また図2−6を見ると、このうち利払費は約9.1兆円となっており、一般会計歳出の11.1％を占めている。元本はわずか7.7兆円しか返済されていない計算になる。公債の残高は年々増

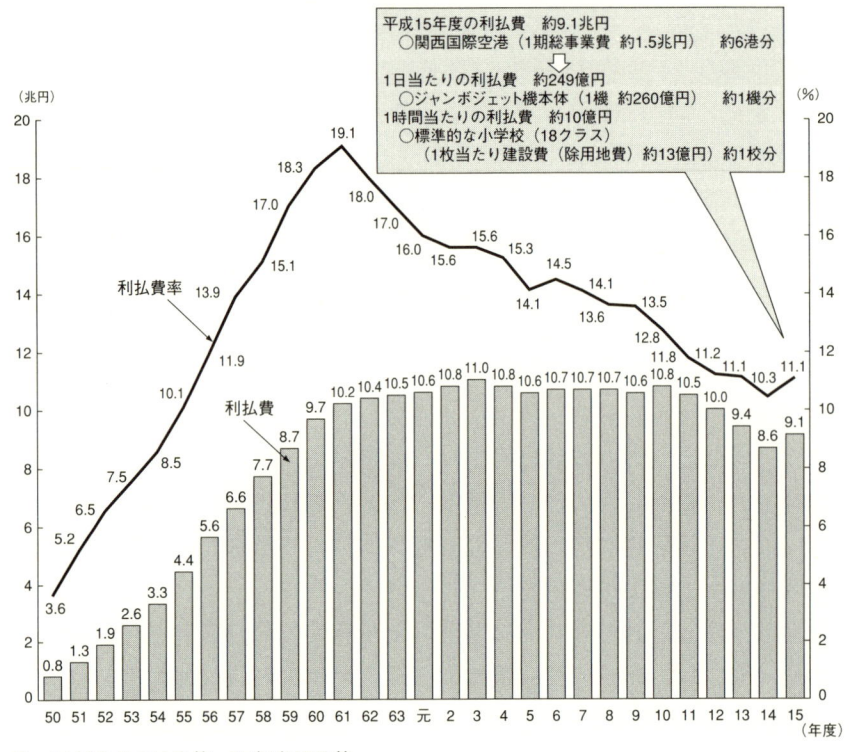

図2－6　利払費および利払費率の推移

```
平成15年度の利払費　約9.1兆円
　○関西国際空港（1期総事業費 約1.5兆円）　約6港分
1日当たりの利払費　約249億円
　○ジャンボジェット機本体（1機 約260億円）　約1機分
1時間当たりの利払費　約10億円
　○標準的な小学校（18クラス）
　　　　　　（1枚当たり建設費（除用地費）約13億円）約1校分
```

利払費率のデータ（％）: 50年度 5.2, 51 6.5, 52 7.5, 53 8.5, 54 10.1, 55 11.9, 56 13.9, 57 15.1, 58 17.0, 59 18.3, 60 19.1, 61 18.0, 62 17.0, 63 16.0, 元 15.6, 2 15.6, 3 15.3, 4 14.5, 5 14.1, 6 14.5, 7 13.6, 8 12.8, 9 13.5, 10 11.8, 11 11.2, 12 11.1, 13 10.3, 14 10.3, 15 11.1

利払費のデータ（兆円）: 50年度 0.8, 51 1.3, 52 1.9, 53 2.6, 54 3.3, 55 4.4, 56 5.6, 57 6.6, 58 7.7, 59 8.7, 60 9.7, 61 10.2, 62 10.4, 63 10.5, 元 10.6, 2 10.8, 3 11.0, 4 10.8, 5 10.6, 6 10.7, 7 10.7, 8 10.7, 9 10.6, 10 10.8, 11 10.5, 12 10.0, 13 9.4, 14 8.6, 15 9.1

注．14年度までは決算、15年度は予算。
出典：財務省「財政の現状と今後のあり方」平成15年9月による。

加し、その発行規模も拡大しているが、金利が低下する局面の中で利払費は最近では毎年10兆円前後で推移している。今後、経済が回復する過程で金利が上昇していけば利払費が増加していくことになる[*14]。

毎年、様々な事業施策の実施を目的として発行される公債は、「公債（金）」として予算書[1]の歳入の項目に計上される。これに対して、過去に発行した公債に対する毎年の返済額は「公債費（元本＋利子）」として計上される。毎年のその差額、つまり「公債金－公債費（元本のみ）」が大きいほど累積債務が増加する。「公債残高」とは、毎年発行される公債から返済分の「公債費（元本のみ）」を差し引いた差額が累積したものである。つまり、前年度末公債残高＋本年度公債発行額－本年度公債元本返済額＝本年度末公債残高、となる。

債務を減らすには、毎年発行される「公債」を減らして返済額である「公債費」中の元本返済額を増加させる以外にない。これは、家計の住宅ローンの場合の繰り上げ返済と同様である。

3．財政投融資（単年度）

　財政投融資事業は、政府資金の投資と融資から成り立っている。これは、国民の生活の備えである郵便貯金や老後の生活資金の積み立てである年金資金を運用する事業である。これらの資金を政府系金融機関を通じて、個人や企業等に貸し付けることがその仕事の中心である。また一部、政府系事業機関が事業を実施するための資金として運用されている。これらの政府系金融機関や政府系事業機関を「政府関係機関」という。財政投融資を実施する機関なので「財投機関」とも呼ばれる。

　表2－1は、平成10年から15年までの財政投融資原資の変動を示している。平成13年度から新しい表に分かれた理由は、制度改正によって項目が変わったからである。平成12年度までの財投原資の中心は、政府が国民から預かった郵貯・年金等を中心とした「資金運用部資金」であった。それに対して平成13年度からは、それを引き継いだ「財政融資資金」が中心になっている。これは、郵貯、年金等の旧財投原資の預託制度が廃止されたからである。それに伴って、財投資金の調達は、市場原理を建前とする財投債に委ねられることになった。しかし実際には、少なくとも市場資金の導入に成功するまでの当面の調整期間の間は、従来の郵貯、年金等の財投原資が投入されていることに変わりはない。

　平成15年度のフローで見た財政投融資計画の合計は、23兆4,115億円である。その内訳は、①財政融資19兆4,612億円、②産業投資447億円、③政府保証3兆9,056億円となっている[*15]。

　表2－1を見ると、近年の財投計画は小泉内閣の政府関係機関（特殊法人）

---

(1) 平成16年度予算案は、平成16年1月19日に第159回国会に提出され、3月26日の参議院本会議で成立した。通常、予算書（予算審議資料）として公刊される書類の内訳は、①一般会計予算、②特別会計予算、③財政法弟28条による予算参考書、④政府関係機関予算、⑤予算及び財政投融資計画の説明、⑥改正税制の要綱・租税及び印紙収入予算の説明、である。

表2−1　財政投融資原資の状況（単年度運用）

(単位：億円)

区　分	平成10年度 当初計画	平成10年度 実績	平成11年度 当初計画	平成11年度 実績	平成12年度 当初計画	平成12年度 実績
産業投資特別会計	635	4,472	1,036	2,020	1,100	1,015
資金運用部資金	480,957	558,205	437,156	364,726	333,049	287,067
郵便貯金	114,000	122,220	115,000	41,400	―	―
厚生年金・国民年金	60,000	56,665	43,100	45,472	27,200	―
回収金等	306,957	379,320	279,056	277,853	305,849	287,067
簡易生命保険資金	71,000	67,532	65,800	64,107	63,800	59,144
政府保証債・政府保証借入金	25,000	25,993	25,000	27,185	38,811	39,301
合　計	577,592	656,202	528,992	458,037	436,760	386,527

(単位：億円)

区　分	平成13年度 当初計画	平成13年度 実績	平成14年度 当初計画	平成14年度 実績	平成15年度 当初計画
財政融資	287,448	212,126	235,721	173,070	194,612
財政融資資金	261,148	187,003	210,021	148,060	168,412
郵便貯金資金	10,000	9,496	9,800	9,514	10,000
簡易生命保険資金	16,300	15,627	15,900	15,496	16,200
産業投資	790	1,249	367	912	447
産業投資特別会計	790	1,249	367	912	447
政府保証	37,234	28,738	31,832	22,915	39,056
政府保証国内債	29,613	25,097	24,902	19,199	31,862
政府保証外債	7,621	3,641	6,930	3,716	7,194
合　計	325,472	242,112	267,920	196,897	234,115

注1．財政投融資制度の改革に伴い、平成13年度から財政投融資計画に政府保証外債を加える等、原資区分の変更が行われている。
　2．平成12年度においては、郵便貯金、年金資金については、預託の増加額はなく、資金運用部資金については、回収金等が原資に充てられている。
出展：財務省『財政投融資リポート　2003』による。

改革に伴って減少傾向にある。平成15年度財政投融資計画は、14年度当初計画における財政投融資額合計26兆7,920億円[*16]から3兆3,805億円（12.6％）の減少となっている。近年の財投金額減少の主な理由としては、特殊法人改革を踏まえて、民業補完の観点から民間住宅ローンとの協調融資制度を導入したことなどにより、住宅金融公庫の予定額が大幅に減少したことが挙げられる[*17]。

第2節　財政ストック化の進行

1．財政ストック化の進行

　戦後、我が国の財政は、国民や為政者の様々な欲望を飲み込んで極度に肥大化していった。社会資本整備事業を通じた公共事業費や社会保障費の拡大が続いた。「財政の三つの役割」と呼ばれる様々な課題が追及されるようになったため、一般会計の守備範囲を超えた財政の拡張がなされた。そのために、租税だけではなく事業形態に適合した様々な財源が導入された。

　日本経済の成熟に伴って財政のストック化が進行している。これは、財政資金の様々な用途の多様化に伴って多様な資金の長期運用が進んでいるからである。一般会計は、その湖に流れ込む細い川のようなものにすぎず、巨大な湖として滞留する特別会計や財政投融資ほどの影響力をもたなくなっている。しかも、一般会計は単年度で無理やり費消されるため、流れ去る川のように単年度で消えていく定めにある。

　特別会計や財投に長期債務が累積した今日では、一般会計はそれらの債務である濁り水を処理するための方便として利用されている。しかし今日では、一般会計の租税という真水による浄化作用も失われつつある。一般会計にも、公債という独自の濁り水が滞留してきたためである。

　いかに政府事業が拡大して経費が膨張しても、租税で支払われればそれほど大きな問題にはならなかった。なぜなら、毎年、裁量的に支出できる租税には

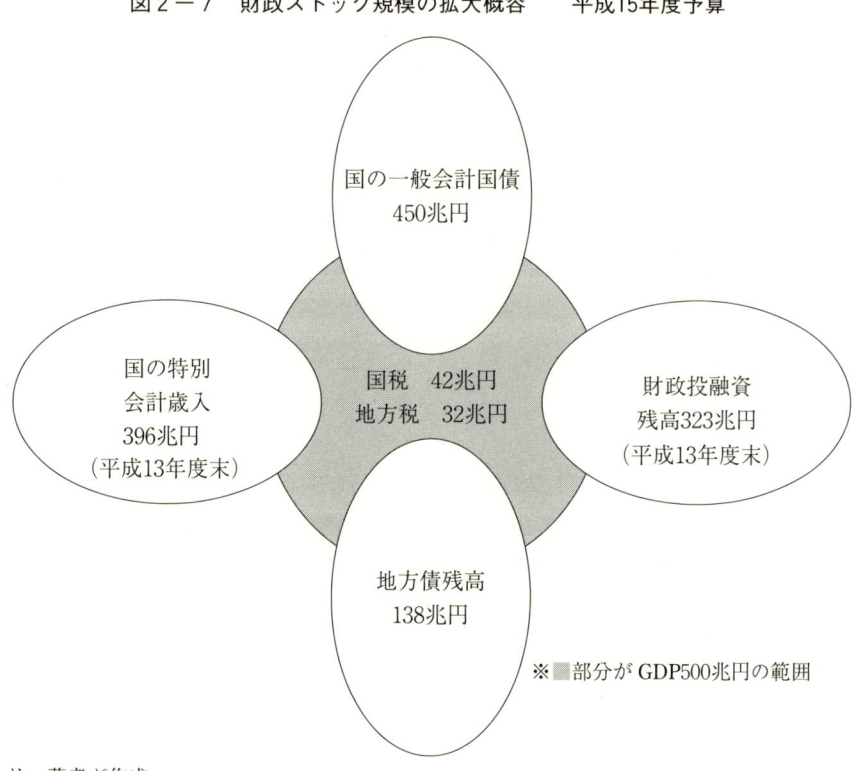

図2−7　財政ストック規模の拡大概容　　平成15年度予算

国の一般会計国債
450兆円

国の特別
会計歳入
396兆円
（平成13年度末）

国税　42兆円
地方税　32兆円

財政投融資
残高323兆円
（平成13年度末）

地方債残高
138兆円

※■部分がGDP500兆円の範囲

注．著者が作成。

限りがあるからである。しかし実際には、国家収入が不足する不況期にも公債発行等によって無際限に財政支出が拡大してきた。

　経済の低成長期以降、特にバブル崩壊後、年々の税収をはるかに超えて財政支出が増え続けた。その際に、増え続ける歳出に対して国家歳入の税収が不足する場合、その経費の差額が国債収入や借入金等で賄われる傾向が強まった。その結果として、巨額な財政赤字がもたらされた。それにともなって財政の全体構造は、一般会計のみでなく、特別会計総額[2]約396兆円や財政投融資残高[3]約323兆円を飲み込む巨大な資金の湖となってしまった。

2. 財政ストック増大要因

　財政をストックの面から見ると、特別会計や財投資金はストックとして積年の資金残高でとらえられる。①一般会計公債残高・借入金残高、②特別会計運用資金総額・借入金残高、③財政投融資残高が、アメーバーのように膨張している。各会計相互の置かれた状態をストックまたは多年度にわたる長期的な視野で見ると、別の様相が浮かんでくる。

　今日では、財政ストックはGDPの大きな割合を占め、それが一体となって、国民所得の配分を通じて、国民経済や国民生活に多大な影響を及ぼしている。したがって、今日の財政構造の全体をとらえるには、年々の財政フローと財政ストックの両面から財政全体の構造を把握しなければならない。

▷一般会計（公債残高）

　一般会計の資金源は、主として年々調達される租税と公債からなる。毎年の予算は、編成されて使い切るという原則通りに運用されている。それ自体は、国家資金の歳入としての資金流入、および歳出としての資金流出から成り立っている。一般会計は、年々の国家資金のフローだが、長期的な財政ストック増大の原動力となっている。

　一般会計は、毎年、資金不足の特別会計に租税資金を繰り入れて補填している。また、財政投融資事業に対しても一部資金を供給しているため、財政ストックの増大をもたらしている。他方、一般会計は、長期的に見ると、租税収入が不足する部分について公債発行によって歳入を賄い続けている。また、保険積立金の余剰のある特別会計等から多額の借入を増やし続けている。これらの債務は、負の財政ストックである公債残高増大の原因となっている。

---

(2) 特別会計総額は、平成13年度で、歳入396兆2,235億円、歳出363兆3,367億円であり、年々増大する傾向にある。（会計検査院『平成13年度決算検査報告』）
(3) 財政投融資残高は、平成13年度末で323兆6,198億円である。これは、①財政融資291兆771億円、②産業投資3兆5,013億円、③政府保証29兆414億円の合計である。（財務省「財政投融資レポート2002年」）

▷赤字特別会計

　赤字特別会計は、長年にわたって不採算事業を継続してきた特別会計等である。戦後、不採算事業を継続し続けた特別会計は深刻な赤字に陥ってきた。例えば、国有林野等の事業特別会計は借入金を増やし続けた結果、最終的に債務返済不能に陥ってしまった。それに先立って、政府公社として機能してきた旧国鉄も同様の経過をたどった。現在では、地方交付税特別会計が膨大な債務をかかえて苦しんでいる。

　特別会計の借入金が増やせた理由は、財政投融資資金を通じて事業資金の融資を受け続けることができたからである。その資金は、年金、郵貯等の余剰資金から成っている。つまり、市場によらない安易な資金調達方式が借入金の肥大化をもたらしたのである。

　近年では、積年の累積赤字額は一般会計の新たな長期公債発行によって一括処理される傾向にある。そうすると、巨額の債務が後世代の負担になってしまう。さらに、特別会計や公社運営の経営不振に関する当事者責任は忘れられてしまうのである。

　長期国債を発行すると、その後、長年にわたって必ず償還（返済）が求められる。そうすると、結局は後世代の一般会計における租税負担の増大という結果をもたらす。つまり、現在の財政赤字ストックが遠い将来に至るまでの一般会計の硬直化をもたらすことになる。

▷余剰特別会計

　余剰のある特別会計は、長年にわたって国が管理してきた貯蓄性資金のプールである。資金の中心は、国民の老後の年金資金や万一の時のための郵貯資金、各種社会保険関係の積立金等である。

　一般会計と赤字特別会計は、慢性的に資金不足に陥っているため、年々この余剰特別会計等から借り入れを増やし続けてきた。余剰特別会計の資金が、一般会計や特別会計の赤字を支えてきた。

　余剰特会資金は国民から預かった資金であるため、いつか返済を求められる。ところが、政府の管理下にあるために、意のままに使用できるように錯覚されてきただけである。「余剰」といっても、保険事業から事業利益が上がってい

るわけではない。むしろ、バブル期には、低金利下の資金運用のため、預かった保険金の資産価値の維持が容易ではなくなっている。

▷地方財政（国と地方の借入金）

　国は、地方財政との関係でも、長年にわたる資金滞留によって形成されてきた負債ストックがある。地域間の所得較差による行政水準の差を平準化するために、貧困な自治体を中心として、地方財政調整資金としての地方交付税が支払われてきた。国は、一般会計で受け入れた租税の一部を地方交付税として地方自治体に交付してきた。

　ところが近年では、税収不足によって、地方交付税の支払いきれない部分が増えている。その滞った金額の一部を、年金等の余剰特会から借り入れて支払っているため、年々借り入れが増加している。地方交付税の支払い延期した繰延額は、国と地方の双方にとって膨大な負債のストックとなっている。

　地方財政自体の赤字も増大傾向にある。地方財政の会計区分は、①年々のフローと考えられる一般会計、②農林漁業等、特定の事業や特定の収入を充てる特別会計、③水道事業等の収益事業を実施する企業会計がある。これらの会計には、赤字経営が続いた場合には、国と同様に公債や借入金による赤字ストックが蓄積されることが多い。なお、地方財政の統計や分析の際には、一般会計といくつかの特別会計を合わせた「普通会計」および企業的経営を行うべき特別会計と企業会計を合わせた「公営企業会計」に区分する場合もある[*18]。

　地方団体の普通会計等の外側には数多くの赤字経営の外郭団体があり、毎年巨額な地方税が注ぎ込まれている。さらに同様の半官半民の収益事業を実施する第三セクター等の機関があり、ここにも巨額な地方税がつぎ込まれている。これらの組織と資金規模はストックとして年々肥大化しているため、地方財政を圧迫している。

▷財政投融資（残高）

　平成14年度のフローで見た財政投融資計画の合計は、26兆7,920億円にすぎない。しかし、これまで長期間にわたって投資された財政投融資事業の資金ストックである財投残高は巨額なストックをなしており、毎年増大傾向にある。

平成14年度末の財政投融資計画の実績を見ると、同年度末の残高は390兆5,886億円に上っている。これは、年々の財投計画の実に14.5倍にも上る巨額な数字である。

戦後、長期間にわたって政府系金融機関は、返済が不確実な融資先への財政資金の貸し出しを増加させている。また、政府系事業機関は不採算事業への投資を続けたため、資金回収が困難になった融資や投資が増大傾向にある。そのため、その貸し倒れが心配されている。

第3節 財政膨張による民間経済圧迫

1．財政経費膨張と転位効果

▷経費膨張の法則

伝統的な財政学の経費論の中で最も大きな比重を占めてきたのは、19世紀末のドイツの財政学者アドルフ・ワグナー（Adolf Wagner）[4]の指摘した「国家経費膨張の法則[5]」である。ワグナーは"歴史的にも統計的にも、公共活動は文化の発展に伴って増大する傾向がある"ことを指摘している[*19]。

ワグナーの主著『財政学』によれば、ワグナーの経費膨脹法則には二つの面がある。一つは、歴史的、統計的な事実として、国家経費が膨脹してきたという点である。もう一つは、将来の政策的な面からの主張である。市場経済を補正すべき社会政策上、国家の役割が増大しているという事実認識から、将来的な経費膨脹傾向を予測したことである。ワグナーの理論では、国家支出は生産的な役割を担っているという認識から、将来的な国家支出の増大傾向が肯定される。国家の収入面からも、伸張性の高い税収が求められている。ただし、国家経費の節約が重要であるという点についても力説されている[*20]。

ワグナーによれば、近代国家の政府活動は次の二つの目的をもつ。

第一は、法的・権力的目的であり、政府は国内的には法秩序の維持、対外的

には国家体制の擁護のために任務を遂行する。具体的には、国防・外交・立法・行政・司法などの政府活動が挙げられる$^{(*21)}$。

第二は、文化的・福祉的目的であり、政府はできるかぎり多くの国民に文化的・福祉的サービスを提供すべく活動する。医療・公衆衛生・教育・救貧・扶助などのサービスがそれに該当する。そして、近代国家における政府は、法的・権力的目的の達成にかかわる活動領域を徐々に拡大し、各業務をより効率的に行うようになるばかりではなく（内包的膨張）、文化的・福祉的目的の遂行のための新しい任務や活動領域を次々と加えていく（外延的膨張）$^{(*22)}$。

```
                ┌── 内包的膨張    法的・権力的目的の達成
経費膨張 ──────┤
                └── 外延的膨張    文化的・福祉的目的の遂行
```

こうして政府支出はしだいに増大する傾向をもち、しかも政府活動はその重点を文化的・福祉的目的の方へと移動させる。そして、このような傾向を生む理由としては、社会的・経済的進歩の圧力、国民の新たな欲望の発生や需要の増大などが考えられる。ワグナーは、これを「法則」と表現した$^{(*23)}$。

ワグナー以降、経費膨張の法則をめぐる統計的検証が様々な形で行われてきた。検証にあたっては政府支出の対国民所得比率の動向が観察されることが多い。主要先進資本主義国について見ると、この比率は長期的・趨勢的に上昇傾

---

(4) **A.Wagner**。財政学者アドルフ・ワグナーは、1835年3月25日に、経済学者・生理学者として著名なルドルフ・ワグナーの子として、ドイツ連邦バイエルン国のエルランゲンに生まれた。18歳でゲッチンゲン大学に入学、次いでハイデルベルク大学にて法律学・国家学を学び、貨幣信用についての研究を行った。1857年にドクターの学位を得て、創設されたウィーン商業大学に経済学・財政学の教授として就任、赤字に悩むオーストラリア財政と公信用問題を研究して、最初の主著『オーストラリア国家家計（財政）の秩序』を出版した。1870年にベルリン大学正教授（国家学）に任ぜられ、以後、1917年11月8日に死去するまでその地位にとどまり、財政学、経済学、統計学を講じた。（大川政三他『財政学を築いた人々』ぎょうせい、昭和58（1983）年4月、233ページ）

(5) 経費膨張の法則 (law of increasing public expentitures〔独〕Gesetz der wachsenden Staatsausgaben)。19世紀後半にドイツの財政学者アドルフ・ワグナーが唱えた法則である。歴史的・統計的に見て、国民経済や文化の発展につれて近代国家における政府活動は次第に増大する傾向をもち、それは財政経費膨張となって現れるというものである。別に、「財政需要膨張の法則」あるいは「ワグナーの法則」という。

向を示している。したがって、経費の相対的膨張傾向を経費膨張の法則の内容と解するかぎり、この法則は、各国について経験的に実証されたものと見なされる。そして多くの場合、軍事費および社会サービス費（社会保障、教育、住宅など）の増大が政府支出比率を高めた要因として指摘されている[*24]。

▷転位効果

戦争等の特別な出来事によって国の歳出が画期的に膨張すると、それが終わった後も財政規模が平時の水準には容易に元に戻らないことを「転位効果」という。日本財政に特有の日清・日露等の戦争のたびの戦時増税は、その一環ととらえられる。

ピーコック（Alan T Peacock）とワイズマン（Jack Wiseman）の二人の研究によって、第一次世界大戦後のイギリスの財政支出の膨脹傾向を統計的に分析する中で「転位効果（displacement effect）」という法則が実証された[*25]。

転位効果とは、財政支出の増加傾向は、戦争等によって階段を上昇する不連続のものであるという考え方である。これは、イギリスの財政支出の長期的趨勢についての二人の実証的な研究による著書 "The Growth of Public Expenditure in the United Kingdom" によって、初めて統計的に検証された[*26]。

2．民間経済を圧迫する財政膨張

高金利だけがクラウディング・アウトの原因ではない。クラウディング・アウト現象は、通常、高金利によってもたらされると考えられている。しかし、バブル崩壊後の日本経済のように必ずしも金利が上昇しなくとも、クラウディング・アウトが発生すると考えることができる。低金利時代であっても、公経済の著しい膨張は必ずクラウディング・アウトをもたらす。

今日の経済不況は、バブル崩壊による民間経済の急速な衰退によって公経済を下支えできなくなった結果もたらされたものである。戦後の経済成長の過程で、民間資本の方に比較優位性が高い分野にまで政府が進出した結果、膨大な財政赤字が生まれた。教育、医療、住宅、高速道路の整備等、民間資本の方が効率的に供給できる準公共財を政府が大量に供給した結果、資源配分上の問題

を引き起こした。いまや、膨大に膨れ上がった公的部門の非能率とそれを支えるための財政負担が、民間経済を圧迫するまでになった。

　一国の税収の大きさは、その国の企業や個人の行う経済活動の大きさに限定されるはずである。ところが我が国の国債発行額は、日本の経済活動によっては支払いきれないほど巨額になってしまった。経済実勢を超えた膨大な公債発行は、公債の償還を将来の世代が担う経済活動から得られる租税に託していることになる。

　経済規模が右肩上がりで上昇する時代には、過去の債務は何とか支払えた。恒常的なインフレ傾向も、債務の大きさを縮減する手助けをした。しかし、経済成長が鈍化するデフレ経済の時代になると、途端に債務の実質的な価値が増加した結果、公債の償還が困難になった。

　バブル前までは、民間経済の成長力が税の増収をもたらすことによって、公経済の非効率や肥大化による損失を補ってきた。しかし、バブル不況が深まるにつれて、民間経済は租税や保険料等の多額の公的負担に耐えられなくなっていった。今日の経済不況は、長年にわたる公的部門の肥大化が臨界点に達した結果、促進されたものである。『財政構造改革白書』では、財政赤字が一国の経済を悪化させる弊害について語られている。

「財政赤字の拡大が中長期的に経済成長の阻害要因となるということについては、今や世界的に共通の認識となっている。1995（平成7）年10月の7か国蔵相・中央銀行総裁会議（G7）の声明においては、インフレなき持続的な成長を引き続き政策目標とした上で、真っ先に『長期の成長見通しを向上させるために、中期的にさらに大幅な財政赤字削減が不可欠である』ということが強調されており、この考え方は1996（平成8）年4月のG7においても再確認されている」[*27]

3．財政膨張の影響——財政フローの面から

❶公経済の膨張とGDP

　フローの面から見ると、年間の市場経済活動の成果としては国内総生産（GDP）以外には存在しない。年間所得の範囲で日本全体が一年間に使える金

額は、GDPの範囲内に限定される。近年の日本のGDPは年間約500兆円である。公経済がいかに膨張したとしても、年々の租税徴収のみに頼って膨張する場合、このGDPの枠を超えることはできない。

江戸時代なら、米や雑穀等の収穫物がGDPである。そこから農民の生活費を差し引いた額が課税額である。いくら年貢を重課するとしても、農民の生活費を侵食して課税すれば生産者が生存できないので経済が成り立たなくなる。各時代のGDPから生命の再生産のための生活費を除いた範囲が課税の限度である。それ以上に苛斂誅求（かれんちゅうきゅう）を加えれば、経済活動を破壊することになる。

江戸時代には公債制度は存在しないので、政府活動は租税の徴収限度内に限定された。そのため、国家財政の膨張による民間経済の縮小範囲は限られたものであった。しかし現代では、年々の限られたGDPから徴収される租税の範囲を超えて公経済が膨張したため、その分だけ民間経済が縮小せざるを得ない。

公経済の膨張は、市場経済で設備投資や消費に使える資金が減少することを意味する。公経済は採算性を無視した資金運用を行うため、その膨張は民間経済と比べて非効率な資金運用を助長することになる。公経済が民間資金を奪えば民間資源を食いつぶすので、経済全体が衰退せざるをえない。

❷一般会計公債発行

近年では、巨額の公債発行によって年々の限られた税収の枠を無視して公経済が膨張する傾向にある。一見、公債発行によって財政は自在に膨張できるように錯覚される。しかし、発行された公債の返済の段階になると、やはり将来の稼ぎであるGDPから徴収される租税の大きさに依存せざるをえない。

ある年度での公債発行は、その年度の民間資源を不要不急の公的支出に置き換えるため、民間経済に打撃を与える。つまり、年々の政府の公債発行は、当該年度の民間資源の公共部門への移転を意味する。

さらに、当年度の公債発行は、翌年度以降の租税の配分を債務の支払いのために拘束する結果をもたらす。翌年にも同水準の施策を実施しようとすると、それ以上に巨額の公債を発行せざるをえなくなる。過年度発行公債の元本と利子を返済するか、あるいは元本返済をあきらめて借換公債を発行せざるをえなくなるからである。

近年の日本財政のように毎年巨額な公債が発行されると、この傾向が際限なく続くことになる。こうなると、租税の中から自由に使える財源はますます減少し、財政の硬直化が加速されることになる。

公債発行が続くと、国家債務の元本と利子の年々の返済のために、GDPの中から後年度に租税として奪われる部分がますます増加することになる。万一、後年度予算でも租税増徴を避けてさらなる公債を発行し続ければ公債の返済が遅れる。そうなると、後年度負担はますます増大し、租税負担が倍増する結果となる。

公債発行によって将来の租税が増徴される結果として、GDPに占める租税の割合が増大する。個人所得課税は個人消費を抑制させ、法人課税は企業投資を抑制させるため、民間経済の規模は縮小せざるをえなくなる。

❸財政投融資単年度予算

毎年の財政投融資予算は、年金資金や郵便貯金、簡保資金等から成っている。平成13年以降の財投改革によって、財投債等による市場資金の導入が模索されているが、少なくとも当面の間は、財投原資を公的貯蓄性資金に頼ることは避けられない。これらの資金は、民間金融市場で貸し出しされれば、市場原理に従って有効利用されるはずの資金である。これらの資金が、年々、特殊法人の不採算事業に注ぎ込まれることによって、民間市場はその分だけ資金不足となる。

4．財政膨張の影響——財政ストックの面から

財政活動全体をストックの面から見ると、事態はもっと深刻である。❶一般会計、❷特別会計、❸財政投融資のそれぞれが大きな運用資金と負債ストックをかかえ、国民経済に大きなマイナス要素としてのしかかっている。

❶一般会計公債残高

過去の公債発行額は、債務残高の死重となって財政を苦しめている。景気回復が見込めないままに債務残高をいつまでも後年度に先送りすることは不可能

なので、すでに毎年の予算編成のたびに増税は忍び寄っている。

長年にわたって累積した一般会計の公債発行額は、公債残高という表(おもて)債務におけるマイナスのストックを形成している。将来世代の公債償還を考えると、このことが後年度の租税負担を増加させることは確実である。旧資金運用部（現在の財政融資特会）が国債を引き受ける場合には、郵貯や年金資金のような大量の貯蓄性資金が非効率な政府支出拡大のために投入される。そうすると、本来は市場経済で経済効率に従って運用されるべき資金が、市場から大量に奪われたことになる。

❷特別会計資金運用

特別会計のマイナスのストックも大きい。今日では、特別会計における資金運用総額は一般会計よりもるかに膨張している。平成13（2001）年度決算では、特別会計歳入額は、一部一般会計との重複額も加えると396兆2,235億円に膨張している。

赤字の事業特別会計が郵貯や年金資金からの借り入れを行って事業展開をした場合には、本来民間経済を潤すはずの資金が、非効率な公経済によって奪われたことになる。

不採算事業を実施し続けた特別会計の赤字額は、膨大なマイナスのストックとなり、国民に重くのしかかってきた。不採算事業の処理が今後も増加する場合、大増税となって国民の貯蓄ストックを食いつぶすことが確実である。

❸財政投融資残高

財政投融資残高は膨大な金額に上るため、民間経済から大量の資金を奪っていることになる。その資金の多くが不採算事業に貸し出されているため、投資資金の回収は容易ではない。今後、貸し出し資金の返済が滞ると利子が膨張するため、さらに債務が増大することになる。

財投事業を貸し出しストックの面から見ると、年金や郵貯等の旧資金運用部（現在の財政融資資金特会）資金が大量につぎ込まれている。ストックの面から見ると市場経済は窒息状態にあり、公経済の膨張が民間経済を圧迫するクラウディング・アウト状態が進んでいる。

早急に累積債務を返済する努力を始めなければ、将来の財政破綻がもたらされるだけでなく、民間経済の早期回復も望めない。肥大化した財政資金が民間経済から資金を奪い、市場経済を圧迫して不況を深刻化させているからである。
　後述するように、政府債務と相殺すると我が国の個人純資産（個人資産－個人負債）はゼロになり、法人純資産（法人資産－法人負債）もわずかしか残らない計算になる。万一、財投機関の債務の一部が国民の負担になれば、国民負担はますます減少する計算になる。個人資産の面から見ると、日本はかつての債権国からもはや債務国に転落している。
　国家債務は国民資産に支えられているのだから、将来の租税増徴によって相殺可能であるという議論もありうる。しかし、国民の貯蓄の大半は、将来の高齢化社会における公的年金の不足額を補う生活資金であるため、これを課税によって徴収することはできない。

第3章

決算に見る会計の全体構造

第1節 一般会計と特別会計

1．一般会計と特別会計の実態

▷**一般会計と特別会計の制度上の違い**

会計検査院『平成14年度決算検査報告』の「国の財政の概況」では、国の一般会計と特別会計の金額について以下のように記されている。

表3－1　一般会計と特別会計（平成14年度決算）

	法令規定	使用年度	会計数	歳入	歳出	歳入歳出の一致
一般会計	財政法13条1項	単年度決算	1種類	87兆円	83兆円	一致が原則（予算では必ず一致）
特別会計	財政法13条1項、2項 特別会計法・同施行令	複数年度	37種類	399兆円	373兆円	一致を要せず ※収支差26兆円

出典：会計検査院HP『平成14年度決算検査報告の概要』による。

表3－1のように、特別会計の規模は一般会計の4.5倍に上る。財政法第13条第1項[1]では、一般会計と特別会計の区別について定められてる。またその第2項では、特別会計を設置する場合について定められている[2]。

一般会計は単一の歳入・歳出により構成されており、収支同額となっていることから表面上分かりやすい構造となっている。しかし、特別会計はそれぞれ違った性格をもっており、必ずしも歳入・歳出が同額とはならない。このため、その実態を把握することが一般会計以上に困難な状況にある[*1]。

特別会計全体では、歳入が399兆に対して歳出は373兆円となっている。差し引き26兆円だけ歳入が歳出を上回る「収支差」を生じている。一見すると、特会には資金の余裕があるかのように錯覚されがちである。しかし、この収支差

の多くは、年金等の各種保険会計における保険料の積み立て金額が給付を上回ったものである。この資金は、後の世代の年金等として支出するために健全な資金管理が求められる。長期的なインフレ傾向に対処するために、適切な運用収益を上げることも求められる。決して、自由に使える黒字分ではない。

▷一般会計と特別会計の金額（収支差）

表3－2には、平成14年度決算の概要が示されている。それを見ると、一般会計の歳入87兆円に対して歳出が83兆円にとどまったため、4兆円の開きができている。これは、結果としてそうなったものであり、予算の段階では、もともと同額に設定されていたものである。

表3－2　特別会計と一般会計の金額対比表（平成14年度決算）

	歳入	歳出	計算方法
一般会計　A	87兆2,890億円	83兆6,742億円	
特別会計　B	399兆7,456億円	373兆8,977億円	
合　計　C	487兆346億円	457兆5,720億円	A＋B
重複額　D	219兆9,580億円	212兆1,956億円	
純計額　E	267兆766億円	245兆3,763億円	A＋B－D
前年度剰余金受入額（控除）　F	24兆1,221億円		
純歳入額　G	242兆9,545億円	245兆3,763億円	E－F

注．一般会計では歳入と歳出は一致するが、特別会計では一致しない。
出典：会計検査院HP『平成14年度決算検査報告の概要』による。

---

(1) 財政法第13条1項「国の会計を分つて一般会計及び特別会計とする」。
(2) 財政法第13条2項「国が特定の事業を行う場合、特定の資金を保有してその運用を行う場合その他特定の歳入を以て特定の歳出に充て一般の歳入歳出と区分して経理する必要がある場合に限り、法律を以て、特別会計を設置するものとする」。

平成14年度決算における国の一般会計および37特別会計の歳入および歳出について見ると、歳入については、一般会計で87兆2,890億円、特別会計で399兆7,456億円、合計487兆346億円となっている。この合計額から会計間の繰り入れによる歳入歳出の重複額等の219兆9,580億円を控除した歳入の純計額は、267兆766億円となっている。また、この純計額からさらに前年度剰余金の受入れ等の24兆1,221億円を控除した純歳入額は242兆9,545億円となっている[*2]。

　歳出については、一般会計で83兆6,742億円、特別会計で373兆8,977億円、合計457兆5,720億円となっている。この合計額から、会計間の繰り入れによる歳入歳出の重複額等の212兆1,956億円を控除した歳出の純計額は、245兆3,763億円となっている[*3]。

　北海道大学教授の宮脇淳氏（他共著）によれば、特別会計はそれぞれ独自の財源を持ち、道路や空港など社会資本の整備を進めるほか、年金や健康保険、国立病院など高齢化のための財政配分、さらには貿易保険、産業投資などの産業政策など広範な役割を担っている。しかし、一方で財源の固定化と財政需要の既得権益化を生じさせ、一般会計以上に硬直化を深めているのが実態である[*4]。

　また同書によれば、各会計別に見ると、個別には国有林野、道路整備などの事業特別会計では収支同額となるものもある。しかし、保険特別会計の一つである簡易生命保険特別会計等では歳入が歳出を大きく上回っている[*5]。これは、それぞれの特別会計の性格によるものであり、また会計処理の方法も異なることから、表面上の数字だけから各特別会計の黒字・赤字を議論することはできない。そのため、主要特別会計ごとの問題点などについては、各会計の特質なども含めて精査することが必要となる[*6]。

2．一般会計と特別会計の比率

　特別会計と一般会計の予算規模を比較するために、両者の金額の比率（特別会計÷一般会計）を見ると、1970年代から1980年代後半まで概ね2～3倍の間で推移していたが、1990年代を通じて上昇し、2003年度には4.5倍（特別会計369兆円、一般会計82兆円）に達している。

こうした特別会計の比率の上昇は特別会計の規模の増大によるものだが、内訳として特に大きいのは国債整理基金特別会計（158兆円）と交付税及び譲与税配付金特別会計（67兆円）である。なお、一般会計と特別会計を合わせた純計額（会計間重複などを調整した数字）を見ると、2001年度をピークに減少してきている[*7]。

平成バブル不況期に入ってから、国民の租税等で成り立つ一般会計という年々のフローは次第にやせ細っている。それに対して、様々な部門にわたる財政ストックとしての特別会計は肥大化を続けているので、財政のストック化が進行していることになる。

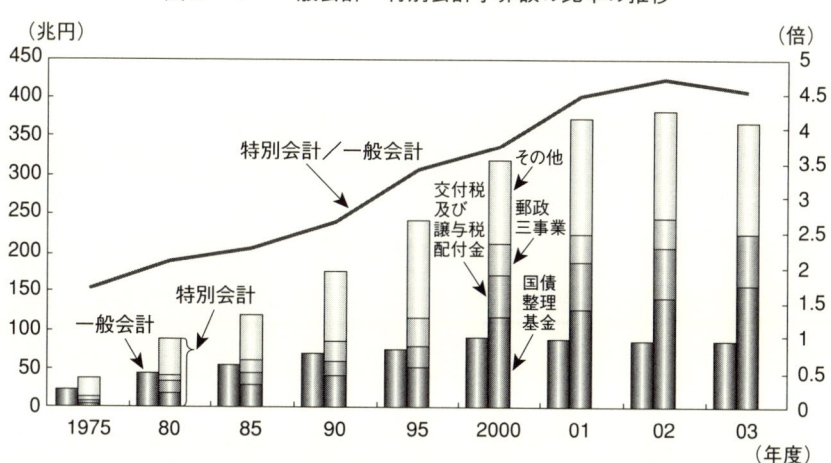

図3－1　一般会計・特別会計予算額の比率の推移

出展：財務省『財政経済白書』平成15年版による。

3．一般会計の歳入及び歳出

平成14年度における一般会計の収納済歳入額は87兆2,890億円となっており、その主なものは、租税及び印紙収入の43兆8,332億円、および公債金の34兆9,679億円（建設公債の収入金9兆1,479億円、特例公債の収入金25兆8,199億円）である。平成14年度における一般会計の支出済歳出額は83兆6,742億円となって

おり、これに対する上記の公債金の割合は41.8%である[*8]。

　また、会計間等の繰り入れに係わる特例措置として、平成14年度においては、法律に基づき、郵便貯金特別会計から2,000億円、外国為替資金特別会計から1,500億円を一般会計へ繰り入れ、また日本中央競馬会から一般会計へ50億円の特別国庫納付金の納付の措置がとられた[*9]。

　これは、一般会計の収支が著しく不均衡となっている状況において、平成10年度に旧日本国有鉄道清算事業団の債務等を一般会計において承継したこと、および国有林野事業特別会計（国有林野事業勘定）の債務等を一般会計に帰属させることに伴い一般会計の負担が増加することに鑑み、平成10年度から14年度までの各年度において郵便貯金特別会計（一般勘定）から2,000億円を限度として一般会計へ繰り入れることとされたものである[*10]。

4．一般会計から特別会計への資金繰入

　一般会計からの繰入額について見ると、平成14（2002）年度において一般会計から繰り入れを受けているものが37特別会計のうち26特別会計あり、その合計額は49兆637億円となっている。このうち、一般会計からの繰入額が1兆円

表3－3　一般会計から特別会計への繰入額（平成14年度決算）

会　計　区　分	金　　額
交付税及び譲与税配付金特別会計 （交付税及び譲与税配付金勘定）	16兆4,791億円（25.6%）
国債整理基金特別会計	15兆6,003億円（10.1%）
産業投資特別会計（社会資本整備勘定）	2兆　335億円（91.4%）
国立学校特別会計	1兆6,331億円（49.6%）
厚生保険特別会計（年金勘定）	4兆　36億円（13.0%）
国民年金特別会計（国民年金勘定）	1兆4,565億円（25.0%）
道路整備特別会計	2兆7,026億円（47.9%）
合　　　　計	43兆9,087億円

出典：会計検査院『平成14年度決算検査報告』による。

以上のものは次の通りである。なお、カッコ書きの数値は、当該特別会計（勘定）の収納済歳入額に占める一般会計からの繰入額の割合である。[*11]。

表3-3に示された「一般会計から特別会計への繰入額」の各項目を見ると、繰入額が最も大きいのは、「交付税及び譲与税配付金特別会計」への16.5兆円である。この特会は、一般会計の租税財源を繰り入れて、地方公共団体への地方交付税として交付するための会計である。繰入額が次に大きいのは、「国債整理基金特別会計」への15.6兆円である。この特会は同様に、一般会計の租税財源を繰り入れて、その資金で国債を償還（返済）するための会計である。以上の二つの特会への資金繰入額を合計すると、これだけで32兆円に上る。この巨額な金額は、一般会計が毎年必ず負担しなければならない義務的経費であり、国が裁量的な経費として自由に使用することはできないので、財政の硬直化が進んでいることを示している。

これを家計にたとえると、子どもへの仕送りと住宅ローン等の債務の支払いから成る既定経費が大きすぎて、給与を買い物や旅行や老後に備えた貯蓄等の自由な使途に振り向けられないことを意味する。

5．保険特会の剰余金運用問題

表3-4　繰越利益（黒字）のある特別会計

会　計　区　分	金　　額
簡易生命保険特別会計	3兆5,935億円
財政融資資金特別会計	17兆　648億円
厚生保険特別会計（年金勘定）	139兆4,457億円
国民年金特別会計（基礎年金勘定）	2兆　931億円
（国民年金勘定）	10兆7,367億円
労働保険特別会計（労災勘定）	8兆5,465億円
（雇用勘定）	2兆5,748億円
合　　計	184兆　551億円

注．余裕資金の一部を一般会計に貸している。
出典：会計検査院『平成13年度決算検査報告の概要』による。

また、37特別会計の中で法令上損益計算書を作成しているものが22特別会計ある。このうち、平成14 (2002) 年度末において翌年度繰越利益金が1兆円以上となっているものは次の通りである。(*12)。

以上の黒字特別会計の余剰金が、一般会計・特別会計の借入金に利用されている。年金から借り入れた資金を返済しなければ将来の年金が払えなくなるので、深刻な問題をかかえている。

6. 赤字特会の債務処理策

また、平成14年度末において、翌年度繰越損失金が生じている特別会計は次の通りである(*13)。

表3－5　繰越欠損金（赤字）のある特別会計

会　計　区　分	金　額
厚生保険特別会計（健康勘定）	1兆4,374億円
農業共済再保険特別会計（果樹勘定）	346億円
漁船再保険及漁業共済保険特別会計（漁業共済保険勘定）	288億円
国有林野事業特別会計（国有林野事業勘定）	1,973億円
都市開発資金融通特別会計	24億円
合　　計	1兆7,005億円

注.「赤字特別会計」は、余裕のない特別会計を意味する。
出典：会計検査院『平成13年度決算検査報告の概要』による。

いくつかの特別会計では、長年の放漫経営がたたって様々な事業が赤字経営に陥ってしまった。赤字特別会計では、事業が増大するにつれて泥縄式に借り入れが増大していった。そこでは、長年の事業や政策の遂行が借り入れに頼って実施されたため、最終的な費用負担者が不明確になっている。今日では、その債務処理が政治課題に上り、事業遂行者の当事者責任が問われている。

主として、独立採算になじむ特殊な収益構造をもつ事業が特別会計として独立の会計方式を採用された。しかし、事業の放漫経営が続き、大きな赤字を出す事業が続出した。特別会計の借入金は、会計の独立採算性が失われたために

生じたものである。

　特別会計の運営経費が膨張しても、税収が右肩上がりで上昇する好景気の時代には何とか借り入れによって資金が確保できた。しかし、高齢化社会が間近に迫る今日では、郵貯や年金等による安易な借入先も乏しくなっていっている。

　事業債務の清算がより早い時期に議題に上れば、事業の清算が可能となったはずである。また、債務を早めに清算すれば、当該事業から受け取る受益を考慮して、費用との関係が明白になっていたはずである。そして、総事業のうちで総費用が総便益を上回る部分については、実施対象からはずすことも検討できたはずである。

　まず、現段階での各種特会事業における総債務を明らかにした上で貸し倒れ額を明確にすべきである。その上で、債務の最終負担者を定める必要に迫られている。さらに、今後の事業を継続した場合の総費用と総収入を示した上で事業の継続可能性とそのことによる返済見込み額を検討すべきである。事業収支が黒字になる可能性の乏しい事業は、存廃の仕分けをすべきである。

　今後は、公共性の著しく高い事業なら一般会計に移行して事業資金を税収で賄うべきである。公共性の低い投資分野に拡大した事業については、事業の民間委託や廃止を検討すべきである。

　これまでの赤字特別会計の政府債務処理方法は、国有林野事業に典型的に示されている。債務処理は、政府公社の清算事業である国鉄清算事業をモデルとしてなされた。一般会計の公債発行によって債務の大半が処理されたため、結局は将来世代の租税負担に依存する結果となってしまった。

　国営事業は、最初は一般会計の税収不足を補うために、財投資金や借入金等の租税以外の資金で実施されてきた。しかし、様々な収益事業も結局最後は国民の税金で処理される傾向にある。今日のように税収が不足する不景気の時代には、最終負担をめぐって租税だけに頼ることは困難になっているため、長期公債の発行に頼る傾向が生まれている。

　税金を投入せずに債務が処理できれば理想的である。しかし、債務処理を遅らせると、利子負担が増大するというもっと大きな問題が発生する。今後、様々な特会の整理過程で、その債務の処理方策が議論になるであろう。

7．今後一般会計からの繰り入れを要する措置

　上記のほか、平成14（2002）年度までに国の財政運営に資するなどのため、法律の規定に基づき一般会計から特別会計に繰り入れるべき国庫負担金の一部を繰り延べたり、特別会計から一般会計に特別に繰り入れたりするなどの措置が執られたものがある。これらのうち、法律の規定に基づき、今後一般会計から当該各特別会計に繰り入れることとされているものの平成14年度末における現在額は次の通りである[*14]。

表3－6　一般会計から特別会計への要繰入金額（返済を要する額）

会　計　区　分	金　　額
交付税及び譲与税配付金特別会計 （交付税及び譲与税配付金勘定）	20兆8,476億円
厚生保険特別会計（年金勘定）	2兆6,350億円
国民年金特別会計（国民年金勘定）	4,454億円
自動車損害賠償保障事業特別会計（保障勘定）	490億円
（自動車事故対策勘定）	4,357億円
合　　　　計	24兆4,127億円

注．繰延べ等を行った期間に係る運用収入相当額は含まない。
出典：会計検査院『平成14年度決算検査報告の概要』による。

　表3－6には、交付税特会に代表されるように一般会計が資金不足であるため、一般会計から特別会計に当然繰り入れるべき金額が滞ったものがある。あるいは、一般会計が資金不足のため、保険特会の剰余金から一時しのぎで借り入れた金額がある。要するに、早急に返済する必要のある金額である。

　また、昭和60年度から平成元年度並びに5、6年度において一般会計から厚生保険特別会計（健康勘定）に繰り入れるべき国庫負担金の一部が繰り延べられ、平成8、9、11の各年度に繰り入れられた。なお、この繰延措置が執られなかったとした場合に同特別会計（同勘定）において生じていたと見込まれる運用収入に相当する額として、2,885億円が一般会計から繰り入れられた[*15]。

第2節 特別会計の構造

1．特別会計の分類

　平成13年4月現在、37の特別会計があり、その内容別に、事業特別会計、保険特別会計、管理特別会計、融資特別会計、整理特別会計の5種類に分類される[*16]。

　事業特別会計は、特定の事業を効率的に運営するための会計である。造幣局、印刷局、国有林野事業、国営土地改良事業、港湾整備、空港整備、郵政事業、郵便貯金、道路整備、治水の10会計に分類されている。

　保険特別会計は、国が医療、年金等の保険事業を運営するための会計であり、地震再保険、厚生保険、船員保険、国民年金、農業共済再保険、森林保険、漁船再保険及漁業共済保険、貿易保険、自動車損害賠償責任再保険、簡易生命保険、労働保険の11会計がこれにあたる。

　管理特別会計は、特定の財貨等の管理や受給調整を行うための会計で、登記、外国為替資金、国立学校、国立病院、食糧管理、農業経営基盤強化措置、特許、自動車検査登録の8会計がこれに分類される。

　融資特別会計は、特殊法人等への貸付など政策金融に関する会計で、財政融資資金、産業投資、都市開発資金融通の3会計がこれに分類される。

　整理特別会計は、特定の目的のための収支を整理する会計で、電源開発促進対策、交付税及び譲与税配付金、国債整理基金、石炭並びに石油及びエネルギー需給構造高度化対策、特定国有財産整備の5会計がこれにあたる[*17]。

2．財政法による特別会計設置

　現代では新しい財政の役割に対応するために、財政構造の複雑化・多様化に対応して様々な特別会計が設けられている。社会保障の拡大につれて、年金等の様々な特別会計が設けられていることがその典型である。

(財)社会保険健康事業財団所長である奥村勇雄氏によれば、現在のように国の活動が広範かつ複雑化していると、単一の会計、すなわち一般会計によってそのすべてを網羅して運用しようとする場合、かえって国の個々の事業成績の計算や資金の運営実績などが不明確となることも予測される。ひいては、適切な計算や整理ができない結果となりかねない。そのため、財政法第13条第1項および第2項の規定により、特別の会計を設け、一般会計と区分して経理することを認めている(*18)。

　同じく、奥村氏によれば、現行財政法第13条第1項では、特別会計は一般会計と並列的に規定されている。この限りでは、旧会計法に比較して、より広範にその設置が認められるようになっている。しかし、同条第2項においては、特別会計を設置する場合が次の三つの場合に限定されている(*19)。

❶国が特別の事業を行う場合
❷特定の資金を保有してその運用を行う場合
❸特定の歳入を特定の歳出に充て、一般の歳入歳出と区分して経理する必要がある場合(*20)

　このように、特別会計の設置が制限列挙されていることから、旧大日本帝国憲法下の財政運営における特別会計の設置に比較して、より制限的であるとの見方もある(*21)。

3．特別会計設置の法的根拠

　前述のように、国の会計は、一般会計と特別会計に区分される。参議院決算調査室調査員である木田貴志氏によれば、特別会計は特定の行政分野について一般会計と分離して財政運営を行うための会計で、財政法第13条第2項は、「国が特定の事業を行う場合、特定の資金を保有してその運用を行う場合その他特定の歳入を以て特定の歳出に充て一般の歳入歳出と区分して経理する必要がある場合に限り、法律を以て、特別会計を設置するものとする」と規定している(*22)。

　また木田氏によれば、財政法第45条では、「各特別会計において必要がある

場合には、この法律の規定と異なる定めをなすことができる」と規定し、特別会計の会計処理に関しても、各特別会計法、各特別会計法施行令等をはじめとする財政法上の規定とは異なる規定の存在を認めている[*23]。

その主なものは、①公債発行・借入金の借入（当該特別会計外からの資金調達の必要な場合に限り、財政法第4条の特例として、独立した資金調達の途を開いている）、②弾力条項（事業量の増加により収入が予算額以上に増加した場合にその収入と関連する支出の増加を認める制度で、各年度の特別会計予算総則において規定されている）、③決算剰余金の処理（一般会計が財政法第41条により翌年度の歳入に繰り入れられることとされているのに対し、持越現金として処理する場合や翌年度の歳入に繰り入れる場合等、様々な処理方法がある）、④支払元受高制度（各特別会計の歳出に際して、予算額の範囲内であっても、実際の支出にあたっては当該特別会計内の現金残高を超えられないとする制限）等である[*24]。

第3節
複雑な会計操作による予算統制の崩壊

1．会計間の資金移動

特別会計を設置する意義は、異なる目的をもった事業資金や保険資金等について、その資金の性格に応じて資金管理を区別して実施できるため、独立した資金運用が可能となることにある。

以上のような資金の性格上の相違を生かして資金が管理されれば、大きな問題は生じなかったはずである。しかし、実際には様々な問題が生じている。

第一に、資金の管理者が同じ国であるため、会計の独立性が失われがちになる。親会計である一般会計への依存は、特会としての独立性を喪失させ、財政規律を失わせている。

第二に、資金の性格の相違があいまいになり、各会計相互の資金融通が容易

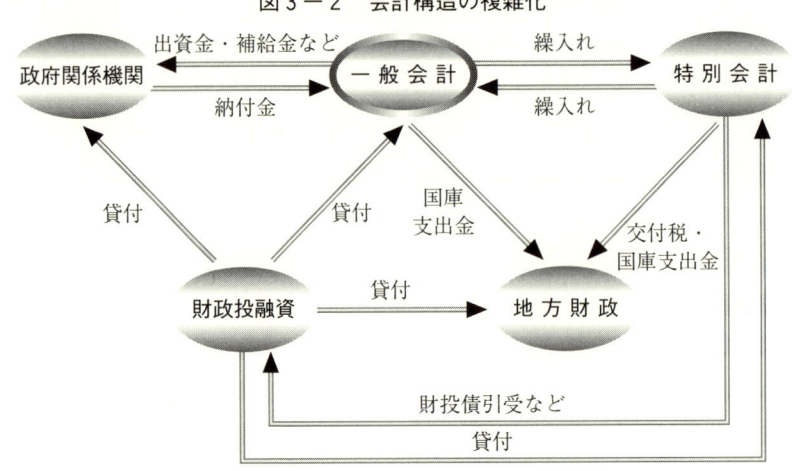

図3−2 会計構造の複雑化

```
                  出資金・補給金など              繰入れ
  政府関係機関 ←─────────── 一般会計 ←─────────→ 特別会計
            ─────────→           ←─────────
              納付金                   繰入れ

       ↑              ↑        ↓              ↑
       │貸付           │貸付     │国庫          │交付税・
       │              │        │支出金        │国庫支出金
       │              │        ↓              │

         財政投融資 ─────────────→ 地方財政
                      貸付
         ↑                              │
         │         財投債引受など         │
         │←──────────────────────────── │
                      貸付
```

出典：神野直彦『財政学』有斐閣、2002年11月による。

になるという大きな問題がある。保険特会の剰余金が安易に一般会計や特別会計の赤字補填に利用されたことによって、安易な借入金の増大を招いている。

　第三に、独立採算であるはずの各会計において、安易に他の会計の余剰資金に依存してしまったため、債務を増大させる傾向を生じている。これは、事業特会において顕著に見られる。

　図3−2には、各会計間の資金の動きが、示されている。その中には、政策目的を達成するための効果的な資金移動もあるが、隠れ債務の温床となる政府資金相互の安易な資金の貸し借りも多い。

　国民の租税を財源とする一般会計から見ると、そこから、①様々な特別会計へ政策目的の資金が繰り入れられている。②また、地方財政対策で、国庫支出金（補助金等）が、支出されている。③さらに、財政投融資事業を推進する政府関係機関へ、出資金・補給金等が、支出されている。これらの低利の出資金や租税からの補給金が財投事業を支え、民間資本よりも有利な運用を可能にし、財投事業の存続を可能にしている。住宅金融公庫の住宅ローン利子に対する政策目的の利子補給が、その代表である。

　同様に、特別会計から見ると、①一般会計への資金の繰入が、行われている。その代表は、資金に余裕のある様々な保険特会からの繰入である。②また、地

方財政対策として、地方交付税や国庫支出金（補助金等）が、支出されている。③さらに、財政投融資に対して、郵便貯金や年金積立金資金等による財投債の引き受けなどが、行われている。

　一般会計と特別会計とは一衣帯水の関係にある。毎年、一般会計から特別会計へ様々な資金が繰り入れられている。特別会計は、長年の間に資金をつぎ込んだ結果、単年度の一般会計よりも大きくなっている。

　一般会計は、単年度で生まれて消滅する川の流れにたとえられる。それに対して、特別会計全体はその川の下流にあり、満々と水をたたえた大きな湖となっている。収益性の高い特別会計は少ないので、特別会計が自己資金で膨張することは稀である。保険特会の潤沢な積立金等は一時的に預かっている資金にすぎず、自由に使用できる資金ではない。

　一般会計の下流にある特別会計の湖水に自浄作用が働けば、水がきれいになるはずである。しかし、その湖水も現在では自浄作用を失っているため、一般会計という大きな川から水を引く以外に手段がない。特別会計に蓄えられた水が濁らないようにするためには、財政資金の水源である一般会計から絶えず新鮮な水を供給する必要がある。毎年、一般会計の租税によって水流が補給され、浄化されるはずであった。

　ところが近年では、一般会計という川に流れる税金という清流も減少しつつある。そこで、一般会計・特別会計が枯渇することを防ぐために、公債や借入金という膨大な濁り水が増加しつつある。このままでは、一般会計・特別会計が、ともに公債や借入金という濁流に飲み込まれる恐れがある。

　これまでの借入金処理策を見ると、公社や特別会計の借入金が焦げ付いた場合、最終的には一般会計の公債発行によって処理され、後年度の租税負担の増大をもたらしてきた。そのため、今日の一般会計と特別会計の借入金による資金調達は、将来、一般会計の公債発行による長期債務を増大させる可能性が強い。すべての債務処理は、最終的には一般会計の租税負担の増大というしわよせをもたらしてきたからである。

2．会計間資金移動による財政の錯綜

　会計構造が複雑化するほど予算統制がきかなくなる。東京大学教授の神野直彦氏によれば、予算の統一性の原則が打ち破られ、一般会計に加えて特別会計、さらに政府関係機関という複数の予算が存在するようになると、それぞれの予算の間で財源の繰入れ繰出しが行われ、財政関係が錯綜する。しかも、これに地方財政が加わってさらに複雑化する。その上、一般会計から特別会計へという予算間の財源の繰入れ繰出しだけでなく、特別会計の間でも相互に繰入れが行われるようになる。こうしたことが無原則に行われれば会計全体の透明性が失われる。統一性の原則が厳格には守れなくなっているとはいえ、こうした事態は可能なかぎり回避する必要がある。そのため、法的根拠がない場合には財源の繰入れは実施すべきではないとされている[*25]。

　神野氏によれば、特別会計の設置によって、財源の繰入れ繰出しにより財政操作が行えるようになるだけでなく、財政法の規定に従わない財政運営が可能となる。というのは、財政法第45条によって、それぞれの特別会計法で財政法と異なる規定を設けることが認められているからである。それに関する重要な点として、第一に、一般会計では公債発行が原則として禁止されているが、特別会計ではこれを行うことができる。第二に、公会計方式ではなく、企業会計方式を採用することができる。第三に、弾力条項が認められる[*26]。

　さらに神野氏によれば、一般会計では、拘束性の原則によって、執行過程で超過支出などを行うことができない。ところが、弾力条項が認められている特別会計では、歳入の増加に応じて歳出を増加させることができる。もとより特別会計の性格上、これには合理的根拠が存在する。例えば、国立病院特別会計で診療収入が増加していけば、医療費支出を当然増加せざるをえない。そうした事態が生じるたびに議会の承認を求めるのは合理的ではない。しかし、執行における裁量の余地が増大し、議会における財政のコントロールが弱まることは間違いない[*27]。

3．財政の拡散による予算統制の喪失

　一般会計の事業を特別会計や政府関係機関に移し変えることによって、財政の透明性が失われる。前述の神野氏によれば、一般会計で公共事業を行えば建設国債という途が開かれているが、公債に依存することは原則的には禁止されている。しかし、特別会計で実施すれば大手を振って公債への依存が可能となるし、弾力的な運用も行える[*28]。

　また、例えば道路を有料化してしまうと、その事業を道路公団という公的企業に移すことができる。公団に事業を移してしまえば、政府出資の際に議会の規制を受けるとはいえ、予算そのものは議会に提出されることすらない。しかも、公共事業に限らず、教育のような公共サービスさえも、一般会計から国立学校特別会計へと移されていくのである[*29]。

　さらに、一般会計で行われていた専売事業は、公社に移されただけでなく現在では民営化されている。鉄道事業も電気通信事業も、特別会計から公社、そして民営化という道を歩んでいる。こうして現在では、一般会計が直接供給している公共サービスは防衛などのごく限られた純粋な公共財[3]に絞られている[*30]。

4．政府関係機関における予算統制の崩壊

　高速道路建設等の様々な財政需要の拡大に応じて、政府関係機関が際限なく増殖され、このことが、財政統制を崩壊させてきた。毎年の予算書には、「財政投融資計画の説明」と「政府関係機関予算」が含まれている。しかしそこで

---

[3]　公共経済学でいう公共財の定義は、「非競合性」と「排除不可能性」のいずれかが成立する財のことである。「非競合性」とは、A氏のサービス享受がB氏のサービスを低下させることがない状態をいう。「排除不可能性」とは、サービスの対価を支払わない人や企業を締め出すことが物理的にできないことをいう。「純粋公共財」とは、以上の二つの要件を兼ね備えた本格的な公共財のことである。例えば、一国全体の防衛や治安、防災、伝染病などの防疫、一般国道等が当てはまる。（井堀利宏著『財政学』新世社、9ページ）その大半は、財というよりも行政サービスである。

は、年度ごとの財投計画とそれに対応した政府関係機関予算の大まかな項目が抽象的に列挙されているにすぎない。たとえば、住宅金融公庫等の巨大な政府関係機関の事業総額がわずか数ページにわたって記載されているだけである。これでは、事業実態については、ほとんど知ることができない。

　政府関係機関予算になると、さらに議会のコントロールが弱まるのは、予算の範囲そのものが限定されているからである。神野氏によれば、政策金融機関の予算では、貸付金やそれに見合う政府出資金、元利金の回収などは一切予算に計上されない。営業上の経費と、それを賄うための収入だけが予算に計上されるにすぎない。つまり、予算に計上されるのは、収入としては貸付金の利子、その他資産運用にかかわる収入などに限られ、支出としては借入金あるいは債券の利子、事務運営費などだけに限られてしまうのである[*31]。

　このように政府関係機関の予算では予算原則そのものの適用が制限され、議会によってコントロールされる範囲それ自体が著しく限定されてしまう。こうして特別会計や政府関係機関の予算規模が拡大していくことは、議会のコントロールの及ばない領域が増大していくことを意味している[*32]。

　神野氏によれば、確かに、現代の財政運営では予算原則を貫徹することができなくなり、行政府に裁量の余地を与えることが要求されている。しかし、被統治者である国民が財政をコントロールするという民主主義的市場社会の建前をとる限り、予算原則を放棄するわけにはいかない。そこで、予算原則の適用されない特別会計や政府関係機関の活動領域を拡大することによって国民が財政をコントロールするという要求と、行政府に裁量の余地を与えるという要求との調和が目指されていると考えられる[*33]。

　こうして、一般会計よりも予算原則の適用を免れる特別会計や政府関係機関の範囲が膨張していくことになる。一般会計で実施されていた活動を特別会計や政府関係機関へと移してしまえば、予算原則の適用を逃れ、議会からのコントロールも弱まることになる[*34]。

第 4 章

財政投融資と特殊法人改革

第❶節 財政投融資改革

1．財政投融資の仕組み

財政投融資とは、社会資本の整備や中小企業に対する融資などの国の施策を行う財投機関に対する資金供給のことである。その具体的な手法として、①財政融資、②産業投資、③政府保証、の三つがある。

▷**財政融資**

財政融資資金等によって行われる融資のことで、具体的には以下の通りである。

❶**財政融資資金**——財政融資資金は、国債の一種である財投債の発行により金

図4－1　財政投融資の仕組み

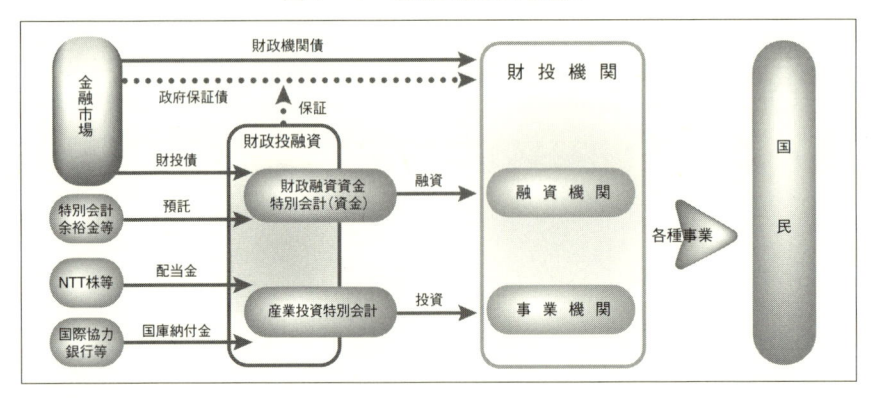

注．財政投融資には、上記のほか、郵便貯金資金及び簡易生命保険資金による地方公共団体向けの貸付けがある。
出展：財務省HP『財政投融資リポート　2003』による。

融市場から調達した資金などを財政融資資金として、国の特別会計や地方公共団体、公庫、公団、事業団など（財投機関と総称される）が行う事業に供給する仕組みである。国の信用に基づいて最も有利な条件で資金調達しているため、長期・固定・低利での資金供給が可能となる。

❷**郵便貯金資金および簡易生命保険資金**──郵便貯金資金と簡易生命保険資金は、原則として市場で自主運用されるが、財政力の弱い地方公共団体の資金確保のため、例外的に地方債計画・財政投融資計画の枠内で政府が定める統一的貸し付け条件のもとで、地方公共団体に対して直接融資を行っている。

▷**産業投資**

　国が保有するNTT株、JT株の配当金や、国際協力銀行の国庫納付金などを原資として産業投資特別会計が行う投資（出資および貸し付け）である。

▷**政府保証**

　公庫、公団、事業団などが金融市場で資金調達する際に政府が保証をつけることで、事業に必要な資金を円滑かつ有利に調達するのを助けるものである。

　このように財政投融資は、国が財投機関に有償資金を供給し、財投機関はそれを原資にして事業を行い、その事業からの回収金によって資金を返済するという金融的手法を用いている。

　なお、財政投融資により供給した資金が事業からの回収金で確実に返済されなければ国民に対して当初想定していた以上の租税負担が及ぶことになるので、今まで供給した資金およびこれから供給する資金の償還が確実かどうかについて厳格な審査を行う必要がある[*1]。

2．財政投融資の貸付先

　財政投融資の主なものは、財政投融資計画に基づき、社会資本の整備や中小企業に対する融資など国の施策を行うため、国の特別会計、政府関係機関その他国が資本金の2分の1以上を出資している法人、地方公共団体等（以下、こ

れらのうち財政投融資の対象機関を総称して「財投機関」という。）に対して、資金の貸付け、債券の引受け、出資あるいは保証を行うものである。

財政投融資計画に係る財政融資資金等の貸付け等の平成14（2003）年度における実績は20兆2,232億円、同年度末における残高は390兆5,886億円であり、その貸付け先等別の内訳は次のとおりである[*2]。

表4－1　貸付け等先　14年度末の残高

一般会計（解説）	6兆4,214億円
特別会計	53兆6,381億円
政府関係機関	133兆4,443億円
公団・事業団等	103兆5,919億円
地方公共団体	92兆8,035億円
その他	6,892億円
計	390兆5,886億円

（解説）　旧日本国有鉄道及び旧日本国有鉄道清算事業団の財政融資資金からの借入金並びに財政融資資金が引き受けていた旧日本国有鉄道清算事業団債券に係る同事業団の債務を一般会計が承継したものである。

出典：会計検査院「平成14年度決算検査報告の概要」による。

3．財政投融資の原資

表4－2　財政投融資計画の原資　平成14年度末の残高

財政融資資金	302兆570億円
郵貯資金	1兆1,362億円
簡保積立金	54兆1,307億円
産業投資特別会計	3兆5,858億円
政府保証債及び政府保証借入金	29兆6,787億円
計	390兆5,886億円

出典：会計検査院「平成14年度決算検査報告の概要」による。

表4-3 財政融資資金 平成14年度末の財源の状況

財投債	75兆5,644億円
預託金	320兆5,217億円
その他	17兆3,491億円
合　　計	413兆4,352億円

注．財政融資資金のうち、財政投融資計画以外に運用されているものは、平成14年度末現在、106兆1,538億円である。
出典：会計検査院「平成14年度決算検査報告の概要」による。

　財政投融資の貸付け等を行う原資は、財政融資資金、郵便貯金特別会計の郵便貯金資金（「以下「郵貯資金」という。）、簡易生命保険特別会計の積立金（以下「簡保積立金」という。）、産業投資特別会計、政府保証債及び政府保証借入金である。
　財政投融資の原資は、次のとおりである。
▶財政融資資金は、財政融資資金特別会計が発行する公債（財投債）並びに国の特別会計の積立金及び余裕金の財政融資資金に預託された資金等を財源としている。
▶郵貯資金及び簡保積立金は、郵便貯金事業等を通じて集められた資金を財源としている（この原資は、地方公共団体の貸付け等にのみに運用されている）。
▶産業投資特別会計は、投資先からの配当金や国庫納付金等を財源としている。
▶政府保証債及び政府保証借入金は、財投機関が発行する債券等に政府が保証を付したもので、これにより財投機関は事業資金の円滑で有利な調達を行うことができる[*3]。

4．改革前と改革後の比較

　改革後の財政投融資制度は、郵便貯金や年金積立金の全額が資金運用部に預託される制度を抜本的に改め、特殊法人などの施策に真に必要な資金だけを金融市場から調達する仕組みとなった。これにより、財政投融資制度が市場原理に即して運用されることになった。
　具体的には、特殊法人などに融資を行う財政融資資金では、国債の一種であ

図4－2　財投の改革前と改革後

●改革前

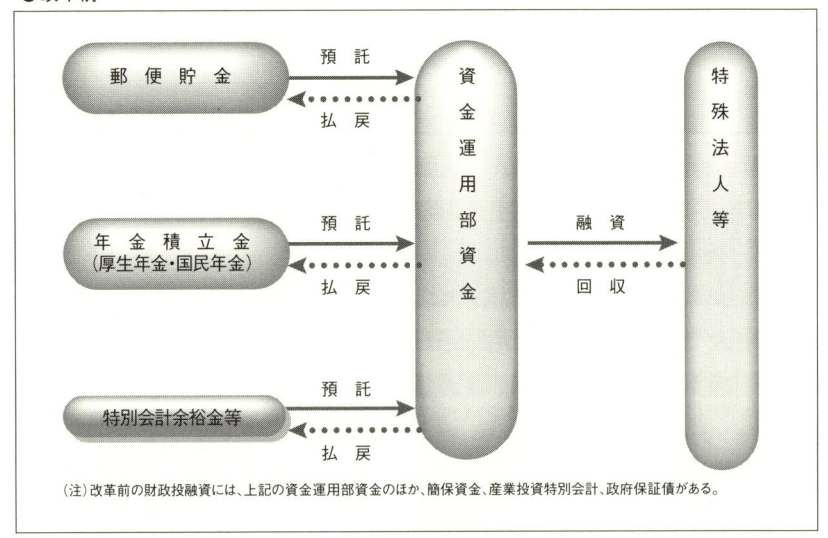

（注）改革前の財政投融資には、上記の資金運用部資金のほか、簡保資金、産業投資特別会計、政府保証債がある。

●改革後

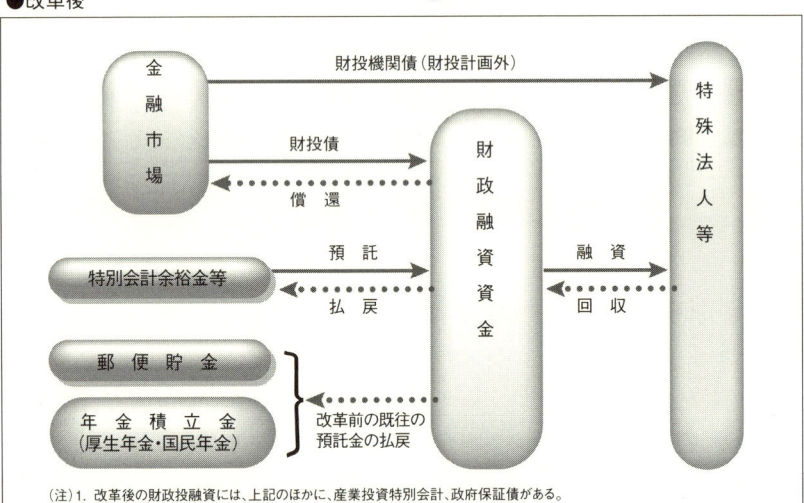

（注）1. 改革後の財政投融資には、上記のほかに、産業投資特別会計、政府保証債がある。
（注）2. 財政投融資計画上は、上記のほか、郵便貯金資金及び簡易生命保険資金の地方公共団体への貸付けがある。

出展：財務省HP『財政投融資リポート　2003』による。

る財投債の発行を通じて政策的に必要な資金を金融市場から調達している。特別会計などからの預託金に対して支払う利子率も、市場金利に連動させている。また、貸付金利も、貸付期間や償還形態に応じて国債の市場金利（流通利回り）を基準に定められている。

各特殊法人などにおいては、財政融資資金からの借り入れのほか、財投機関債（特殊法人等が民間金融市場で個別に発行する政府保証のない公募債券）や政府保証債を発行して金融市場から資金を調達している。また、財投機関債を発行する際に各特殊法人等は、格付けを取得したり投資家説明会を開催するなど対外的な情報開示を進めるほか、市場の動向等を踏まえた発行条件の多様化を図っている[*4]。

5．財政投融資の肥大化

戦後、高速道路やダム建設等、多額の財源を必要とする事業は、財政投融資や借入金を財源として実施されてきた。本来、財投は、第一の予算である一般会計を補完するための「第二の予算」として脇役を演じるはずであった。しかし、高度成長期以降、一般会計の周辺部分を取り巻く財政投融資の規模が一般会計（単年度）の規模をはるかに超えて、際限なく肥大化してきた。

政府が供給する様々なサービスの財源は、主として租税などの無償資金によって賄われているが、金利をつけて返済する有償資金が用いられる場合もある。

表4－3　政府活動の分担

[政府活動の対象分野]

区　分	一般行政	社会資本整備		国際協力		中小企業対策	
		機関名（制度名）		機関名		機関名（制度名）	
一般会計などからの支出	国防、外交、警察	一般道路	―	無償援助	国際協力事業団		
一般会計などからの支出＋財政投融資	―	下水道整備	地方公共団体など	円借款	国際協力銀行（海外経済協力勘定）	特別貸付	国民生活金融公庫中小企業金融公庫（緊急経営安定対応貸付など）
		空港整備	新東京国際空港公団など				
財政投融資	―	PFI推進	日本政策投資銀行（民間資金活用型社会資本整備貸付）	貿易・投資金融など	国際協力銀行（国際金融等勘定）	一般貸付	国民生活金融公庫中小企業金融公庫

出展：財務省『財投リポート2002』による。

財投債など国の制度・信用に基づき調達された財政投融資資金がこれにあたる。

政府の役割のなかでも、国防、警察のように租税で対応する分野もあれば、社会資本整備や政策金融について財政投融資資金という有償資金で対応することが適切な分野もある。さらに、財政投融資資金を利用した事業のうち、利用者の負担を軽減することを目的として補助金を交付するなど、有償資金と無償資金とをミックスして対応する分野がある。

租税ではなく、有償資金を活用することによって民間の経済活動を補完するという財政投融資の仕組みが役立つ分野としては、次の四つがその代表である[*5]。

❶ 有料道路事業のような受益者負担を求めるべき分野
❷ 中小企業対策のような自助努力が期待される分野
❸ 環境問題のような「市場の失敗」が存在するため政策的な誘因が必要な分野
❹ 住宅建設のように政策的に民間の経済活動を奨励・補完すべき分野

6. 財政投融資を活用している事業

財政投融資は、政府が実施する様々な施策のうち、社会資本整備や政策金融などの分野に活用されている。財政投融資が活用されている社会資本整備としては、利用者を特定できる高速道路や下水道の整備事業が挙げられる。事業の実施のため財政投融資によって供給された資金は、利用者から徴収した利用料などで返済されている。この仕組みにより、当面の国民の租税負担を抑えながら様々な政策が実施されてきた。戦後、わが国において、社会資本整備にあてる租税財源が不足するなかで、急速に社会資本整備の水準が高まったのは、租税のみではなく財政投融資を活用した成果であるとの評価もある[*6]。

一方、政策金融の分野では、民間金融機関では供給困難、あるいは十分供給できない有利子奨学金の貸与事業、特別養護老人ホームなどの福祉施設の整備を対象とした融資事業、不況下の経済情勢に対応した貸し渋り対策や企業再建に必要不可欠な資金供給（いわゆるDIPファイナンス）、企業再生ファンド・都市再生ファンドの設立などに資金を供給している。こうした事業において財

政投融資によって供給された資金は、貸付回収金などで返済されることが前提になっている[*7]。

さらに、民業を補完する観点から、民間と連携してプロジェクト・ファイナンスなどを実施することにより、民間金融機関の融資業務の拡大に助力する場合もある[*8]。

表4-4のように、主要先進国では、多様な公的信用制度が存在する。政府貸出残高で比較すると、日本の財投残高324兆円が突出して大きく、アメリカの170兆円がこれに次いで大きい。日本の財投残高が巨額になた理由は、郵便貯金制度の発達の貢献度が高い。

表4-4　先進国の公的金融制度

【主要国における公的金融制度の概要】

	米国	英国	独国	仏国	日本
政府による信用供与を一元的にまとめたもの	連邦信用計画	なし	なし	なし	財政投融資計画
政府貸出残高（2001会計年度末）	170兆円(2002年会計年度末連邦信用計画残高)	11兆円	7兆円	4兆円(1999年会計年度末)	324兆円（※）(財政投融資計画残高)
融資の主な対象部門	民間部門	公的部門(地方自治体)	公的部門(州政府、復興金融公庫)	民間部門	公的部門(財投機関、地方自治体)
主な対象部門	住宅、教育、中小企業、農業	地域開発事業、ベンチャービジネス	住宅、海外援助	中小企業、発展途上国	中小企業、住宅、道路、農業、対外援助
政策金融を担う主な機関					
住宅	ジニーメイ(GNMA)、ファニーメイ(FNMA)、フレディマック(FHLMC)、連邦住宅貸付銀行	―	復興金融公庫（KfW）	預金供託公庫（CDC）	住宅金融公庫
中小企業	―	―	ドイツ負担調整銀行(DtA)、復興金融公庫	中小企業開発銀行	国民生活金融公庫、中小企業金融公庫
貿易・海外援助	米国輸出入銀行	―	復興金融公庫	フランス開発庁	国際協力銀行
政策金融機関の貸出残高（2001会計年度末）	432兆円(2002会計年度末)	―	19兆円	18兆円(1999年会計年度末)	159兆円
(参考) 国内非金融部門負債残高（2001会計年度末）	2,458兆円(2002会計年度末)	769兆円	714兆円	703兆円(1999年会計年度末)	2,625兆円

（※）事業部門向け財政投融資計画残高は、2001年度末で181兆円。
注．「政府貸出残高」および「政策金融を担う主な機関の貸出残高」欄の計数は、各国会計年度末の為替レートを用いて算出されている。
　「Analytical Perspectives Fiscal Year 2004」（米国）、「Consolidated Fund and National Loans Fund Accounts 2001-2002 Supplementary statements」（英国）、「Deutsche Bundesbank Banking statistics 2003」（独国）、banque-franceのホームページ（仏国）等より作成。
出展：財務省『財投リポート2003』による。

第2節 財投資金改革

1. 預託制度の廃止と新資金調達方式

　財投資金の市場性を高めるために、平成13年度から政府が国民から預かった郵貯、年金等の旧財投原資の預託制度は廃止された。そのために、自由市場での債券の売買を通じた新しい資金調達方式が導入された。これが、財投債（財政融資資金特別会計国債）[1]と財投機関債[2]である。

▷ **普通国債と財投債等の相違**

　近年、財投機関が外部から資金調達する方法が変わった。近年の財投改革では、その手始めとして、財投債と財投機関債の二つの資金調達方法が導入された。財投債は、財投全体の資金調達を担うのに対して財投機関債は、財投機関ごとの資金調達を担う。政府が一括して資金調達をする財投債よりも個々の政府機関の信用によって資金調達をする財投機関債の方が市場性が高い。しかし

表4-5　普通国債と財投債等の相違

	発行主体（会計区分）	償還方法	政府保証と国会承認	SNA一般政府債務	平成14年度末残高
普通国債	国（一般会計）	将来の租税	あり	含まれる	428兆円程度
財投債（平成13年～）	国（財政融資資金特別会計）	貸付金回収	あり	含まれない	75兆5,644億円
財投機関債（平成13年～）	各財投機関（政府関係機関）	〃	なし	〃	2兆8,917億円（24機関）

注．財務省『財投レポート2003』を参考に、筆者が作成。

近年では、財投債の発行額の増加が顕著であり、財投機関債の伸びはまだこれからである。また、財投債の資金の引き受け手は、従来と同様の郵貯や年金等の政府の管理する貯蓄性資金が大半を占めている。今後、銀行や生保等の民間資金の導入が増大しなければ、市場性の高い改革が成功したとはいえない。

▷財投債

財投機関債が各政府関係機関ごとの信用の高さによって資金調達するのに対して、財投債は政府が一括して資金を集める方法をとる。ただし、実際にその資金を使用するのは特殊法人である。ここでは、政府省庁以外の政府関係機関が調達資金を使う点で通常の一般会計国債とは区別される。しかし、「国債」という債券発行による資金調達であることに変わりはない（表4－5を参照）。

▷財投機関債

財投機関は、政府などからの出資や債券（財投機関債等）の発行、政府や民間金融機関からの借り入れによって、政策的に必要な資金が調達できるようになった。利用者の負担を軽減するという観点から補助金が投入される場合もある。これらの資金調達手段のうち、市場で公募して発行する財投機関債については、発行にあたり、格付けを取得したり投資家説明会を開催するなど対外的な情報開示を進めることを通じて、業務運営の効率化が図られている。このため、各財投機関は、財投機関債を発行することにより、できるだけ金融市場から直接資金調達することが求められている（表4－5を参照）[*9]。

---

(1) 財投債は国が発行する債券であり、国債の一種である。また、商品性も通常の国債と同じで、発行も通常の国債とあわせて行われているので、金融商品として見た場合、通常の国債とまったく変わりはない。発行限度額について国会の議決を受けている点でも通常の国債と同じであり、各年度の国債発行計画の中にも位置づけられている。ただ、国債の発行によって調達された資金が財政融資資金の貸し付けの財源となるとともに償還・利払いが財政融資資金の貸付回収金によって賄われる点が一般会計の歳出の財源となり、租税などを償還財源とする通常の国債と異なる。このため財投債は、経済指標のグローバルスタンダードである国民経済計算体系（SNA）上も一般政府の債務には分類されていない。（財務省HP『財投レポート　2003』）

(2) 財投機関債とは、特殊法人等が民間金融市場において個別に発行する政府保証のない公募債券のことである。（財務省HP『財投レポート2003』）

表4－6　平成15年度財投債発行予定額

■財投債の残存期間別残高

（単位：億円）

残存期間区分	1年以下	1年超2年以下	2年超3年以下	3年超4年以下	4年超5年以下	5年超6年以下	6年超7年以下	7年超8年以下	8年超9年以下	9年超10年以下	10年超	合計
平成13年度末	—	122,038	—	20,189	127,199	—	—	—	21,910	122,794	23,476	437,605
平成14年度末	122,038	103,816	20,189	142,316	72,976	—	—	21,910	139,116	90,387	42,898	755,644

（注）　計数は、額面ベースである。

■財投債の年限別発行、償還および残高

（単位：億円）

年限	平成13年度末残高	平成14年度発行	平成14年度償還	平成14年度末残高
30年債	3,023	3,013	—	6,036
20年債	20,453	16,409	—	36,862
10年債	144,704	106,709	—	251,413
5年債	147,387	88,093	—	235,480
2年債	122,038	103,816	—	225,854
合計	437,605	318,039	—	755,644

（注）　計数は、額面ベースである。

■財投債の消化方式別内訳

（単位：億円）

区分	経過措置				市中消化	合計
	郵便貯金資金等	年金資金	簡易生命保険資金	小計		
平成13年度(実績)	178,349	118,599	35,837	332,785	104,820	437,605
平成14年度(実績)	135,691	66,889	30,952	233,532	84,507	318,039
平成15年度(予定)	99,600	56,500	29,400	185,500	114,600	300,100
(平成15年度発行財投債の種類別発行予定額)						
30年債	—	—	—	—	4,000	4,000
20年債	—	1,400	3,000	4,400	12,000	16,400
10年債	34,300	24,000	12,900	71,200	17,000	88,200
5年債	24,700	21,600	13,500	59,800	40,000	99,800
2年債	40,600	9,500	—	50,100	40,600	90,700
物価連動国債	—	—	—	—	1,000	1,000

注．計数は、平成13・14年度については額面ベース、平成15年度については収入金ベースである。

出展：財務省HP『財投レポート2003』による。

表4－7　財投機関債の発行状況

■財投機関債の平成13・14年度発行予定及び実績並びに平成15年度発行予定

機関名	金額				
	平成13年度		平成14年度		平成15年度
	発行予定	実績	発行予定	実績	発行予定
住宅金融公庫	2,000	2,000	6,000	6,000	8,500
公営企業金融公庫	1,000	1,000	2,200	2,200	3,000
国民生活金融公庫	—	—	2,000	2,000	2,400
中小企業金融公庫	—	—	2,000	2,000	2,000
沖縄振興開発金融公庫	—	—	100	100	200
農林漁業金融公庫	150	145	220	220	220
日本政策金融公庫	1,000	1,000	2,000	2,000	2,400
国際協力銀行	1,000	1,000	2,000	2,000	2,400
都市基盤整備公団	300	250	500(50)	700	900
帝都高速度交通営団	439	450	690	550	—
水資源開発公団	100	100	130	130	130
日本鉄道建設公団	100	100	250	250	400
環境事業団	—	—	60	50	50
地域振興整備公団	100	100	130	285	200
社会福祉・医療事業団	100	100	200	200	400
日本私立学校振興・共済事業団	60	60	60	60	60
日本育英会	100	100	560	560	560
緑資源公団	—	—	40	40	47
日本道路公団	1500	650	4,000(850)	5490	5100
首都高速道路公団	100	—	300(100)	500	500
阪神高速道路公団	100	100	200	200	350
新東京国際空港公団	500	500	350(29)	300	413
運輸施設整備事業団	60	100	250	250	250
商工組合中央金庫	2,249	2,249	2,832	2,832	3,319
電源開発株式会社	100	—	—	—	—
合計（機関数）	1兆1,058億円(20)	1兆0,004億円(18)	2兆2,072億円(1,029億円)(24)	2兆8,917億円(24)	3兆3,799億円(23)

注1．平成14年度「実績」における（　）書は、前年度（平成13年度）からの繰越分を表す。
　2．計数は額面ベースである。
出展：財務省HP『財投レポート2003』による。

3．預託廃止後の暫定措置

　これまで、郵便貯金資金の大半は旧資金運用部（現在の財政融資資金特別会計）へ預託されてきた。しかし、平成13年度から財政投融資事業への預託義務は廃止されている。しかし、これまで長期にわたって預託されてきた資金の残高が残っている。預託は平均7年間で満期となり、貸し倒れがなければ大半が回収される見込みである。

　財政投融資改革により郵便貯金と年金積立金が全額預託される制度が廃止される一方で、財政融資資金は財投債の発行を通じて市場から資金調達を行うことになった。郵便貯金や年金積立金は自主運用となったが、資金の公的性格に鑑み、多くの部分が国内債券（その中心は国債）で運用されている。財投債が新たに発行される分、国債の発行量が増加したため、郵便貯金や年金積立金の資金が債券市場に流入したのである。

　新しい制度に安定的に移行するためには、制度変更に伴う一時的な影響には配慮する必要がある。具体的には、郵便貯金と年金積立金の預託期間は、平均すると財政融資資金からの融資の貸付期間より短いので、財政融資資金は貸付金の償還を受ける前に預託金を返済しなくてはならない。したがって、預託金の返済後もこれらの預託金をもとに行っている融資を継続できるように財政融資資金の資金繰りを確保する必要がある。また、市場への影響を十分配慮する観点から、財投債の発行により市中の国債発行額が急増しないようにする必要がある。そこで、そのための経過措置として、平成13年度から7年間、財投債の一部を郵便貯金や年金積立金などが直接引き受けることになっている[*10]。

　財投資金改革に伴う「郵貯資金の運用状況の変動」を見ると、平成13年度開始時には、全資金247兆円のうち財政融資資金預託金が189兆円（76.5％）を占めていた。しかし年度末には、全資金239兆円のうち財政融資資金預託金は153兆円（64.0％）に減少している。これは、預託資金が減少して、その分の自主運用分が増加したことによる[*11]。このような変化が次第に進む傾向にある。

第3節 真の財投改革

1. 財投方式の公共性と収益性

　戦後の経済成長時代から、財投資金が活用されてきた。財政投融資資金導入原則は、事業の公共性と収益性である。なぜなら、その活動は国家活動であり、しかも有償資金の回収を要求されるからである。

　様々な事業は、公共性と収益性という二つの大きな柱に沿っていなければ、財投事業として採択されないはずであった。そうでなければ、郵貯や年金等の有限な財政資金を非効率な事業に投資することはなかったはずである。

　事業の公共性とは、個人生活の向上や企業活動に不可欠な事業であり、幅広く社会に役立つことを意味する。収益性とは、多くの人が頻繁に利用するため事業資金の回収が容易だということを意味する。

　往々にして、社会に広く役に立つ公共性の高い事業は多くの人や企業が利用できるため収益性も高いので、公共性と収益性という二つの役割は本来切り離せない関係にある。例えば、東海道新幹線や東名高速道路、羽田国際空港は多くの人々や企業に役立ち、利便性を拡大してきた。多くの人に役立つ事業を推進するというこの原則が貫かれれば、財投事業の巨額な赤字は生じなかったはずである。

▷**公共性の疑問**

　財投事業への一般会計からの利子補給等の補助も、公共性の高さに応じてなされる。例えば、住宅金融等では、各々の事業の公共性の高さに応じて住宅ローン利子に対して、国の税金からの補助がなされてきた。この補助制度は、所得が不十分な階層に対する所得再分配機能も発揮してきた。もし、これがなければ、民間金融機関との競争が成り立たないため、財投事業としての意義は薄れる。

　しかし今日では、財投対象分野の公共性が疑問視される事業分野が増えてい

る。事業実施範囲が拡大するにつれて、需要の乏しい地方高速道路や地方空港、大規模橋等の社会資本が利用者の少ない過疎地にまで建設されていった。それにつれて事業の経済効果が乏しくなり、公共性が薄れていった。日本道路公団が全国に張り巡らせた高速道路ネットワークは、その中でも最も分かりやすい事例である。

　財投資金を利用する政府、自治体や特殊法人等によって、日本全体に様々な開発が繰り広げられてきた。しかし、無目的な社会資本の建設によって後世代に残されたものは、債務の山と環境破壊の爪跡だけであり、後世代には無用な公共事業だけが残された。

　静岡県の大井川水系では、開発され尽くして川枯れが進行した川の上流に旧建設省の多目的ダム等が建設された。農水省と島根県が実施した島根県中海干拓事業によって、米あまりの時代に希少となった汽水湖に広大な干拓農地が取り残された。同様に、長崎県諫早湾干拓事業では、海浜の豊かな干潟に砂漠と化した干拓地が残された。また、水資源開発公団（平成15年10月～独立行政法人）が実施した三重県長良川河口堰建設事業では、水需要を過大に予測した利用価値の乏しい河口堰が残された。そして、全国各地で自治体が地方第三種空港を建設したため、航空会社の旅客機の乗り入れが少ない採算性の低い地方空港が残された。

　空港公団が建設した関西国際空港や本州四国連絡橋公団が建設した本州四国連絡橋（三橋）は、有意義な施設だが赤字が大きいため、その建設費用の最終負担者をめぐる議論の決着がまだついていない。

▷収益性の疑問

　近年、財投資金の使用に収益性が乏しいことがより大きな問題として浮かび上がってきた。公共性が乏しい事業は、往々にして利用者が少なく資金回収が困難なため、収益性も乏しい場合が多い。その理由は、多くの人々にとってあまり役立たないということは、同時に施設利用の需要の乏しさと収益性の低さを意味するからである。

　一般に様々な地域に同じ投資を継続した場合には、次第に投資条件が悪化して、最後には必ず投資収益の低下傾向に陥る。この現象については、ディビッ

ド・リカード[3]が集大成した伝統的な経済理論における「収穫逓減法則」やケインズ経済学の「投資の限界効率の低下」から説明できる。しかし、理由はそれだけではない。

　財投事業の収益性を低下させた大きな理由は、財投資金運用機関である政府関係機関（特殊法人）の経営体質の非効率性にある。財投資金の多くは不採算事業に貸し出されたため、そのかなりの部分が資金回収困難に陥っている。政府関係機関が投資を続ける場合、収益を度外視して事業が継続されるため、事業の赤字という大きな問題を生み出してきたのである。

　財投事業拡大の背景には、常に政治利権が働いてきた。財投資金は、資金配分をめぐって、国家と地方にとって税収につぐ第二の利権と化してきた。一般会計予算よりもはるかに裁量の余地が大きい資金配分権限を中央政府に委ね続けたため、不採算事業の継続を押しとどめることが不可能になってしまった。

　このような採算性を無視した事業展開を助長した要因は、国民の貯蓄性資金を政府が預かっているため、資金調達が容易であり、コスト意識が乏しくなったことにある。

2．持続可能な財投計画

　今後、財投計画が持続されるならば、各事業の財投事業としての選択基準は、公共性と収益性に照らし合わせて以下の基準に基づく仕分けにそって実施すべきである。

---

[3] David Ricardo（1772〜1823）イギリス古典派経済学の完成者。ロンドンに生まれ、アムステルダムで教育を受ける。14歳で父の業務である証券取引業に従事する。後に自立して証券取引業者となり、成功して大金融業者となった。穀物法論争に参加し、産業資本家階級の立場から穀物法に反対した。1819年に業務から退き、J・ミル、マルサスらとの交友を深め、理論的研究と執筆活動を続けた。1819年には下院議員となり、経済・社会問題について急進派を代表して活躍した。氏は、アダム・スミス価値論における投下労働・支配労働の二元論を批判し、投下労働説を基礎にして、地主・労働者・資本家の三大階級への地代・労賃・利潤が分配される原理を解明した。（東洋経済新報社『体系経済学辞典』［第6版］1984年）

❶公共性も収益性も高い事業

　公共性も収益性も高い事業のみを財投の対象とすべきである。この場合、財投事業は、整備新幹線、第二東名、羽田国際空港拡張事業等の多くの国民に役立つ事業に限定して実施されるべきである。事業主体である非効率な特殊法人はすべて民営化すべきである。また、国は事業から撤退して融資のみに専念すべきである。そうすれば、国は限られた資金を有意義な事業に配分することができる。また、事業の必要度や公共性の高さに応じて貸出金利を下げて、公共性の高い事業を促進することもできる。

❷収益性は高いが公共性が乏しい事業

　収益性は高いが公共性が乏しい事業は、民営化して民間会社によって事業を実施すべきである。現在の特殊法人による事業実施では採算に合わない事業でも、効率的な民間経営のもとでは採算を確保できる場合も多いため、むしろこの方が国民にとって有益な事業の実施範囲を拡大できる。JRの民営化による旧国有鉄道の効率的な経営による採算確保が良い例である。

❸公共性は高いが収益性の乏しい事業

　公共性は高いが収益性の乏しい事業は、国民の租税負担で実施すべきである。国民の生命財産にかかわる事業ならば、ナショナル・ミニマムの一環として国の予算によって採算抜きで実施できるからである。ある地域に限って特に公共性の高い事業の場合、各地域ごとに地方税で負担して事業を実施すべきである。

　これまでの財投計画では、全国的な基準で見ると、需要の乏しい地方高速道路や地方空港、大規模橋等も国の資金で建設されてきた。しかしこれからは、各地域ごとに判断して必要度の高い社会資本は、地域ごとの地方税や受益者負担金、寄付金等の独自財源で建設すべきである。地方自治体が、寄付金等の独自財源によって新幹線駅や東名インター等を建設した事例は、拙著『分権的土地政策と財政』に詳述されている。

　資金の不足分は、金融市場を通じて市場原理に従って確保すべきである。資金回収が見込める有望な事業に対しては、財投資金から市場利子率以下の低金利で貸し出すことが望ましい。ただし、事業主体がJRのような政府から独立

した民間会社に改革されていることが大前提である。

3. 財投貸倒れと特殊法人改革

　これまで、収益性の見込まれる準公共財の供給は、財政投融資資金を活用して政府関係機関（特殊法人）が実施してきた。様々な公団の実施する建設事業や、同様に公庫の実施する貸付事業がその代表である。しかし近年では、これらの事業の採算性が低下していった。その結果、大半の財投機関が負債をかかえるに至っている。

　今日では、財投機関のコスト意識を高めるために民営化する以外に方法はなくなっている。その場合、これまでの累積赤字の処理方法が問題になる。

　政府の財政負担を減らす方策として、財政投融資資金を運用する機関である

表4－8　財政投融資の主な貸付先　平成14年度末の残高

一般会計	6兆4,214億円	公団・事業団等	
特別会計		日本道路公団	21兆6,725億円
国立学校特別会計	1兆　201億円	首都高速道路公団	4兆1,173億円
郵便貯金特別会計	47兆9,500億円	水資源開発公団	1兆2,672億円
政府関係機関		阪神高速道路公団	3兆3,762億円
国民生活金融公庫	9兆5,114億円	本州四国連絡橋公団	1兆9,571億円
住宅金融公庫	66兆4,008億円	日本鉄道建設公団	1兆4,857億円
農林漁業金融公庫	3兆2,403億円	都市基盤整備公団	14兆6,414億円
中小企業金融公庫	6兆9,716億円	簡易保険福祉事業団	14兆2,010億円
公営企業金融公庫	17兆6,474億円	社会福祉・医療事業団	3兆　886億円
沖縄振興開発金融公庫	1兆4,757億円	運輸施設整備事業団	2兆8,218億円
日本政策投資銀行	14兆6,755億円	日本育英会	1兆　535億円
国際協力銀行	13兆4,483億円	電源開発株式会社	1兆4,025億円
地方公共団体	92兆8,035億円	年金資金運用基金	28兆　349億円

注．平成14年度末において財政投融資計画に係る貸付け等の残高が1兆以上のもの。
出典：会計検査院「平成14年度決算検査報告の概要」による。

特殊法人[4]の分割・民営化が課題となっている。政府の特殊法人等改革推進本部の「特殊法人等整理合理化計画」(2003年12月18日)には、民営化の基本方針が以下のようにまとめられている。

「特殊法人等については、設立当初の社会的要求を概(おおむ)ね達成し、時代の変遷とともにその役割が変質、低下しているもの、民間事業者と類似の業務を実施しており、国の関与の必要性が乏しいもの等の存在が各方面から指摘され、幾時にわたる改革も行われてきた。しかしながら、依然として多くの問題が解決されることなく残っており、平成9年12月にまとめられた『行政改革会議最終報告』では、①経営責任の不明確性、②事業運営の非効率性・不透明性、③組織・業務の自己増殖性、④経営の自律性の欠如、などが厳しく指摘されている。

また、特殊法人等に対しては、平成13年度当初予算ベースで約5兆2,800億円(国共済負担金等を除く)の補助金等や約24兆4,100億円の財政投融資など国からの巨額の財政支出・借り入れ等がなされており、中長期的な財政支出の縮減・効率化の視点や財政投融資改革との関連等をも踏まえた抜本的な見直しが求められている。

特殊法人等の改革は、こうした状況を踏まえ、重要な国家機能を有効に遂行するにふさわしい、簡素・効率的・透明な政府を実現する行政の構造改革の一環である。今回の改革は、163の特殊法人及び認可法人を対象とし、平成12年12月に閣議決定された『行政改革大綱』及び先の通常国会で成立した『特殊法人等改革基本法』等に基づき進められている」[*12]

4．公的貯蓄性資金使用の限界

これまでは、市場性の低い貯蓄性資金である郵便貯金や年金資金が、政府の判断によって財投資金や公債引き受け資金として利用されてきた。しかし、財政投融資資金の原資資金は、すべて国民の将来の生活資金となる大切な貯蓄性資金である。高齢化の進展に伴って、もはや財政投融資の原資の面からもゆとりがなくなってきたため、それらの資金を借りたままにしておく余裕は乏しくなる一方である。

第一に、年金資金は、高齢化社会には老後の最低限の生活を保障する支えで

ある。しかし近年、高齢化の進展に伴って年金資金に余裕が乏しくなってきた。さらに、低成長期の金利低下によって利回りが低下したため、年金資金の運用収入の確保が困難になっている。

　第二に、郵便貯金資金は、国民が長年にわたって営々として貯蓄してきた万一の時のための生活資金である。今後、勤労者世帯にとっても、経済の低成長によって所得が伸び悩んでいるため、生活資金として過去の貯蓄の取り崩しが増大することが予測される。高齢者にとっても、老後の生活資金が年金だけでは足りなくなるため、将来、貯金を引き出す傾向が予測されるため、財投原資の早期返済が求められる。

　第三に、郵便局の簡易生命保険資金についても次第に保険金支払が増大するので、資金の余裕は乏しくなっている。簡易保険は、民間生命保険と基本機能は同じなので、民間との競合および民業圧迫の問題が深刻である。

　今日では、できるだけ市場性の高い民間資金を導入することによって財投を健全化しようとする改革が進んでいる。民間会社の株式による資金調達と同様に、財投事業の是非を民間市場が判断できる条件を整備することが望ましい。そうすれば、財投事業に対する投資資金の移動を通じた外部評価が可能になるからである。

---

(4) 特殊法人とは、特別の法律により設立された公益性の高い法人のことである。その新設・改廃には総務庁の審査を要する。名称は公庫・公団・事業団・銀行等様々である。1975年に113あったものが、統廃合により1996年までに92に減少している。(『現代用語の基礎知識HP　2000年版』) 特殊法人は各事業に関連した所轄中央省庁のタテ割行政の監督下にある下部組織であるため、様々な財政資金の投入先であり、天下りや各種利権の草刈場と化している。

第4節 道路公団改革

1．道路4公団債務

　1980年代の中曽根内閣の行政改革では、非能率な特殊法人の代表格であった国鉄・電電公社・専売公社の三公社改革（民営化）が主要なテーマとなり、この分野の改革は成功した。しかし、特殊法人改革が手つかずで残ってしまった。そこで近年の村山政権（1994年6月～1996年1月）は特殊法人の見直しを公約に掲げた。さらに、橋本政権（1996年1月～1998年7月）下でも行革の柱の一つになった。1996年12月の行政改革プログラムのなかでは、日本輸出入銀行と海外経済協力基金の統合など10数法人が行革の対象に挙げられた[*13]。しかし、それらの改革の成果は不十分なままで終わり、大半の特殊法人は手付かずで残ってしまった。そのため、本格的な改革は小泉政権に引き継がれた。

　小泉政権の特殊法人改革の手始めに、特殊法人の代表である道路四公団[5]の分割・民営化が取り組まれている。民営化に際して、道路公団の財投資金返済という課題が浮上している。これは、財投事業債務返済問題の典型事例であり、これまでに高速道路や連絡橋を建設しすぎたために生まれた債務である。道路四公団の民営化にあたってこの赤字をいかにして返済するかが、今日の国民的な課題になっている。

　日本道路公団は、採算を無視した財投借り入れによって事業を拡大した。そのために、40兆円もの赤字を生み出すに至った。これとは別に、本州四国連絡橋公団は瀬戸内海三橋の建設を借入金に頼って実施したために、4兆円もの赤字を生み出している。道路四公団の民営化作業の進展に伴って、債務の清算と負担者の選定が大きい課題として浮上している。財投資金は郵貯、年金資金等の国民の貯蓄性資金なので、問題は深刻である。

　これまでの40兆円に上る道路公団の巨額な債務について、国民の租税負担な

しで処理できるかどうかが試されている。租税投入の如何は、建設途中の不採算路線の建設を国家資金を支出して続行するかどうかに左右される。万一、不採算路線建設への租税投入が決定されても、我が国にはこれに費やせる租税は一円もない。そのため実際には、長期国債発行による60年償還に頼ることになるのは確実である。そうなれば、現代の道路公団に当事者責任のある債務を国民の負担で清算することになる。つまり、①不採算事業への投資拡大による資金の浪費、②道路関係子会社の乱造による道路収益の横流し、③高級官僚の天下りに伴う退職金等について、将来世代を含めた国民の租税で負担することになる。その場合、当事者責任のない将来世代にまで租税負担を強いることになるため、世代間負担問題が先鋭化することは必至である。

　ここでは、事業債務という巨大なマイナスのストックをかかえる政府関係機関の改革が、将来の国民の租税負担の大きさに影響を与えている。つまり、行政改革の成否が将来の国民負担の大きさを左右することになる。

2．道路公団民営化政府方針

　政府の特殊法人民営化方針に沿って、その手始めとして、道路公団の民営化という課題が取り組まれている。そこでは、既設不採算路線の建設費の償還問題と新線建設範囲と資金の確保問題、という二つの課題が問われている。

　特殊法人民営化に関する政府方針では、道路関係四公団の改革が、その中心になっている。改革については、①民営化を前提とした「上下分離案」の解決策が、提案されている。上部に、有料道路の維持管理と新規路線を建設する民営の新会社を設置する。新会社の建設費用負担は、会社が自ら資金調達を行い、採算性を確保しうる分（料金をもって適切な期間内に返済可能）を限度とする。また下部に、四公団の資産と債務を継承保有する「債務返済機構」を置くというものである。この機構は、四公団の資産と債務を継承し、上記の新会社が高速道路料金収入から支払う貸付料をもって、債務を返済する。②国費は、平成14年度以降投入しない。③これまでに累積した債務の償還期間を50年以内とし

---

(5)　道路四公団とは、①日本道路公団、②首都高速道路公団、③阪神高速道路公団、④本州四国連絡橋公団、の四つである。（首相官邸HP「道路関係四公団民営化推進委員会」）

て、なるべく早期の債務返済を優先的に実施する。④現行の公団方式の料金プール制は、廃止する。⑤高速料金の引き下げが可能になるように、管理コスト、建設コストを極力削減する、という内容になっている[*14]。

それ以後の改革は、以上の政府方針にそって進められる見通しである。その柱となっている上下分離案の特徴は、事業の運営主体である民営新会社と、資産と負債を管理する機構を分離することにある。この場合の問題点としては、以下の点が指摘できる。

❶政府方針のように、資産運用は「債務返済機構」が実施し、収益確保は新会社が実施することになると、新会社は、債務返済に責任をもつ独立採算性の会社に移行できなくなる。また、資産配分や賃貸料金の高さをめぐって、この二つの組織の間の利害調整が難しくなる。

❷料金プール制の廃止をうたっているが、それが可能になるためには、各路線が独立採算制に移行する必要がある。これまで通り、採算性の高い東名高速道路や名神高速道路等の路線とそれが低い遠隔地の路線の収益を相殺し続ければ、非採算路線は採算性を向上させなくとも安易に生き延びて受けるため、採算性の拡大は望めず、改革前と同様の「大鍋の飯を食う[6]」状態に陥る。

❸資産と債務を保有する「債務返済機構」の方針は政府の意思決定に左右されるため、政策決定をめぐって政治利権が暗躍する可能性が高い。これまでの債務隠ぺい策に見られるような、国の補助金や一般会計からの利子補給による長期間の債務の軽減や免除を求める等の例外的な措置が導入され易くなる。さらに、新規路線の建設候補地等をめぐる政策決定が、政治利権によって歪められる可能性が高い。

3．利権の温床「料金プール制」

これまで道路公団では、高速道路料金プール制という資金調達方式で全国各地に道路を建設してきた。料金プール制は、全国の高速道路から得られる通行料金のすべてを道路公団が管理する一つサイフに入れて、その資金を使って全国の高速道路を建設する方式である。そうなると、結局は東海道ベルト地帯等の限られた採算路線から得られた料金収入を全国の不採算路線に配分すること

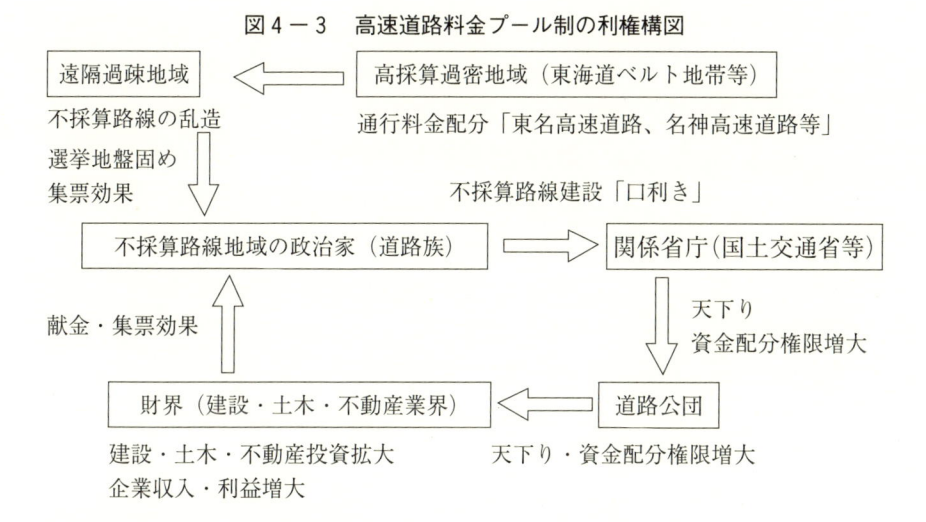

図4－3　高速道路料金プール制の利権構図

```
遠隔過疎地域  ←——  高採算過密地域（東海道ベルト地帯等）
不採算路線の乱造      通行料金配分「東名高速道路、名神高速道路等」
選挙地盤固め
集票効果  ↓               不採算路線建設「口利き」

不採算路線地域の政治家（道路族）  ⇒  関係省庁（国土交通省等）
                                         ↓ 天下り
                                           資金配分権限増大
     ↑ 献金・集票効果

財界（建設・土木・不動産業界）  ←  道路公団
建設・土木・不動産投資拡大       天下り・資金配分権限増大
企業収入・利益増大
```

注1．矢印は、基本的に、利権行使・拡大、資金と人の流れを表す。
　2．筆者が作成。

になる。なお、瀬戸内海三橋建設資金では、高速道路と同様、三橋だけで独立した「三橋料金プール制」を採用している。すべての連絡橋が不採算路線であることが、その特徴である。

図4－3のように、過密地域から過疎地域への資金配分という料金プール制は、資金配分をめぐって様々な利権の構図を生み出してきた。政治家⇒官僚⇒道路公団⇒建設企業と続く利権のスパイラルは、すべて料金プール制から生まれた資金配分をめぐって生じている。

料金プール制の問題点は、以下のように要約される。

❶地域毎の道路採算性を不鮮明にするため、採算路線から生じる収益の地域還元がなされない。

❷「他人が稼いだ金は躊躇（ちゅうちょ）なく使え」とするモラル・ハザードが生まれるため、不採算路線が乱造される。

---

(6) 中国語で「大鍋飯（ダーゴーファン）」と言う。多くの労働者が、他の労働者が共通に稼ぎ出した食糧を食べる状態を指す。自分の働きの大きさにかかわりなく食事が保障されるため、誰一人一生懸命に働かなくなる。国有企業と非市場型社会主義経済の失敗が、その典型である。日本の政府系企業に典型的に見られる「親方日の丸」に匹敵することわざである。

❸資金配分をめぐって「道路族」と言われる政治家や官僚の利権が暗躍する。

道路建設をめぐって、政治的利権の対象として資金配分される利益ファンドのすべては、高収益地域から吸い上げられた料金収入から発生したものである。

右肩上がりの経済成長を続ける高度経済成長時代には、「道路建設⇒自動車通行料金増大⇒料金収入増大」という経済成長期の右肩上がりのスパイラルが続いてきた。そのためこの方式は、経済成長を果たした地域の料金収入を遅れた地域の底上げのために投資するシステムとして有効に機能してきた。しかし、1980年代の安定成長期、1990年代の低成長期を経て、右肩上がりのスパイラルが終焉した。それにつれてこの方式は、ひたすら自動車通行料の少ない経済効率の低い過疎地に不採算路線を建設し続ける非効率なシステムに変わってしまった。また、全国の高速道路の建設費用を提供し続けてきた東海地域等の高採算地域の道路利用者には何の見返りもないことが明白になってきた。

今後の高速道路新線建設資金の調達方法の審議においても、料金プール制を前提とした主張が出されている。道路ドル箱路線の東名高速道路等から得られる収益を他の不採算路線、特に大赤字の瀬戸内海三橋建設資金や管理運営資金と相殺しようとする議論すら生まれている。そうしないと、国民の租税の導入なしでは債務の清算や新路線の建設ができないからである。しかし、これでは従来の料金プール制が維持されるので、各路線の採算性向上に向けた抜本的な解決策にはならない。

料金プール制時代の資金負担原則を維持する場合、道路収益全体が一つのサイフに入ってしまう。そうすると、各道路の収益貢献度や道路の必要度の高さが不鮮明になってしまい、このことが最大の問題となる。

4．道路採算性情報公開

特殊法人改革のためには、経営状態や債務に関する情報公開が求められる。特殊法人債務については、近年、小泉改革で少しずつそのベールがはがされて来ている。しかし、道路公団等の政府関係機関側は、不透明な資料を提出して逃れようとする抵抗を続けている。

正確な情報を伝えるはずの日本の官公庁のホームページは、役所の仕事の美

化と正当化という別の使命を実現するために存在している。道路公団の分割・民営化に関する情報公開がその典型である。ここでは、「まな板の鯉」である道路公団自身が情報を管理しているため、正確な情報を発信することが困難になっている。組織として有利な情報を加工して提供する傾向があるからである。

　日本道路公団ホームページ[7]は、難解な日本の官公庁のホームページの中でも最も読み取りにくい。本来は単純明快な情報を、あえて難解に分かりにくくする工夫がなされており、一般の国民に情報を公開するための媒体とは考えにくく、いったい誰を対象にしたものかまったく疑問である。

　道路公団改革では、新規着工高速道路の収益性が議論の中心になっている。ところが、道路公団のホームページでは、建設費から料金収入を差し引いた高速道路ごとの収益性の高さについては特に不明瞭であり、情報を解析しないと読み取れない複雑な仕組みに加工されている。

　なぜ、このような無益な努力をし続けるのか、理由は明快である。東名高速道路や名神高速道路等の沿線住民が道路ごとの採算性に気づくと、当然、収益の地域還元に対する要望が起きる。具体的には、収益性の高い高速道路沿線住民から東名高速道路等の通行料金無料化に向けた要望が盛り上がる。既設道路からあがる潤沢な通行料金を地域内の新道路建設費に充当することによる通行料金の地域還元を求める要望が起きることは避けられない。このことを未然に防止するため、つまり大鍋の飯を食う天下泰平の「料金プール制」が維持できるように、あえて分かりにくくつくられているのである。

　各高速道路ごとの道路採算性を正直に示せば、道路利用者の反乱が起きるの

---

[7] 道路公団のホームページでは、①高速道路の採算性データに到達するためには数々の関門をくぐり抜けなければならないため、情報にたどり着くことすら容易ではない。②国の方針にかかわる既設高速道路の収益性や将来の道路網建設に関するデータが、道路の運営・管理情報や交通渋滞情報に混じって、その隙間に忍ばせている。③また、各高速道路の名前も、役所用語が使用されている。現行東名自動車道のことを「第一東海自動車道」と表現するなど、一般の人には誰にも分からない名称に置き換えている。名神高速道路も、まったく違う名称に置き換えられている。④さらに、道路の採算性や収益性が判別しにくいようにつくられているため、収益性の高い東名自動車道や名神自動車道とそれ以外の非採算路線との区別が容易にはできない仕組みになっている。総建設費用に対する総収益を分数で示す際に、分母と分子を入れ替えて分かりにくくしているため、得点が低いほど優秀な路線であるという一般常識に反する難解な記述になっている。

は避けられない。例えば、国土の根幹である東海道ベルト地帯を縦貫する東名自動車道は、2050年までの総料金収入と総経費を比較すると、通行車両が多いため、その総費用の2倍もの料金収入を上げる見通しとなっている[8]。東名自動車道の料金収入で、第二東名自動車道の費用をまかなって余りある計算になる。また、第二東名の建設費については、東名自動車道のこれまでの収益でまかなえるのである。

　成績の良い東名自動車道は、本来建設後一定期間を経れば、建設費償却後には通行料金が無料になるはずであった。ところが、その収益をつぎ込んで不採算路線を乱造した結果、公約はのびのびになり、約束は果たされなくなった。通行料金の地域還元がまったくなされていないため、東名自動車道沿道住民は、過大な通行料金の徴収によって所得を奪われ続けているのである。

　小泉構造改革の一環として、政府関係機関に対して事業収支を報告することが義務づけられた。道路公団はそれに応じて、2003年6月に政府から求められた「民間企業並の財務諸表」を提出した。しかしその中で、事業収支の隠蔽（いんぺい）姿勢が判明してきた。

　道路公団が2003年6月に発表した前年度の「民間企業並み財務諸表」では、資産が負債を5兆7,000億円ほど上回るという驚くべき結果が提出された。その中では、土地や道路設備等の取得原価（簿価）が示されていなかった。今、それを取得するといくらかかるかという「再調達原価方式」のみで資産価格をはじいたためである。そこで、「資産を意図的に膨（ふく）らませて債務超過を隠している」という疑いが広まった[*15]。

　債務超過なら債務返済を優先させざるをえないため、民営化後の新規路線建設が困難になる。債務超過の事実を隠蔽した方が、今後とも批判されずに天下泰平の料金プール制を継続して新規路線をつくり続けられるからである。2003年10月になると、道路公団の債務隠蔽（いんぺい）姿勢は政治問題になってきた。道路公団総裁の改革姿勢が問われ、解任劇にまで発展した[9]。

5．今後の道路整備方式

　経済学の租アダム・スミスは、租税利益原則を唱えたことで有名である。し

かし、氏の利益原則は、財政資金の調達方法全体に及ぶ理念であることは意外に知られていない。氏は、当時の主要な交通手段である運河や道路建設等の土木事業を例に挙げて、社会資本供給における適切な費用負担方法を検討して、受益に応じた適切な費用負担方法を重視している。建設財源を租税だけに頼らないで様々な資金調達方法を導入することは、国税の膨張に伴う国民負担率の上昇を避けるために必要な措置でもある。氏はまた、全国に利益を及ぼす事業は国税で実施して、それ以外は利益を受ける地域負担とすることを主張している。そうすれば、受益が費用を下回る必要の乏しい運河や道路は建設されなくなるからである。

アダム・スミスは、受益者負担原則を推奨して、次のように述べている。「公道・橋・運河などが、それらを通じて営まれる商業により、このように造られたり維持されたりすれば、商業が必要とする適当な所にしか——造られないことになる。それらの経費、つまりその華麗さや壮大さもまた、この商業が支払いうるところに適応するに違いない。——壮大な公道を、商業がほとんど全く営まれないさびれ果てた地方を通じて造るわけにもいかないし、あるいはたまたま州知事のいなかの別荘とか、この知事が機嫌をとっておいた方がいいと思う大領主の別荘とかへ通じるというだけの理由でそれを造るわけにもいかない。だれ一人通りもしない所で川に大きな橋を掛け渡すわけにもいかない——が、この種の土木事業が自力で提供しうる以外の何らかの収入で営まれる国々では、こういう事も時々行われているのである[*16]」。

結論的に言えば、今後の道路建設は、資産と債務を保有する国から完全に独立した民間資本の運営会社が実施すべきである。旧国鉄の民営化と同様に、全国を7つくらいのエリアに分割して採算性を追求する方が、市場原理が徹底さ

---

(8) 道路公団の計算した「高速道路各路線の2050年までの料金と総費用」によれば、東名自動車道の2050年までの総費用は7,340億円、料金収入合計額は1兆5,730億円（8,390億円の黒字）。第二東名の総費用は5,680億円、料金収入合計額は1,970億円（3,710億円の赤字）と見積もられている。〈日経新聞〉2002年9月28日）

(9) 石原伸晃国土交通相は、2003年10月25日に、日本道路公団の総裁であった藤井治芳氏に解任辞令を交付した（〈日経新聞〉2003.10.25）。政府は同13日、その後任に、民間人から元伊藤忠商事常務で自民党参院議員の近藤剛氏の起用を内定した〈日経新聞〉2003年11月27日）。

れるため望ましい。その場合、既存路線の維持管理費や新規路線の建設費が不足するエリアでは、その地方から得られる租税や沿道住民からの寄付金等の様々な財源で不足資金を補充することを義務付けるべきである。そうすれば、これまでのように不要不急の路線が乱造される心配はなくなる。既存の路線の維持や新規路線の建設のための地元負担が拒絶される場合、その地域にとってその路線の必要性は低いとみなすのが合理的な考え方だからである。

今後、非効率な高速道路の建設や運用を制限して採算性を高めるためには、高速道路建設によって得られる地域ごとの利便性の向上と地域ごとの負担を一致させることが望ましい。言い換えれば、高速道路の建設や運営にかかる費用が便益を上回る道路を建設しないことが重要である。そのためには、道路から便益を受け取る地域ごとに道路建設の費用負担をすることが肝心である。費用負担という痛みを伴えば、利用度の低い過剰な道路を建設することがなくなるからである。

財政投融資資金の投入された道路公団等の不採算事業の赤字処理については、政府方針では租税を投入しない原則になっている。しかし、最終的には、一般会計の負担となり、国民への増税となって跳ね返ってくる可能性が強い。つまり、租税注入による救済策を講じるかどうかがカギになる。

道路公団は、数多い特殊法人の氷山の一角である。この改革で失敗すれば、将来の国民の租税負担はうなぎ登りに増大することが確実である。今後、特殊法人の巨額な退職金等によって生じたすべての債務について洗い直す必要がある。租税投入を認めた場合、道路公団の不採算事業の赤字額のみならず、巨額な退職金や利益を吸い上げるために設けられた無数の子会社の運営費用等の多くが国民の負担となる。

万一、特殊法人が長年にわたって生み出した巨額な債務を国民の租税で返済することになれば、日本国民は21世紀末まで、20世紀に創出された債務返済のための「奴隷」と化してしまうことは確実である。現世代は、後世代に負担を残した愚かな世代として批判を浴びることになる。

第5章

長期債務の全体像

第1節 長期債務残高の内訳

1．国の長期債務の全体像（内国債と借入金）

表5－1　国の長期債務全体像　平成15年度末見込み（予算）

（単位：億円）

	内　　訳	金　　額
内国債 457兆円	普通国債	450兆円
	特別国債（財投債を除く）	7兆円
借入金 61兆円	一般会計借入金	4兆円
	特別会計借入金	57兆円
総合計		518兆円

注1．この他、財政融資資金特別会計国債が96兆円あるが、これは財投機関の債務が主であると考えられるため、国の債務から除外されている。
　2．「特別国債」という概念は、普通国債以外の「その他の国債」を意味する仮称である。
出典：財務省『財政関係諸資料』「国の長期債務について」（平成15年8月）

　表5－3における「特別会計借入金」57兆円のうち、交付税特会借入金は48.5兆円程度とその大半を占める。そのうち、国が負担する分は16.7兆円、地方が負担する分は31.8兆円程度である。

　平成14年度に比して、15年度の特会借入金は45兆円減少した。これは、平成15年度発足の郵政公社が、郵政事業特別会計及び郵便貯金特別会計の借入金残高を引き継いだことによる。

　後述するように、平成13年度までは、郵政事業特別会計借入金8,207億円、及び郵便貯金特別会計借入金53兆3,500億円と、両特別会計で合計54兆1,707億円を占めていた。郵貯特会借入金は、金融自由化対策のための郵政省の自主運用資金である。郵政省が資金運用部から借り入れて、多様な金融機関に貸し出

しているため、返済の可能性がある資産と見なされてきた。しかし両特別会計は、平成14年度末で廃止された（財務省「財政関係諸資料」平成15年8月）。

両特別会計の廃止に伴う債務整理によって、その後、特別会計借入金の大半は地方交付税特会借入金が占めることとなった。これは資産形成を伴わない純粋の債務であり、増大傾向にあるので、問題は深刻化している。

表5－2　長期債務の詳細と発生原因　平成15年度末見込み（予算）

(単位：億円)

内訳	発生原因	金額
(1)普通国債		450兆4,989億円
①建設国債	公共事業による資金の乱費	219兆4,420億円
②特例国債	単年度経常赤字の継続的補填	206兆1,365億円
③減税特例国債	安易な減税財源の補填	5兆6,578億円
④国鉄清算事業団承継債務借換国債	不採算事業の継続	15兆9,449億円
⑤国有林野事業承継債務借換国債	不採算事業の継続	2兆7,947億円
⑥交付税及び譲与税配付金承継債務借換国債	硬直化した地方交付税支援策	5,231億円
(2)その他の国債(特別国債)		7兆5,229億円
①財投債	財投事業の資金調達（除外）	(95兆8,898億円)
②交付国債	戦争被害者等への交付	2,735億円
③出資国債等	国際機関等への出資	2兆965億円
④国鉄清算事業団債券等承継国債	不採算事業の清算	5兆1,529億円
(3)借入金	（会計別使途詳細は後述）	61兆円
一般会計借入金	不採算事業債務の引継ぎ等	4兆円
特別会計借入金	地方交付税資金の立替等 会計別に使途が異なる	57兆円
		518兆円

注．財投債とは、「財政融資資金特別会計国債」の略である。財投事業の資金調達であるため、国の長期債務には含まれない。
出展：財務省『財政関係諸資料』「国の長期債務について」（平成15年8月）

2．「国の長期債務」の概念

　国の長期債務とは、表債務である国債の累増とそれ以外の借入金等の隠れ債務を合計した金額である。その債務の性格として、①子々孫々にわたり国が担う長期間の債務であり、②長年にわたり国の税金で返済すべき債務であり、③毎年、営々と返済の努力がなされているが、④返済が追いつかずにこげついた場合は国民が国税で負担する以外にない。

　ここに含まれない新たな債務があれば、時間の経過につれて次第に発覚するであろう。なぜなら、赤字特別会計を通じて実施されている事業等の清算が課題になれば、最終的には公表せざるを得なくなるからである。

　債務を隠蔽(いんぺい)して返済を遅らせれば、当然、その間にも利子負担が増え続ける。債務の存在事実についての公表を小出しにすれば、将来、債務返済時点における国民負担がさらに増加することは避けられない。

3．内国債の全体像

　表5－3には、近年の内国債発行額の推移が示されている。日本の国債の大半が内国債であり、それは、日本国内の資金によって引き受けられた国債のことである。内国債は、普通国債と「その他の国債（特別国債）」に分かれる。「その他の国債」には、財投債と三種類の少額の国債が含まれる。平13年4月に小泉内閣が成立して以降も、国債発行額が急増していることが分かる。

　財投国債は、「その他の国債」の代表である。それは、財投資金の市場調達を目的として、平成13年に発行開始して以来、急増している。しかし財投国債は、財投機関の資金調達のために発行されているので、国家債務の本体には含まれない。万一、財投資金が貸倒で回収不能になり、租税で補填することになれば、国家債務の一部となる。

第 5 章　長期債務の全体像　123

表 5 － 3　国債発行額の推移

（単位：億円）

年度末実績 （平成）	国債発行額合計	内国債	普通国債	財投国債
11	4,893,698	3,431,336	3,316,687	－
12	5,355,870	3,806,546	3,675,547	－
13	6,073,122	4,481,625	3,924,341	437,605
14（見込み）	6,796,319	5,133,009	4,276,538	780,835
15（見込み）	6,950,841	5,539,116	4,504,989	958,898

注 1．内国債は、国債発行額の大半を占める。内国債には、「普通国債」と「その他の国債（特別国債）」が、含まれる。
　 2．「その他の国債」には、財投債（財政融資資金特別会計国債）と三種類の少額の国債が含まれる（表 5 － 2 参照）。
　　　平成15（2003）年度の場合、
　　　内国債553兆円＝普通国債450兆円＋財投国債95兆円＋三種類の特別国債 7 兆円（端数切捨）
出典：財務省「財政関係諸資料」平成15年 8 月による。

第 2 節
地方、財投を含めた長期債務残高

1．国及び地方の長期債務残高

　平成15年度末見込みの国および地方の長期債務残高は686兆円程度に上ると見込まれており、我が国財政は依然として極めて厳しい状況にある。なお、長期債務残高とは、公債残高、借入金残高等の国の長期債務と地方債残高とを合計したものである[*1]。
　平成15年末の国の債務は518兆円となっている。これは、公債残高、借入金残高等の表債務の合計額のみを含み、複雑な会計操作によって生じた隠れ債務や政府関係機関（特殊法人）が抱えている借入金は除外されている。
　同年度には、地方自治体のかかえる債務が199兆円に上る。ここでも、国との関係で複雑な会計処理によって生じた隠れ債務や地方外郭団体や半官半民の

表5－4　国・地方長期債務残高の推移

(単位：兆円)

		5年度末 (1993年度末) 〈実績〉	10年度末 (1998年度末) 〈実績〉	13年度末 (2001年度末) 〈実績〉	14年度末 (2002年度末) 〈補正後〉	15年度末 (2003年度末) 〈予算〉
国		246程度	408程度	514程度	542程度 (494程度) ※解説	518程度
	普通国債残高	193程度	295程度	392程度	428程度	450程度
地　　方		91程度	163程度	188程度	194程度	199程度
国と地方の重複		▲4程度	▲18程度	▲29程度	▲31程度	▲32程度
国・地方合計		333程度	553程度	673程度	705程度 (657程度) ※解説	686程度
対ＧＤＰ比		68.3%	107.7%	133.9%	141.2程度 (131.4%) ※解説	137.6%

※解説　平成14年度末の（　）内は、郵政事業特別会計及び郵便貯金特別会計の借入金残高（合計49兆円程度）を除いた場合の数値（両特別会計は平成14年度末で廃止）。
注1．平成14年度末の普通国債残高は、15年度借換国債の14年度における発行予定額（約9兆円）を含む。
　2．GDPは、平成14年度は実績見込み、15年度は政府見通し。
　3．この他、平成15年度末の財政融資資金特別会計国債残高は96兆円程度である。
出展：財務省HP「財政の現状と今後のあり方」平成15年9月による。

会社である第三セクターが抱えている借入金は除外されている。

　国の債務518兆円と地方債務199兆円を足すと717兆円となる。ここから、国と地方に重複して計算されている32兆円を差し引くと686兆円[1]となる。この額は、対GDP比137.6%と巨額に上る。しかも、年々増加傾向を示している。

2．債務の重さ

▷政府債務と個人所得

　先述のように、日本の人口を1億2,750万人として、国と地方の債務の合計

686兆円を子どもも含めた国民一人あたりで頭割り換算すると538万円になる。4人家族で計算すれば2,152万円にもなる。後述の総務省『家計調査報告』にしたがって、1世帯の平均年間収入を748万円とすると、目に見える公表債務だけでも年収の2.87倍に相当する。

▷政府債務と家計貯蓄

政府債務がこのまま膨張し続けた場合、最終的には、家計の貯蓄を国家財政赤字の解消に使わない限り財政健全化は望めないという理屈になる。このことは、国民の大半が認識しており、近年の国民意識調査アンケートの回答では、「将来の増税は避けられない」と答えた人が70％にも上っている。

仮に、政府と地方の総債務を家計の貯蓄等の資産を取り崩して返済すると、日本の個人資産はほとんど消滅する計算になる。これ以上債務が増大すれば、近い将来避けられない大増税によって相殺されるしかない状況に陥っている。

国民資産のうちで国民が自由に処分できる部分は、金融資産等に限られている。土地や建物、機械等は使用に供されていることが多いため、増税されたからといって直ちに国家債務の返済に充当することはできないからである。

ところが、日本の家計の保有する貯蓄額は年々減少し、負債額は増加する傾向にある。総務省が発表した平成14年平均の家計貯蓄調査[*2]によると、1世帯あたりの貯蓄の現在高は全世帯平均で1,688万円である。それに対して、1世帯あたりの負債の現在高は537万円で、差し引き純資産は1,151万円になる。総務省家計調査は、独身世帯を除いて1世帯2人以上を対象としている。1世帯平均3人と低く見積もっても、一人あたりの負債額を差し引いた純貯蓄額は383万円にすぎない。

前述のように、平成15年度末の国と地方の債務合計額686兆円を一人あたりに直すと538万円となる。この金額を家計の一人あたり純貯蓄資産388万円から差し引くと、日本国民はほとんど資産を保有していないことになる。そればかりか、国民全員が平均150万円の負債を背負っている計算になる。これはあくまでも、国債の最終負担者が日本国民であるとした場合の仮定計算である。

---

(1) 計算上は、国債務518兆円＋地方債務199兆円＝717兆円。717兆円−32兆円＝685兆円となるが、各項目の端数処理の関係で686兆円となる。

「日本の国債の保有者は国内の投資家なので、資産と負債を相殺し合えば問題は生じない」とする政府債務と国内資産との相殺論がはびこってきた。これは、内国債保有に関する安全神話とでもいうべき議論である。しかし実際には、この理論の根拠はすでに完全に崩れ去っている。我が国には、もはや政府債務と相殺すべき資金はどこにも存在しないからである。

国債発行額よりも個人貯蓄額が少ないという事実は、一見すると矛盾しているように見える。内国債の場合、債務者である国や自治体が発行する国債金額に見合った国債を保有する債権者が国内に必ず存在しているはずだからである。では、何故矛盾しているように見えるかというと、実際の国債保有者には銀行、生命保険会社等の大企業や郵便貯金や年金資金等を投資する公的機関が多く、個人保有割合は少ないからである。確かに、国債利子から受益する国債保有者は法人に多い。しかし、これらの大口資金にも多くの個人資金が間接的に入っている場合が多い。国債の最終負担者を考える場合、個人所得や個人資産との相殺を通して考えることは不自然ではない。

日本の公共機関の保有する債務としては、上記の国と地方の債務以外に、財政投融資計画による多額の貸し出しが生み出した債務がある。先述の道路四公団の40兆円の債務や本州四国連絡橋公団の4兆円の債務が、その典型である。

小泉構造改革の下で、会計検査院は、平成12(2000)年度の決算結果報告書から特殊法人の財政状況検査結果を公表し始めた。前述のように、会計検査院の「平成13(2001)年度決算検査報告」を見ると、財政投融資計画による貸出残高は総額410兆円にののぼる。その貸付先残高を見ると、政府関係機関(公庫・銀行)へ142兆円、公団・事業団等へ110兆円を貸し出している。これらの合計は252兆円となっている[*3]。

財投機関の生み出した債務については、租税を投入しない事が政府方針となっている。しかし万一、これまでの政府公社や事業特会と同様に、道路四公団や本州四国連絡橋公団の抱える債務が国民の租税で清算されることになれば、長期債務がさらに増加する。そうなると、国民資産のマイナス勘定がさらに増大することは確実である。

第3節　様々な国債

1．普通国債（6種類）

表5－6　普通国債の種類（平成15年度末）

（単位：億円）

①建設国債	219兆4,420億円
②特例国債	206兆1,365億円
③減税特例国債	5兆6,578億円
④国鉄清算事業団継承債務借換国債	15兆9,449億円
⑤国有林野事業継承債務借換国債	2兆7,947億円
⑥交付税及び譲与税配付金承継債務借換国債	5,231億円
合計	450兆4,990

出展：財務省ＨＰ『財政関係諸資料』「国の長期債務について」
　　　平成15年8月。

　普通国債には6種類ある。その総残高は450兆円に上る。その中では、①公共事業等に充当される建設国債219兆円（内国債全体の31.6%）、②経常財源を補充するための特例国債206兆円（同29.7%）の二つが、大きな割合を占める。それ以外では、③減税財源の補填をするための減税特例国債6兆円、④国鉄清算事業団の債務を承継するために発行された国鉄清算事業団継承債務借換国債、⑤同様に、国有林野事業の債務を承継した国有林野事業承継債務借換国債、⑥地方交付税支払いでできた債務を借り替えた交付税及び譲与税配付金承継債務借換国債、がある。

▷建設国債

　前述のように、昭和41（1966）年度の当初予算で、戦後初めて建設国債が発行された。発行当初、建設国債発行をめぐっては様々な議論があったが、結局、最後には「見合いの資産」が残るという大義名分で押し切られてしまった。

表5－7　建設国債（平成15年度末見込）

項　目	金額	債務の特徴	債務の原因
建設国債	219兆円	資産形成が建前	不要不急の公共事業

出典：財務省HP『財政関係諸資料』等により、筆者が作成。

「見合いの資産」とは、公共事業を通じて債務の対価となる社会資本が形成されることを意味する。その結果、財政法第4条「公債発行原則禁止規定」が有名無実化し、それ以後、毎年建設国債が発行された。

戦後の我が国に特有の国家主導型の社会資本形成政策が、建設国債の累増をもたらした。今日では、毎年の各省庁ごとの公共事業費の配分額や配分比率が固定化しているため、建設国債の発行は、もはや毎年の予算に組み込まれ、経常財源と化している。

また、建設国債の最長償還年限が、社会資本の最長耐用年数に合わせて60年等と長く設定されている。その償還年限に応じて、何度も借り換えられるため、国債が償還されるには膨大な年限を要する。そのため、借換国債の発行額が増大した結果、建設公債残高が今日の219兆円という巨額に達したのである。

▷**特例国債**

表5－8　特例国債（平成15年度末見込）

項　目	金額	債務の特徴	債務の原因
特例国債	206兆円	経常経費の補塡	財政支出拡大による景気刺激策

出典：財務省HP『財政関係諸資料』等により、筆者が作成。

昭和51（1976）年以降、特例国債がほぼ毎年発行されている。バブル景気の余韻で税収が豊富にあった平成3〜5年を除いて、特例国債は発行され続けた。特例国債は、不況期の税収不足の時期に公共支出拡大による景気刺激を目的として発行された。そのため、バブル不景気が本格化する平成6（1994）年度以降、その際限ない膨張が続いた。しかし、特例国債発行政策が景気回復に寄与することはほとんどなかった。

また、フィスカル・ポリシーを説く公債理論に反して、好景気の時期にも特例国債が発行され、大規模に償還されることはなかったため、特例国債残高は急増し続け、今日の206兆円という巨額に達したのである。

▷減税特例国債

表5－9　減税特例国債残高　平成15年度末（見込）

項　　目	金額	債務の特徴	債務の原因
減税特例国債	5.7兆円	減税財源の補てん	バブル崩壊後の景気刺激のための安易な減税

注．本表にある5.7兆円は、平成6～8年にかけて発行された減税特例国債の残高である。

▷財源なき減税による将来負担の増加

　平成6年から8年にかけて、総額6兆円に上る所得税の特別減税が実施された。その減税財源に充当するために国債を発行して調達したため、通常の特例国債の発行とまったく同じ結果になった。特例国債の発行を表面化させないための苦肉の策としての国債発行でもあった。これは、バブル崩壊に伴う景気後退を緩和するための減税政策であったが、結果として特例公債の大量発行を余儀なくされた。

　当時の政権の人気取りのための安易な減税公債の発行は、景気回復効果がまったくなく、景気回復の起爆剤とはならなかった。要するに、安易な減税政策は政権の延命策として役立っただけで、国民の利益にはならなかったのである。結局、政府の人気取りのための一時しのぎの減税政策は、後年度に大きな負担をもたらした。

　この減税政策によって、後世代には、元本のみでなく利子も含めた公債償還という重い財政負担と将来の国民負担率の増大という結果だけが残された。一時しのぎの景気対策減税が、後世に大きな負担を残す結果をもたらした典型的な事例であった。

　1990年代の欧米諸国の財政再建では、「今日の減税は明日の増税につながる」という標語が各国に共通して使用された。しかし我が国では、この原則が忘れられていた。この減税によって、この格言通りの結果がもたらされたことになる。

▷ 平成6～8年特別減税詳細実施状況

❶ 平成6年分所得税特別減税——1年限りの措置として、平成6年分の所得税について所得税額から20％相当額（最高200万円）を控除する定率減税が実施された[*4]。当年度の減税特例国債の発行額は3兆3,337億円であった[*5]。

特別減税の実施方法は、給与所得者の場合、平成6年1月から6月までの間に支払われた給与等について、その源泉徴収額の20％相当額（最高100万円）を原則として同年6月に還付するものであった。平成6年分の年末調整の際に、年税額の20％相当額から上記の還付金額を控除した残額が控除された。公的年金等については、給与所得者と同様の取り扱いとされた。事業所得者等の場合は、平成6年分の確定申告書の提出の際に、所得税額からその20％相当額が控除された。

❷ 平成7年分所得税特別減税——当時の景気に配慮して、平成7年分の所得税について、制度減税後の税額から15％相当額（上限5万円）を控除する特別減税が実施された[*6]。当年度の減税特例国債の発行額は2兆8,511億円であった[*7]。

❸ 平成8年分所得税特別減税——平成8年分の所得税について、平成7年に引き続き、所得税額から15％相当額（上限5万円）を控除する定率減税が実施された[*8]。当年度の減税特例国債の発行額は1兆8,796億円であった[*9]。

▷ 国鉄承継債務借換国債等

国鉄債務を国が承継したことによって、新たに二種類の国債が生まれている。第一に、普通国債に属する「国鉄事業団承継債務借換国債」15.9兆円である。これは、国鉄債務の本体部分を引き継いだものである。国鉄の時代に借入金として残っていたものを繰り上げ償還して、その財源を国債発行によって賄ったものである。第二に、特別国債に属する「国鉄清算事業団債券等承継国債」5.1兆円である。これは、国鉄清算事業団のかかえる債券を同様に国債によって返済したものである。以上の二つを足すと21兆円になる。

国鉄は、政府会計以外の「公社」という政府系の会社であった。これは、現

表5−10 国鉄債務継承の二種類の国債（平成15年度末見込み）

項　目	金額	債務の特徴	債務の原因
国鉄清算事業団承継債務借換国債（普通国債）	15.9兆円	国鉄（公社）の借入金債務を国債で繰上償還	不採算事業の継続
国鉄清算事業団債券等承継国債（特別国債）	5.1兆円	国鉄清算事業団債券を国債で返済	〃
合　計	21兆円		

出典：財務省HP『財政関係諸資料』等により筆者が作成。

在の「特殊法人」と呼ばれる政府関係機関に匹敵する。当初の国鉄総債務28兆円を折半して、半分は民営会社JRが引き受けた。民営会社JRの引き受け分の債務の方は、効率的な経営のもとで次第に減少している。当時の国の財政には余力があったため、何とか国鉄債務の半分を引き受けることができた。

今日では、政府関係機関である道路公団の民営化に際しての債務処理問題で同様のケースが生じているが、現在の膨大な国家財政赤字のもとでは、その債務を国が引き受けることは困難である。その債務は、極力、新会社である特殊法人に引き受けさせることになるであろう。

しかし、国鉄債務の政府引き受け分21兆円の国債償還が60年間も続くことを考慮すると、この債務処理策はただ抜本的な解決策を後世に残しただけであった。

▷国有林野事業承継債務借換国債

表5−11 国有林野事業承継債務借換国債（平成15年度末見込）

項　目	金額	債務の形態	債務の原因
国有林野事業承継債務借換国債（国債で返済）	2.8兆	特会借入	不採算事業の継続

出典：財務省HP『財政関係諸資料』等により筆者が作成。

国有林野債務（特別会計）2.8兆円は、国有林野特別会計が借り入れていた金額である。森林事業の採算悪化によって、国有林野特別会計には全体で3.8

兆円の借り入れがあったため、そのうちの2.8兆円を一般会計で引き継いだものである。残りの1兆円は、国有林野特別会計で事業を実施しながら少しずつ償還していく計画になっており、返済見込みという建前になっている。

国鉄と異なって、国有林野事業は政府会計内部の特別会計であり、長年にわたって非効率な事業運営を続け、負債を増し続けた。政府の責任はより重いにもかかわらず、政府関係者の誰一人この事業の経営責任をとることはなく、債務の多くが国民の肩に背負わされた。

長期国債発行による国有林野債務処理の結果、2.8兆円の負担が60年以上もの間、国民の負担としてのしかかることになった。今後、特別会計の不採算事業の存在がさらに発覚すると、このようなケースがどんどん増大することになる。

今日では、事業特別会計の運営規律が問われている。原則として、採算性が特別高い事業なら継続的に収益を上げることができるので、民間資本によって運営できる。競争原理がはたらけば、価格が下がりサービスが向上するというメリットもある。

国有林野事業が採算割れに陥った理由は、事業自体の特質上、避けられない問題なのか、あるいは経営上の問題なのかということが吟味されなければならない。国営事業では、「最後には税金で支払ってくれる」という甘えがある以上、いかなる好条件の事業でも、最後に赤字経営に陥ることは避けられない。

どんなに経営環境の良い採算性の高い事業でも、採算性を無視して投資を増大し続けていけば、「投資の限界効率の低下」の法則によっていつかは採算割れとなることが避けられない。まして、「親方日の丸」の政府経営になると、無際限の事業拡大によって不採算事業に転落することは避けられない。

様々な収益事業に特別会計を設置することの意義も問われている。今後は、事業特別会計を設置する場合には、政府が経営することが不可避な分野に限定すべきである。それ以外の分野は、できるだけ事業特会を廃止して民間経営に委ねるべきである。政府機能としては、民間企業に対する監視機能だけを残す方が効率的である。そして、国有林野の場合は、政府の役割を国有林の管理機能に限定すべきである。やむをえず事業特別会計としての存続を図る場合には、運営規律と会計規律を厳しくすべきである。

▷交付税及び譲与税配付金承継債務借換国債

バブル崩壊でひっ迫した国家財政では、もはやこれまでと同様の地方財政支援策を継続する余裕はない。それにもかかわらず、毎年、既定の算出方法に基づく地方交付税を支出し続けた結果、国家財政には膨大な債務が生まれている。これは、膨大な地方交付税の支出によって生じた債務の一部を一般会計の国債発行を通じて将来世代の負担を増やすことによって、まかなったものである。

表5－12　交付税及び譲与税配付金承継債務借換国債（平成15年度末見込）

項　目	金額	債務の特徴	債務の原因
交付税及び譲与税配付金承継債務借換国債	0.5兆円	地方交付税の立替払いを国債に置き換えたもの	規定額の地方交付税支出による地方財政支援策の継続

出典：財務省ＨＰ『財政関係諸資料』等により、筆者が作成。

2．特別国債（4種類）

表債務である一般会計特別国債は、総額103兆円に上る。その内訳は、①財政融資資金特別会計国債（財投債）95兆円、②交付国債0.3兆円、③出資国債2兆円、②国鉄清算事業団債券等継承国債5兆円、の4種類である。

▷財政融資資金特別会計国債

国債の中に、財政融資資金特別会計国債（財投債）がある。財政投融資改革がなされた平成13年4月から郵貯資金等の資金運用部への預託義務がなくなったため、郵貯資金等は金融商品の購入等に自主運用できるようになった。その後、新たに資金運用部に入ってくる郵貯の預託金、年金積立金等を財政融資資金特別会計[2]で自主運用を可能にした。預託義務がなくなった後も、財政融資資金特別会計から特殊法人等に対して政策的な貸し付けがなされている。

財投債は、平成13年度から新たな制度ができたために、一挙に融資残高が増えたものである。将来、貸付金が返済されれば国民の税負担が増えるわけではない。これは国債ではあるが、将来税金で返済するものではないため、国の長

表5-13　特別国債等の内訳と金額（平成15年度末）

特別国債の種類	金　額
財政融資資金特別会計国債（財投債）	95兆8,898億円
交付国債	2,735億円
出資国債等	2兆965億円
国鉄清算事業団債券等継承国債	5兆1,529億円
合　計	103兆4,127億円

注.「特別国債」とは、これらの国債の果たす特別な役割に着目した表現である。一般に定着した用語ではないが、ここでは便宜上、内国債のうち普通国債を除いたものを指す。
出展：財務省HP『財政関係諸資料』「国の長期債務について」（平成15年8月）による。

期債務からはずされている。しかし、どの程度自主的な返済が可能かは今後明らかになる。

　独立性の高い個々の事業を特別会計の対象とすることは、会計区分の観点からは望ましい。しかし、収益性の高い事業の場合には、収益の一部を一般会計に繰り入れる必要が生じる。逆に、収益性の低い事業については整理統合が必要になる。これらの課題が臨機応変に達成されていれば、特別会計設置の意義は大きい。しかし実際には、借り入れの積み重ねによって赤字会計がそのまま存続し続けたり、収益性を確保する努力がなおざりにされるといった現状がある。

▷交付国債

　交付国債、出資国債等が合わせて2.3兆円規模に上っている。交付国債は、弔慰金や寄付金に代えて大陸からの引揚者等に交付する国債である。つまり、「先の大戦により物的、精神的に損害を受けた戦没者の遺族の方や引揚者」に交付される。年金のように現在も交付されており、いつでも現金に換えることができる。ひとたび戦争をすると財政負担は膨大になるため、その返済は半世紀後にも及ぶ場合があることが分かる。

▷出資国債

　拠出国債として、国際機関に対して出資金の代わりに拠出するものである。

現金不足を補うために、国債そのものを拠出するという性格をもっている。償還請求のあった場合に現金を与えるというものである。普通、国債は歳入を補填するために発行されるが、それとは別の役割をもっている。政府の当面の現金不足を緩和して財源不足額を補う点では、他の公債と同様である。

▷国鉄清算事業団債券等承継国債

　国鉄清算事業団債券等承継国債が5兆円に上っている。個々の事業団ごとに資金調達のための債券を発行できることになっているため、慢性的な資金不足にあえいでいた国鉄清算事業団が多額の債券を発行した。国鉄民営化に際して、この債券を処理するために国が国鉄清算事業団債券を承継して、それを借り換えるために国債を発行したものである。事業団債券を借り換えた場合も「借り換え債」と呼ぶ。債権保有者から見ると、その返済元が清算事業団から国に代わったものである。

　要するに、返済義務のある債券を国が承継したものである。言い換えれば、国鉄事業団債券を国が全額繰り上げ償還したものである。その財源は、国債を借り換えて発行することによって賄われた。新たに借り換え債を発行したために、国債の発行額が増えたことになる。

---

(2) 財政融資資金特別会計は、財政融資資金の運用に関する歳入歳出を一般会計と区分して経理するために設けられている。ここにいう歳入とは、財政融資資金の運用利殖金、公債発行収入金および借入金、財政融資資金からの受入金並びに附属雑収入であり、歳出とは、財政融資資金預託金の利子、財政融資資金の運用損失金、運用手数料、事務取扱費、一時借入金および融通証券の利子、公債および借入金の償還金および利子、財政融資資金への繰入金、公債および融通証券の発行および償還に関する経費等である。(財務省HP『財投レポート　2003』)

第4節 建設国債と赤字国債

1．建設国債と赤字国債の法律上の相違

　建設国債と赤字国債には法的な相違があるがしかし、今日では建設国債も赤字国債も本質的な区別を失っている。両者は、毎年コンスタントに予算に計上され、毎年の国家財政に組み込まれている。今日の公債大量発行時代には、様々な公債が絶え間なく発行されており、そこでは法律上の公債の種類の相違は公債政策上の意義を失っている。

　現在の財政制度では、建設国債については「財政法第4条」[(3)]で既定されており、その本則では、国債発行は原則として禁止されている。しかし、財政法第4条の「但し書き」で、例外規定として、公共事業費、出資金および貸付金の財源に充当する経費についてのみ、国会の議決を経た範囲内で公債発行が認められている。

　財政法第4条における公債発行原則禁止の規定は、第二次世界大戦中の不生産的な赤字国債大量発行による戦費支出増加による無謀な戦争遂行と戦後インフレに対する反省に基づいて創設された。

　建設国債発行が容認されてきた理由は、国債発行額に見合った資産が残るため、純粋な債務ではないという考え方が支配的であったためである。この例外規定が恒常化してきたことによって、今日の建設国債の大量発行がもたらされた。

　建設国債を優遇する制度は、世界の先進国の財政において特殊な形態である。欧米先進国の中で、明確に建設国債制度をもつのは先進国では日本とドイツだけだが、イギリスにも類似した制度がある。

表5-14 建設国債と赤字国債の違い

	根拠法	法令による通称	見合いの資産（形成資産）	経費充当事業実施期間	景気対策機能期待度	最大償還年限	発行開始年度
建設国債	財政法第四条「但書」	四条公債	公共事業による社会資本整備	複数年度	事業期間が長いため景気波動調整効果は少ない	60年	昭和41年から発行
赤字国債	毎年の「特例法」	特例公債	なし	単年度（原則上）	支出期間が短いため、一過性の効果しかない	借替が進み、建設国債と同様、長期化傾向	昭和50年から発行

注1．赤字国債も建設国債も券面上の区別はない。いずれも、後世代の税金で償還される。
　2．筆者が作成。

2．赤字国債の問題点

　赤字国債は、単年度ごとの不況対策や減税対策等による財源不足を補うために発行されてきた。つまり、歳入不足に伴って特例的に発行されてきた国債である。この国債は、それによって形成された資産が残らない純粋な債務であるために「赤字国債」と呼ばれる。財政法によらず、毎年制定される特例法[4]によって発行されるため「特例国債」とも呼ばれる。特別国債は、年度ごとの特例法で例外的に発行されてきたにもかかわらず今日では毎年の予算で例外が恒例化しているため、もはや「通常国債」となっており、「特例国債」と呼ぶべき実態ではなくなっている。

---

(3) 財政法第4条「国の歳出は、公債又は借入金以外の歳入を以てその財源としなければならない。但し、公共事業費、出資金および貸付金の財源については、国会の議決を経た金額の範囲内で公債を発行し又は借入金をなすことができる。
　　2．前項但書の規定により公債を発行し又は借入金をなす場合においては、その償還の計画を国会に提出しなければならない。
　　3．第一項に規定する公共事業費の範囲については、毎会計年度、国会の議決を経なければならない。」

財政構造改革とその行方については、財政健全化の方策として最も重要な課題である。赤字国債増発の問題点については、平成8～9年の財政構造改革期に盛んに議論された。しかし、肝心(かんじん)な国債発行の歯止め策についてはあいまいにされてきた。

国の赤字国債大量発行政策は、家計に置き換えると、将来の重要な支出を犠牲にしてハワイ等へ海外旅行をすることに等しい。現在の家計支出を優先することによって、成長する子どもの将来の教育費を犠牲にすることと同様である。

国の赤字国債発行政策は、現在の一過性の支出を優先させることによって将来の長期的な支出計画を犠牲にすることを意味する。この場合、現在の支出が将来の支出を先取りするため、将来の支出は犠牲になる。家計において、収入を超えた贅沢(ぜいたく)な支出をすれば、最後は結局収入を削(けず)って返済する以外になくなるのだが、これは国家においてもまったく同様である。

3．建設国債の問題点

▷家計との比較

大量に発行された国債の中で赤字国債の削減策のみが優先されてきた。建設公債についても問題は大きいにもかかわらず、野放し状態になってきた。実際には、建設国債発行の理論的根拠は極めて薄弱である。

国の建設国債発行政策は、家計にたとえれば長期間の住宅ローンを組むことと同様である。ある家計で年収をはるかに超えた住宅ローンを組み、「親子二世代ローン」で、子どもの世代にまでローンを引き継がせたとする。この場合、親の返済可能期間が30年しかない場合、子どもの返済期間を加算して50年に及ぶ住宅ローンを組むことができる。一世代では返済が不可能になるため、最後の20年間は子どもの負担になる。子どもにとっては、この住宅ローン返済期間の20年間は、自由な生活が束縛されることになる。

ただし、家計の債務の方が国家債務よりもましである。「親子二世代ローン」を組むにあたっては、子どもと相談してその同意が必要とされる。それに対して、国の公債発行による公共事業については、60年間という長期のローンを組む場合に等しいにもかかわらず、債務返済義務の生じる次世代の納税者からは

いかなる同意も得ていない。この点において、国家の建設国債発行による債務は将来の負担者に対して一方的な性格をもっているため、家計の住宅ローンの場合よりも世代間負担の公平性についての問題が大きいといえる。

▷公債発行対象事業との関係

住宅ローンのような家計債務であれば、どんな特定の債務でも、その債務がどの住宅を購入するための資金調達なのか明確である。ところが、国家債務ではこの基本原則が不明確になっている。

従来の財政理論では、建設公債が正当化される理由として、公共事業費の費用負担について世代間の負担の公平の原則を根拠としてきた。それが可能になるためには、将来世代の負担となる公債償還年限は事業継続年度に対応する必要がある。発行された公債は、事業年度の長さに対応して償還されるはずであった。しかし実際には、事業継続年限と公債償還年限には対応関係がない。

特定の公共事業の建設資金は個別事業ごとに調達されると考えがちである。しかし実際には、建設国債については、対象事業ごとに区別されているわけではない。年度ごとに発行された国債全体について、赤字国債と建設国債との抽象的な区別があるだけである。ここでは、個別事業ごとの事業財源とその経費を調達した国債との関係は失われている。

つまり、ある事業の経費が最長60年償還の長期国債発行によって調達された場合、年度ごとの建設国債のあん分割合だけが示される。そしてその後は、こ

---

(4) 「平成15年度における公債発行の特例に関する法律」(国会提出：平成15年1月24日) 施行日：平成15年4月1日。(目的) 第一条「この法律は、平成15年度における国の財政収支の状況にかんがみ、同年度における公債の発行の特例に関する措置を定めることにより、同年度の適切な財政運営に資することを目的とする。」(特例公債の発行等)
第2条「政府は、財政法 (昭和22年法律第34号) 第4条第1項ただし書の規定により発行する公債のほか、平成15年度の一般会計の歳出の財源に充てるため、予算をもって国会の議決を経た金額の範囲内で、公債を発行することができる。2．前項の規定による公債の発行は、平成16年6月30日までの間、行うことができる。この場合において、同年4月1日以後発行される同項の公債に係る収入は、平成15年度所属の歳入とする。3．政府は、第一項の議決を経ようとするときは、同項の公債の償還の計画を国会に提出しなければならない。4．政府は、第一項の規定により発行した公債については、その速やかな減債に努めるものとする。附則この法律は、平成15年4月1日から施行する。」
(財務省資料「第156国会における財務省関連提出法案」)

れを基に国債のその後の管理がなされる。その場合、年度ごとに発行された国債総額と発行国債に占める建設国債のシェアを基準として、その後の借り換え、償還について追跡・管理されているにすぎない。つまり、特定事業の財源として発行された国債について、事業経費のどれだけが償還されたのかは、年度ごとに発行された公債全体に占めるシェアでしか解明されない仕組みになっている。

▷赤字国債との区別の喪失

　建設国債と赤字国債は、券面上の区分がないことは常識である。建設国債と赤字国債の違いについては、国債の証書を見ても分からない。両者は、発行根拠法に従って区別されているだけである。毎年度の建設国債の発行対象となる建設事業は、「建設国債発行対象経費」として年々の予算に一括して計上される。赤字国債との違いは、このリストとの対応関係があるかどうかだけである。各年度ごとの公共事業に支出される予算額全体から税金で充当される分を差し引いて、建設国債発行額が決定される。

　国債発行当局は、発行した国債の券面1枚ごとに管理しているのではなく、国債の銘柄ごとに管理している。建設国債と特例国債の発行割合に基づいてその後の管理をしている。ある年度に10年国債を1兆円発行したとし、そのうち6割が建設国債、4割が特例国債であったとする。この国債が10年後に満期一括償還されたときは、同じ割合で償還されたと考えるのである。

▷借り換えによる区別の喪失

　しかも、いったん国債が発行されると、その後、様々な期間の設定された新規国債に自由に借り換えられる。そうなると、国債発行対象事業とその経費を調達した国債との対応関係はますます失われる。そのため、ある個別事業について、その事業費をどの世代が最終負担をしたのかは明確にならない。

　建設国債の60年償還ルールは、公共財の最長使用期間に合わせて定められた。この場合、10年国債が10年ごとに借り換えられ、5回借り換えると60年になる。最初の年度には、6分の1だけが一般会計の歳出として税金で償還される。残りの6分の5は、新たに借り換えられる。そうすると、その借り換えられた分

は建設国債として存在し続けることになると考えるのである。

近年では、財源不足のため、すべての国債をできるだけ頻繁に借り換えて長期間で償還しようとする傾向があるため、赤字国債との区別はますます失われつつある。

最初は建設国債として発行された国債であっても、その償還期間が60年などと長いものは途中で5回も借り換えられることになる。ひとたび発行された国債について、その借換過程を最初から最後まで見届ける必要がある。ここでは、発行当時建設国債であったものは、首尾一貫して最後まで建設国債であり続けるという理屈になる。しかし実際には、建設国債が60年にわたって償還される場合、当初から10年ごとに6分の1ずつ償還されると、その都度大量の特例公債が増加することと変わりがなく、将来の世代が大量の特例国債を負担する場合と同様の結果が生じてしまうことは避けられない。

▷将来世代の投票権と事業の必要性予測の困難さ

建設国債の目的は、将来にわたって存続する公共財の負担について、それを受益する後世代の人々にもその費用を負担させることにある。しかし、その負担が60年のような長期にわたると、遠い将来まで債務を先送りすることになる。その場合、それを負担する世代にどの程度建設事業の受益が及ぶか判別不可能になるため、世代間の公平負担の面で問題が大きくなる。

現代の世代や投票権のない後の世代に対して、必要とする公共財の量と種類を尋ねる手段がないため、投票権のない世代にまで費用を負担させることは危険である。なぜなら、長期間存続する建設国債から各世代が受け取る受益の額はあいまいだからである。

建設国債が、公共事業や貸付金に充当されるという本来の役割を果たしたとしても、事業の必要性についての将来予測の困難さという大きな問題が残る。現在の世代が公共事業として優先順位の高い課題と考えていることが、将来の世代にとっては必ずしも必要ではない場合が多い。逆に、公共事業が環境破壊を引き起こして、のちの世代を苦しめることも考えられる。

長い間の社会の変化によって国民生活も変貌してきた。今日では、戦後の高度経済成長期に建設されたダムや水力発電所は、その意義が問われている。ダ

ムは、上流からの土砂の堆積によって、当初考えられていたほど長くは使用できなくなっている。ダムも水力発電所も、川枯れによってその意義を失っている。

のちの世代の納税者にとっては、国債の返済義務が残るだけである。それが、建設国債であるか特例国債であるかはまったくどうでもいいことである。建設国債の発行対象となる資産が仮に有意義であったとしても、老朽化すれば利用することはできず、維持・管理費がかさむだけである。そう考えると、建設国債制度には大きな問題がある。

第6節 借入金の構造

1．借入金（一般会計・特別会計）の概容

国の資金不足部分は、一般に国債を発行することで賄われる。借入金は、それとは違う特別な資金調達のことである。かつて、借入金の多くは「隠れ債務」として取り扱われ、公債のように表に出ることは少なかったが、近年の借入金の増加に伴って公債と並んで公表されることが多くなった。

表5-15には、平成9年度から13年度までの一般会計と特別会計の借入金の推移が示されている。

右の表を見ると、借入金の大半を特別会計が占めている。特会借入金は、以下に示すように、様々な会計間の資金移動によって年度による金額の変動が大きい。平成8年度以降、一般会計の借入金は減少傾向にある。それに対して、会計間の資金移動等によって特別会計の借入金は増加傾向にある。

表 5 －15　借入金（一般会計・特別会計）金額の推移

（単位：億円）

借入会計	9年度	10年度	11年度	12年度	13年度
一般会計	93,823	118,642	80,096	58,563	50,111
特別会計	741,817	851,710	976,336	1,042,365	1,045,351
借入金　総計	835,640	970,353	1,056,432	1,100,928	1,095,462

出典：財務省理財局編『国債統計年報』平成13年度版等による。

2．一般会計借入金の内訳

▷旧臨時軍事費借入金

　表5－16には、一般会計借入金の金額の推移が示されている。そこにある「旧臨時軍事費借入金」とは、第二次世界大戦の戦争遂行のための経費である。国債等を発行して戦費を調達したが、債権者が不明になり、返すあてがなくなった債務である。戦争の混乱によって貸出先が不明になったため、計上し続けられている。元本の名目価値は固定されていて、変動はない。戦後の何回ものインフレの恩恵を被って、実質価値は激減している。利子がついて膨張していくという性格のものではない。

▷交付税特別会計借入金の一般会計継承分

　オイルショック後の昭和59（1984）年に、地方財政が税収不足に陥ったために、国の地方交付税が支出超過となって逼迫してきた。そこで、交付税で賄い切れない部分が、交付税及び譲与税配付金特別会計からの借り入れで賄われた。地方財政の制度改革をした際に、この借入金を国の一般会計で承継したため、そのまま借入金として残されたものである。その後、この借り入れの残高が増加し、昭和59年には11兆円にまで膨張した。その後、地方の負担すべき6兆円と国が負担すべき5兆円を確定した。

　国が負担すべき5兆円は、一般会計が引き受けることになった。昭和59年当時の承継分が5兆円であったが、平成13年現在、この金額は4兆円が返済され

表5－16　一般会計借入金金額の推移

(単位：億円)

	9年度	10年度	11年度	12年度	13年度
旧臨時軍事費借入金	414	414	414	414	412
交付税及び譲与税配付金借入金	40,878	33,167	24,663	15,281	11,038
旧日本国有鉄道借入金	45,576	43,573	41,180	38,369	35,190
旧日本国有鉄道清算事業団借入金	6,953	41,487	13,837	4,498	3,467
国有林野事業借入金	—	—	—	—	—
合計	93,823	118,642	80,096	58,563	50,111

注．各事業項目の1億円以下の端数を切り捨てたため、合計金額にはその分の誤差がある。
出典：出典：財務省理財局編『国債統計年報』平成13年度版等による。

て1兆円程度までに減っている。旧国鉄債務と同様に、国が過半を負担することになったものである。特別会計で借り入れても、結局、最後には一般会計の負担になってしまう例である。

▷旧日本国有鉄道借入金

　これは、平成10（1998）年以前から存在した旧国鉄債務の一般会計継承分である。この債務には、財投借入れとして資金運用部と簡易保険から借り入れていたものと、民間金融機関から借り入れていたものが含まれていた。昭和61年と平成2年、平成9年に、この債務が一般会計に継承された。

　平成10（1998）年には、当時、国鉄内に借入金として滞留していた債務を一括して国が承継した。一般会計が引き継いでからこの債務は年々減少しているが、平成13（2001）年度末にはまだ3.5兆円も残っているため、一般会計借入金のうちで最高額になっている。

　国鉄の放漫経営の継続によって不生産的な支出を増大させたつけが、今日まで及んでいるのである。公営企業の生み出した債務のつけについて、いったいどこまでを国民の租税で負担すべきなのか、この問題は、今日の特殊法人の民営化に際しての債務の処理策をめぐって国民に問いかけられている。

▷旧日本国有鉄道清算事業団借入金

　この借入金の性格は、基本的には「旧日本国有鉄道借入金」と同様である。その特徴は、近年になって、旧日本国有鉄道清算事業団が借り入れた資金を一般会計が継承した債務だということである。この債務の発生と処理についての経緯は、第7章第1節「旧国鉄債務処理の経緯」で説明されている。

3．特別会計借入金の内訳

　さらに、特別会計借入金が104兆円に上る。特別会計借入金とは、様々な目的でつくられた特別会計のかかえる借入金である。その発生原因は、以下の様々な不採算事業の継続や放漫な支出政策等によるものである。その主要項目の内訳は、郵便貯金特会借入金57兆円、交付税特会借入金42兆円、等である。交付税特会借入金については、前述のように、国負担分と地方負担分とに分けて負担割合をあらかじめ定めているのが特徴である。

▷郵便貯金特別会計借入金

　小泉政権の郵政改革以前の郵便貯金資金の流れを大まかに説明すると、郵便貯金（郵政省）⇒資金運用部（大蔵省）⇒郵貯特会（郵政省）⇒貸付・債券運用（金融自由化対策資金としての自主運用）という経過をたどってきた。

　郵便貯金特別会計借入金は、すべて金融自由化対策資金（自主運用分）である。一度、すべての資金が資金運用部に預託されてから、その後、その一部を郵政省が借りて郵貯特別会計で自主運用するシステムになっていた。自主運用が可能になった理由は、郵政省（郵貯特会）が資金運用部から借り入れ、独自の運用ができるようになったことによるものである。この借入金は、歳入補填のための借り入れではなく、資金運用部からもち戻した資金を高利・有利に運用した結果としての借り入れである。個々の政策目的での運用ではなく、法改正に基づくものであり、中期にわたる資金運用の結果としての借り入れである。

　この金融自由化対策は昭和62（1987）年のバブル期に始まり、それから毎年、資金運用部からの借り入れを積み重ねていったため、借入残高が次第に増えていった。貸し出し先は、証券会社や金融機関である。この資金を、民間の金融

表5－17　特別会計借入金金額の推移

(単位：億円)

借入会計	9年度	10年度	11年度	12年度	13年度
交付税及び譲与税配付金	171,444	211,856	300,436	381,317	425,978
郵政事業	8,091	8,844	9,085	8,838	8,207
郵便貯金	456,500	551,500	588,500	573,500	533,500
石炭並びに石油及びエネルギー需給構造高度化対策	281	545	545	1,164	1,437
特定国有財産整備	5,726	6,313	6,572	6,707	6,034
国立学校	9,140	10,134	10,346	10,372	10,299
厚生保険	14,792	14,792	14,792	14,792	14,792
国立病院	8,255	8,591	9,007	9,436	9,769
農業共済再保険	522	259	52	―	―
国有林野事業	37,446	10,763	11,322	11,906	12,316
国営土地改良事業	11,847	11,745	11,224	10,673	10,254
貿易保険	2,518	1,278	―	―	―
道路整備	333	286	215	143	71
都市開発資金融通	4,711	4,512	4,019	3,447	2,796
空港整備	10,206	10,285	10,216	10,065	9,893
合計	741,817	851,710	976,336	1,042,365	1,045,351

注．各事業項目の1億円以下の端数を切り捨てたため、合計金額はその分の誤差がある。
出典：財務省理財局編『国債統計年報』平成13年度版等による。

機関がどのように運用したかはこの次の問題である。資金の運用には法令上の制限があるため、国債や株式等への運用が膨張した。長期債務に分類されているが、まだ不良債権化したわけではない。

借り入れで調達した資金は、最初はすべて国の郵便貯金への国民の預け金である。そこから複雑な運用ルートが生じてきたのである。国民の資金が、郵貯を介さずに最初から民間債券に投資された方がより高利有利に運用できるため、

もっと利ざやが大きくなったであろう。

　本来、市場経済の中では特別有利ではないはずの郵便貯金に膨大な資金が集中する原因は、様々な優遇措置と、最終的には税金を担保とした元本の保障があるためである。金余りのこの時期に大量の資金を供給すれば、バブル経済を加速することになる。この貸し付けが必要であったかどうかは大いに疑問である。

　昭和62（1987）年から平成12（2000）年までの期間に新規の借り入れがなされた結果として、平成13（2001）年度には借り入れが53兆円にまで膨れた。昭和62（1987）年に郵便貯金特会法の一部改正法が可能になったおかげで、この借り入れが可能になったのである。この資金の償還期限は、原則として10年である。

　この資金は、純粋に金融資産として運用された場合が多く、高利、有利に運用することが目的になっていた。具体的には、国債、地方債、社債、有価証券等の債券の購入が主である。要するに、国、地方公共団体、証券会社や金融機関などに融資された資金である。

　郵便貯金の資金は、財投とは別の資金運用である。財投自体もこのような投資先をもっているが、それとの違いは、自主運用の方が低利の資金を運用しているために有利だということである。

　郵便貯金特別会計借入金は、平成14（2002）年度末見込み（予算）で48兆円程度あった。それはすべて、金融自由化対策資金としての郵政省の自主運用分であった[*10]。しかし、平成15（2003）年度予算では、同年4月からの郵政事業の公社化に伴ってこの借り入れのほとんどが郵政公社に移ることになった。したがって、今後の郵政改革が順調に進んで効率的な経営がなされれば、借入金は返済されるという理屈になっている。

▶財政融資資金特別会計（旧資金運用部）

　平成13（2001）年に、郵貯や年金資金の財投への預託制度が廃止された。それに伴って、資金運用部は「財政融資資金特別会計」という名称に変わり、財投債の発行によって市場資金を集めるための特別会計に生まれ変わった。この会計に財投資金を集めて、そこなら特殊法人等に対する融資が実施されている。

(財政融資資金特会の運用実態については、前述の第4章第2節「財投資金改革」を参照)

▷交付税特別会計借入金（平成15年度末見込）

　交付税特別会計とは、国税3税等の交付税財源を繰り入れておく会計である。本来、一般会計から支出される交付税を地方に配分する際に中継ぎの役割を果たす会計である。この特会の交付税資金が不足する場合には、一時借り入れができることになっている。

　交付税特別会計借入金は、平成15（2003）年度末の見込で48.5兆円程度ある。そのうち、国負担分が16.78兆円程度、地方負担分が31.83兆円程度と定められている[*11]。

　地方自治体が不況下の税収不足で財源が確保できなくなったため、特別会計の借入金として国が背負ったものである。この借入金は、将来的に国が負担すべき部分と地方が負担すべき部分が区分されているため、必ずしも全部が国の借金ではないということになる。しかし、最終的な返済がなされるまでに、国と地方の負担割合は変動する可能性が強い。昭和59（1984）年に、地方負担分と国負担分を区別して整理された。その後、平成に入ってから国の負担分が増え始めた。その後も、借入金総額は増加の一途をたどってきた。特に、平成11年に9兆円増大し、平成12年に8兆円増大している。

　いまや、地方自治体間の財政均衡等、すべてを国の支出で賄う時代ではなくなっている。地方自治体の財源については、自治体が自己責任で確保すべき時代にきている。そのためには、地方自主財源の早急な拡充が求められる。

▷その他の特別会計借入金

　特別会計で事業を実施する場合、法律上、必要があれば借り入れをすることができる。特会は、事業からの収益があればそこで費用を賄うことができるが、収益で賄えない部分を一般会計で賄うこともある。一般会計が資金不足で賄えない部分を、長年にわたって借り入れによって賄って事業をしてきたために、借り入れが11兆円まで増大したのである。

特別会計借入金には様々な問題がある。特別会計は、収益を上げないにしてもある程度の採算をとる必要がある。その採算がとれなくなった時点で、公共性の低い分野は基礎的なサービスを残して活動を停止すべきである。また、民間経営に委ねるべき分野については、必要に応じて民営化を図る必要がある。国民にとって必要なサービスをすべて国が実施する時代はすでに終わったと考えるべきである。逆に、公教育や高度医療等の公共性の高い基礎的なサービスを提供する場合には、無償資金である一般会計の税金で賄う必要がある。一般会計、特別会計を問わず、国民の承認なしに膨張したことが借入金の最大の問題点である。

4．借入金の借入先（一般会計・特別会計）

次頁の表には、平成8年度から13年度までの一般会計と特別会計の借入金をどこから調達したかが示されている。それを見ると、借入金の借入先の大半が財政融資資金（旧資金運用部）であることが分かる。また、この間には、民間金融機関からの借入金も総額は小さいが急増している。

つまり、借入金のほとんどは、郵便貯金や年金資金・簡保資金等の積立金から資金調達されてきたのである。このやり方は公債の引受方法と同様である。つまり、政府資金である一般会計・特別会計の赤字を政府が預かった準政府資金である公的貯蓄性資金によって賄うという安易な方式をとってきたのである。国民の貯蓄性資金を政府が預かっているために、余剰資金があるように錯覚され、会計間の安易な資金移動が生じたのである。

本来、郵便貯金や年金制度を成り立たせるためには、市場性の高い資金運用が求められる。そのためには、確実な収益が得られる効率的な投資先をさがす必要がある。それに対して、政府資金内部での資金融通は、低利での安易な資金投入をもたらすため、資金管理面での緩みが生じたり安易な貸し付けが生じ易くなっている。今後は、借入金に頼ることが不可欠な場合、市場性の高い民間資金からの調達を目指す方向で改革すべきである。

郵便貯金や年金資金等の国民の貯蓄性資金を長年にわたって政府が管理してきたため、不採算部門への資金投入や隠れ借金隠蔽のための一時的資金融通の

表5-18 借入金（一般会計・特別会計）借入先

(単位：億円)

年度	区分	総額	借入先			
			財政融資資金	簡易生命保険	閉鎖機関	民間金融機関
平成9	借入額	275,600	275,560	40	—	—
	償還額	210,631	209,881	749	—	—
	年度末現在高	835,640	830,522	4,704	414	—
10	借入額	428,999	381,480	1,066	—	46,452
	償還額	294,286	283,151	1,582	—	9,552
	年度末現在高	970,353	928,850	4,188	414	36,900
11	借入額	392,252	391,352	75	—	825
	償還額	306,173	278,427	647	—	27,098
	年度末現在高	1,056,432	1,041,775	3,615	414	10,627
12	借入額	427,280	344,550		—	82,730
	償還額	382,784	373,370	574	—	8,839
	年度末現在高	1,100,928	1,012,955	3,040	414	84,518
13	借入額	450,944	286,949	—	—	163,994
	償還額	456,409	374,386	479	—	81,544
	年度末現在高	1,095,462	925,519	2,561	414	166,967

注．1億円以下の端数を切り捨てたため、総額にはその分の誤差がある。
出典：財務省理財局編『国債統計年報』平成13年度版による。

誘惑が生じてきた。貯蓄性資金の最終管理者が政府資金を管理する財務省であったため、このような安易な資金運用が続いてきたのである。

　今後、これらの貯蓄性資金を政府が管理しない方向で改革すべきである。具体的には、郵便貯金の民営化が不可欠である。また、年金については、国民年金の基礎的部分だけを残して、それ以外の任意性の高い分野を民営化することも視野に入れて検討されるべきである。

第6章

地方支援による債務

第❶節
地方団体の赤字額増大と地方債政策

1．地方財政借入金の総体

図6−1　地方財政の借入金残高の状況

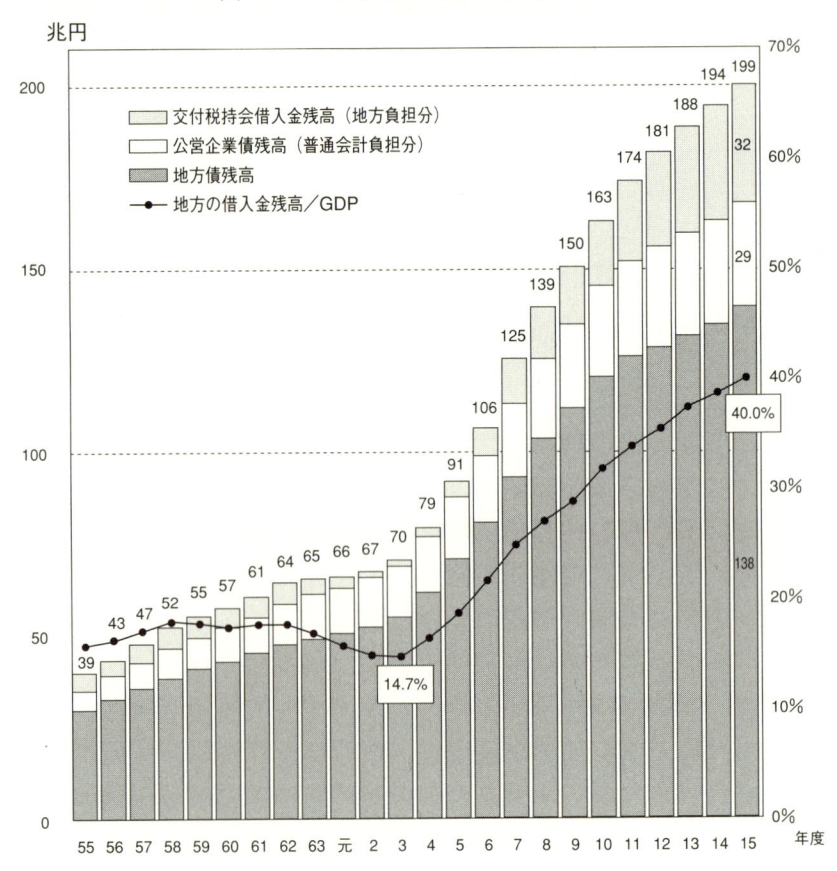

凡例：
- 交付税特会借入金残高（地方負担分）
- 公営企業債残高（普通会計負担分）
- 地方債残高
- 地方の借入金残高／GDP

年度別データ（兆円）：
- 55年度: 39
- 56年度: 43
- 57年度: 47
- 58年度: 52
- 59年度: 55
- 60年度: 57
- 61年度: 61
- 62年度: 64
- 63年度: 65
- 元年度: 66
- 2年度: 67
- 3年度: 70
- 4年度: 79
- 5年度: 91
- 6年度: 106
- 7年度: 125
- 8年度: 139
- 9年度: 150
- 10年度: 163
- 11年度: 174
- 12年度: 181
- 13年度: 188
- 14年度: 194
- 15年度: 199（内訳：地方債残高138、公営企業債29、交付税特会32）

地方の借入金残高／GDP：3年度 14.7% → 15年度 40.0%

出展：総務省HP「地方財政の状況」（平成15年度予算）による。

図6-1では、地方財政の側から見た借入金の総体について示されている。それによると、近年、地方税収等の落ち込みや減税による減収の補てん、景気対策のための地方債の増発等により地方の借入金が急増し、平成15（2003）年には、平成3（1991）年度から見ると2.8倍、129兆円の増となっている。平成15（2003）年度の地方財政の借入金総額は199兆円に達するが、これはGDPの約40％に匹敵する。

平成15（2003）年度末の借入金の内訳は、❶地方債残高138兆円、❷交付税特会借入金残高（地方負担分）32兆円、❸地方公営企業借入金残高（普通会計負担分）29兆円となっている[*1]。

2．新たな地方債導入

長期不況のもとで、当面の財源不足分を補填するための一時しのぎの新たな地方債が次々に考案されてきた。地方債残高138兆円のうち、減税補填債[1]、財源対策債[2]、減収補填債、臨時財政対策債[3]、交付税特別会計借入金という特例的な資金調達方法によるものが70兆円と5割強（50％）を占めている。

---

(1) 「減税補填債」その背景は、平成6年度の細川政権にさかのぼる。平成6年2月9日に、所得税及び住民税の減税、普通乗用車に係る消費税率の特例の廃止等を含む平成6年度税制改正が決定された。このうち、住民税減税に伴う平成6年度の減収額及び消費譲与税の減収額については、地方財政法第5条の特例として、減税補てん債で賄われることになった。また、所得税減税に伴う同年度の地方交付税の減収額及び消費税率の特例の廃止に伴う地方交付税の減収額については、交付税特別会計において、対応額を借り入れることによって、補てんされることになった。（財・地方財務協会『地方債』〔平成14年度改訂版〕、P863）

近年では、恒久的減税の実施及び平成15年度の先行減税の実施に伴う減収の一部に対処するため、地方財政法第5条の特例として発行されている。この元利償還金に対しては、所要の交付税措置が講じられる。（島根県総務部財政課HP 財政用語「地方債」）

(2) 「財源対策債」地方財政計画上、地方公共団体の一般財源（県税、地方交付税等）に極度の不足が見込まれる場合に臨時的な財源対策の一環として増発される起債で、通常債の充当率アップあるいは適債事業の範囲を拡大したもの。石油ショックによる景気の落込みにより多額の地方財源不足が見込まれた昭和51年度の地方財政対策において初めて導入され、以来昭和50年代には、ほぼ恒常的に発行された。近年では、平成6年度以降、臨時公共事業債等が同様の趣旨で発行されている。この元利償還については、所要の交付税措置がなされている。（島根県総務部財政課HP 財政用語「地方債」）

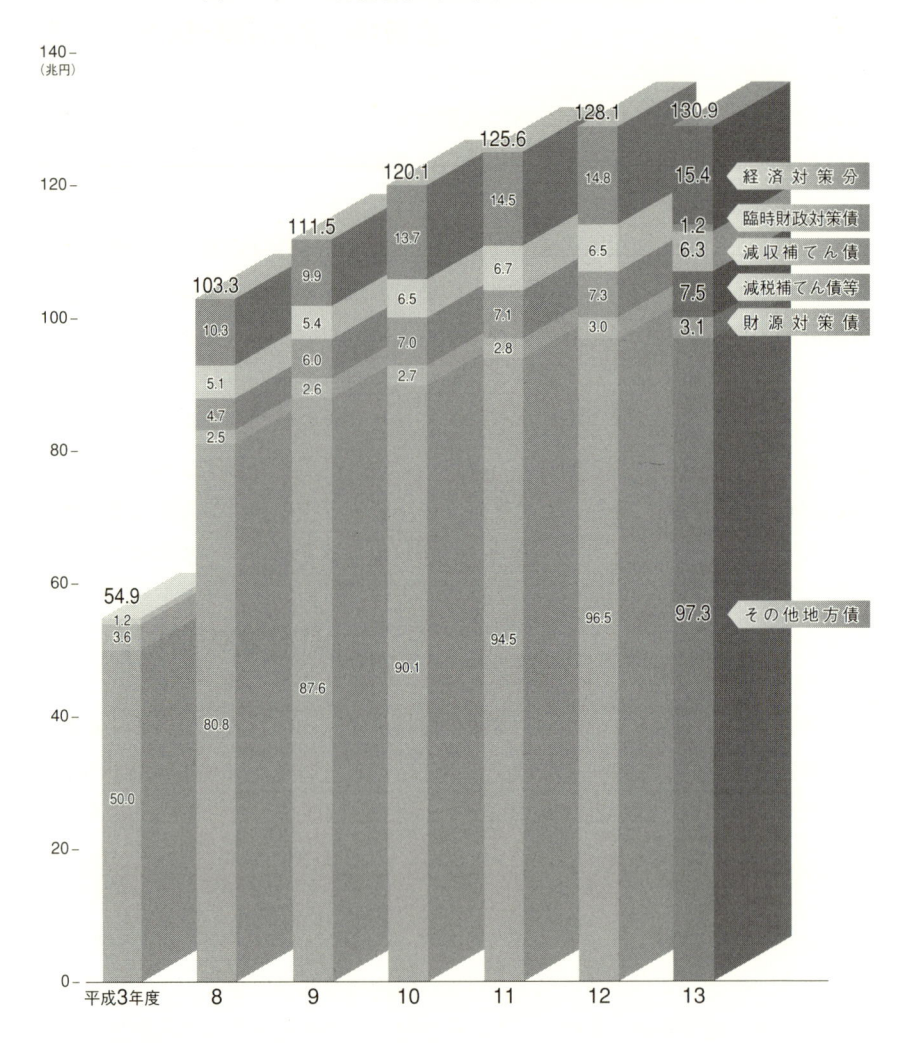

図6−2　地方債現在高の推移（平成13年度まで）

年度	合計	経済対策分	臨時財政対策債	減収補てん債	減税補てん債等	財源対策債	その他地方債
平成3年度	54.9				1.2	3.6	50.0
8	103.3	10.3			5.1	4.7	80.8
						2.5	
9	111.5	9.9			5.4	6.0	87.6
						2.6	
10	120.1	13.7			6.5	7.0	90.1
						2.7	
11	125.6	14.5		6.7	7.1	2.8	94.5
12	128.1	14.8		6.5	7.3	3.0	96.5
13	130.9	15.4	1.2	6.3	7.5	3.1	97.3

注１．地方債現在高は、特定資金公共事業債及び特定資金公共投資事業債を除いた額である。

２．経済対策分は推計値である。

出展：総務省HP「地方財政の状況」平成15（2003）年度による。

特例的な借入金のうち、赤字地方債である減税補塡債、臨時財政対策債と実質的に赤字地方債と同様の財源補塡措置である交付税特別会計借入金の合計は50兆円となっている[*2]。この金額は、資産形成のための債務を除いた純粋な赤字額を意味する。

　平成不況下の地方財政対策を見ると、国は地方に配分する資金が不足したため、様々な資金援助のための特例措置を積み重ねてきた。とりわけ、地方債発行を容認することによって地方の資金不足を補う傾向が顕著に見られる。これは、当面の国の財源不足を地方債の発行で補って、後年度に地方交付税で支払う政策である。最大の問題は、この政策によって地方と国の債務が急増するシステムになっていることである。国の側では、地方交付税の後年度負担が増加し、地方の側では地方債債務が増加することになる。そして、地方交付税不足を借入金で賄えば、国の債務が増加するのである。臨時財政対策債は、建前上、一般財源不足を補うための地方債であり、財源対策債は特定の事業財源不足を補う性格をもっている。

3．国の「特例加算」と地方の「臨時財政対策債」

　地方財政計画上の通常収支の不足については、財源対策債のほか、平成10（1998）年度から12（2000）年度までの間は、交付税特別会計からの借入等による地方交付税での補てん措置（償還は国と地方が折半して負担）が講じられてきた。

---

(3)「臨時財政対策債」従来、地方財源の不足に対処するため、基本的に財源不足を交付税特別会計借入金により工面し、その償還をそれぞれ国と地方が折半して負担する措置が講じられてきた。これを見直し、平成13年度から平成15年度までの間は、この間に予定されている交付税特別会計の償還を平成19年以降に繰り延べた上で、なお生ずる財源不足のうち、建設地方債（財源対策債）の増発等を除いた残余については、国と地方が折半して補てんすることになった。国負担分については、国の一般会計からの加算により、地方負担分については地方財政法第5条の特定となる地方債（臨時財政対策債）により補てん措置を講じることとされた。
　　この臨時財政対策債の元利償還金相当額については、その全額を後年度地方交付税の基準財政需要額に算入することとし、これらを地方交付税法第6条の3第2項に定める制度改正として、所要の法改正が行われた。
　　（財・地方財務協会『地方債』〔平成14年度改定版〕P874）

表6-1 財源補充のための地方債

種類（発行年度）	財源の性格	交付税措置	地方債の性格
臨時財政対策債 （平成13年度～）	一般財源として扱う。 赤字地方債	元利償還金の全額が、後年度地方交付税の基準財政需要額に算入	地方財源の不足に対処するため、従来の交付税特別会計借入金による方式にかえて、平成13年度から平成15年度の間、地方財政法第5条の特例債として発行
減税補塡債 （平成6年度～）	一般財源として扱う。 （地方税の代わり） 赤字地方債	元利償還金に対しては、所要の交付税措置	平成11年度の恒久的な減税及び平成15年度の先行減税による減収に対処するため、地方財政法第5条の特例として、発行
財源対策債 （昭和51年度～） 昭和50年代に恒常化 平成6年度以降、臨時公共事業債等が、同様な趣旨で発行	建設地方債	元利償還金の一部に対しては、所要の交付税措置	地方公共団体の一般財源（地方税、地方交付税）に極度の不足が見込まれる場合に、臨時的な財源対策の一環として増発される起債
地域総合 整備事業債 （昭和53年～）	建設地方債	元利償還金と当該年度の事業費に所要の交付税措置	地域の総合的整備事業として、知事が認めた事業に対して発行する地方債

出典：地方債制度研究会編『地方債』〔平成14年度改定版〕及び島根県財政課HP及び総務省『平成15年度地方債計画』等による。

　しかし、平成13（2001）年度の地方財政対策においては、この見直しがなされ、国と地方の責任分担の更なる明確化を図るため、財源不足のうち財源対策債等を除いた残余については、国と地方が折半して補てんすることとし、国負担分については国の一般会計からの加算により、地方負担分については地方財政法第5条の特例となる地方債（臨時財政対策債）により補てん措置が講じられることとなった。

　なお、地方交付税の減少による影響、一般会計加算による国の歳出増等を勘案し、国負担、地方負担とも、平成13（2001）年度においてはその2分の1、平成14（2002）年度においてはその4分の1を、従来の交付税特別会計借入金

により補てんする措置が実施された。この臨時財政対策債の元利償還金相当額に対しては、その全額が後年度地方交付税の基準財政需要額に算入されることになっている(*3)。

図6－3には、平成15（2003）年度の財源不足の補てん措置が示されている。近年では、このような複雑な財源補てん措置が形を変えて毎年繰り返され、そのたびに国と地方の債務が膨張してきたのである。

図6－3　平成15年度財源不足（通常収支分）の補てん措置

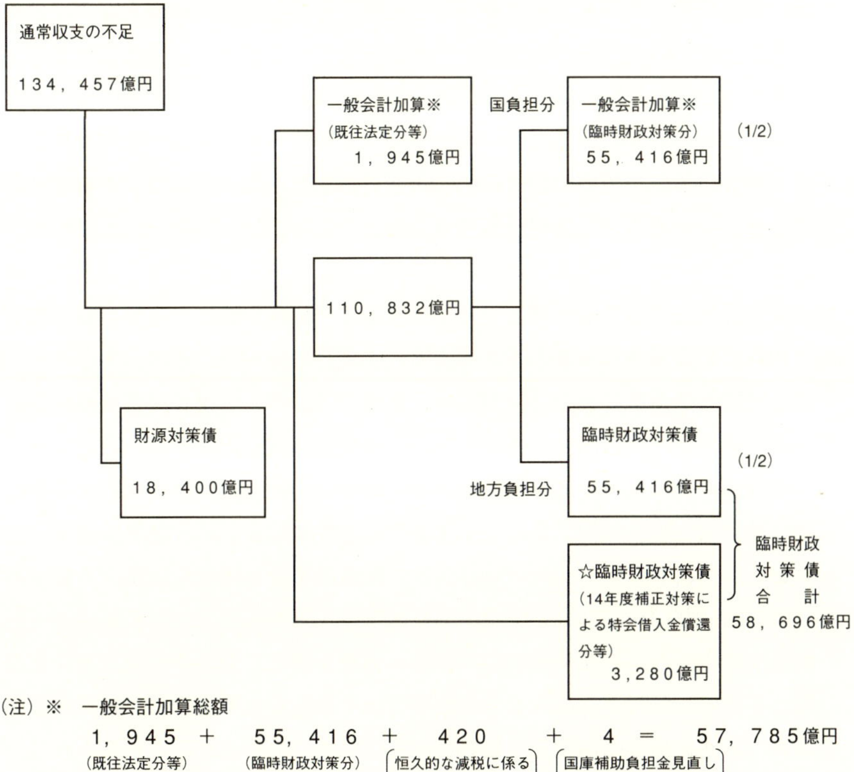

```
通常収支の不足
134,457億円
                                          一般会計加算※
                    一般会計加算※        国負担分   （臨時財政対策分）
                    （既往法定分等）                55,416億円      （1/2）
                    1,945億円

                              110,832億円

                                          臨時財政対策債
       財源対策債                          地方負担分   55,416億円     （1/2）
       18,400億円
                                                                        臨時財政
                                          ☆臨時財政対策債              対 策 債
                                          （14年度補正対策に             合  計
                                          よる特会借入金償還            58,696億円
                                          分等）
                                          3,280億円
```

（注）※　一般会計加算総額
　　　　　1,945　　＋　　55,416　　＋　　420　　＋　　4　＝　57,785億円
　　　　（既往法定分等）（臨時財政対策分）（恒久的な減税に係る（国庫補助負担金見直し
　　　　　　　　　　　　　　　　　　　　　特会借入金利子）　に係る特会借入金利子）

☆の臨時財政対策債は、14年度補正対策に伴う発行分（特会借入金からの振替分837億円及び国・地方負担の調整措置分1,230億円）並びに既往臨財債の利払い充当分1,213億円である。

出典：総務省自治財政局『平成15年度地方財政計画のポイント』による。

表6－2　平成14年度　臨時財政対策債発行可能額

(単位：億円、％)

区　分	平成14年度 A	平成13年度 B	伸率 A／B－1
都道府県	16,097	7,229	122.7
市町村	16,170	7,268	122.5
合計	32,267	14,497	122.6

出典：総務省HP「平成14年度普通交付税の算定結果等」

　特例制度の変遷をさかのぼると、こうした交付税特別会計の借入金は、国および地方公共団体への負担の帰着が分かりにくく、各地方公共団体に負担感がないといった指摘もあったため、2001年度地方財政対策において次のような措置が決められた。国と地方を通ずる財政の一層の透明化等を図る観点から、平成13（2001）年度から平成15（2003）年度の制度改正として従前の国・地方折半による交付税特別会計における借入金の方式に替え、国負担分については国の一般会計からの特例加算（「臨時財政対策加算」）を行うとともに、地方負担分については各地方公共団体が地方財政法第5条[4]の特例となる地方債（臨時財政対策債）を発行して補てんすることとされた[*4]。

　臨時財政対策債は、地方財源の不足に対処するため、従来の交付税特別会計借入金による方式に代えて平成13年度から平成15年度の間に、地方財政法第5条の特例債として発行されるものである。その元利償還金については、明年度以降の地方交付税の算定基準となる基準財政需要額に全額算入される[*5]。

　以上のような特例の屋上屋を重ねても、事態はますます深刻化する一方である。地方自主財源の拡充という抜本的な制度改正を実施せずに、特例の積み重ねによって事態の沈静化を図るやり方は、官僚まかせの財源のやりくりに共通した点である。国家の方向を決める大切な資金配分が実質上の官僚の裁量に任されたことが、事態の深刻化を招いている。

4．地方債の財投引受

　政府の行政改革によって、近年の財投計画は縮小傾向にある。平成15

(2003) 年度には23兆4,000億円と、ピークの平成8 (1996) 年度 (40兆5,000億円) の約6割に減少した。しかし、地方向けの財政計画は減少せず、それは財投計画全体の39.4％を占めている。

平成15年度には、赤字地方債である臨時財政対策債5兆8,700億円のうち、約4割の2兆3,500億円が財投資金で引き受けられた。減税補填債も、6,900億円のうち約4割の2,700億円が財投資金で賄われた。

財務省は、平成15年10月24日に、地方自治体が財政赤字を穴埋めするために発行する赤字地方債の財投による引き受けを段階的に廃止する方針を固めた。これによって、下水道などの事業に貸し付ける公営企業金融公庫への財投も抑制される見込みである。地方向け財投は財投計画全体の4割を占めるが、今後3割以下に圧縮される見通しである[*6]。

小泉内閣は、三位一体改革で、地方向け補助金を4兆円減らすことを決めている。そして、補助金削減に応じていくつかの税源を地方に移す計画である。しかし、地方財政の放漫経営が続けば、地方向け財政投融資が膨張する可能性がある[*7]。

「三位一体改革」とは小泉首相が主導する構造改革の一環であり、国と地方の税財政改革を意味する。具体的には、2006年度までに、①地方向け補助金4兆円削減、②その一部を地方へ税源移譲、③地方交付税圧縮、の三本の改革を一体的に実施することを意味する[*8]。

---

(4) 「地方財政法第5条」（地方債の制限）地方公共団体の歳出は、地方債以外の歳入をもって、その財源としなければならない。ただし、次に掲げる場合においては、地方債をもってその財源とすることができる。
　1．交通事業、ガス事業、水道事業その他地方公共団体の行う企業（以下「公営企業」という。）に要する経費の財源とする場合
　2．出資金及び貸付金の財源とする場合（出資又は貸付けを目的として土地又は物件を買収するために要する経費の財源とする場合を含む。）
　3．地方債の借換えのために要する経費の財源とする場合
　4．災害応急事業費、災害復旧事業費及び災害救助事業費の財源とする場合
　5．学校その他の文教施設、保育所その他の厚生施設、消防施設、道路、河川、港湾その他の土木施設等の公共施設又は公用施設の建設事業費（公共的団体又は国若しくは地方公共団体が出資している法人で政令で定めるものが設置する公共施設の建設事業に係る負担又は助成に要する経費を含む。）及び公共用若しくは公用に供する土地又はその代替地としてあらかじめ取得する土地の購入費（当該土地に関する所有権以外の権利を取得するために要する経費を含む。）の財源とする場合

表6－3　地方債資金区分

(単位：億円、％)

区　　分	平成15年度計画額		平成14年度計画額		差　引	増減率
	(A)	構成比％	(B)	構成比％	(A)−(B) (C)	$\frac{(C)}{(B)} \times 100$
政 府 資 金	76,900	41.6	76,000	46.0	900	1.2
財政融資資金	50,700	27.4	50,300	30.5	400	0.8
郵 貯 資 金	10,000	5.4	9,800	5.9	200	2.0
簡 保 資 金	16,200	8.8	15,900	9.6	300	1.9
公営公庫資金	17,800	9.6	19,000	11.5	△1,200	△6.3
民 間 等 資 金	90,145	48.8	70,239	42.5	19,906	28.3
市 場 公 募	24,000	13.0	19,400	11.7	4,600	23.7
縁　　　故	66,145	35.8	50,839	30.8	15,306	30.1
合　　　計	184,845	100.0	165,239	100.0	19,606	11.9

出展：地方債協会HP「各種データ」による。

5．地方分権の動向

　地方分権の理念を確立するために、1995（平成7）年5月には地方分権推進法が成立した。この法律は、5年間の時限立法であった。この法律はまず、国と自治体との役割分担、地方分権の推進に関する国の施策、地方税財源の充実確保および自治体の行政体質の整備・確立などからなる「地方分権の推進に関する基本方針」を定めている。一方、総理府には新たな地方分権推進委員会を設置し、「推進計画」の具体的指針を内閣に勧告するほか、計画の実施状況を内閣に提出でき、内閣はこれらを尊重するように義務づけられた。委員には7人の有識者が内閣総理大臣により任命され、この「推進委員会」には強い権限をもたせ、その後、1998年10月までに5次にわたる勧告がなされた[*9]。

　この地方分権推進法は、その後、平成12（2000）年4月に施行された地方分権一括法[5]として結実していった。同法では、地方財政改革の具体的な道筋に

ついて定められている。その主な目的は、住民にとって身近な行政はできる限り地方が行うこととし、国が地方公共団体の自主性と自立性を十分に確保することにある。

地方分権一括法は、中央と地方の「上下」の関係を対等な関係に改め、地方自治の活性化の促進を図るものである。同法の成立により、機関委任事務が廃止されることになった。機関委任事務は、都道府県知事や市町村長を国の機関と見なして国の事務を代行させるものであり、地方自治体は国に支配されるだけでなく多大な負担を強いられてきた。機関事務の廃止の結果、自治体の事務は、自治体が主体的に行う自治事務と国が法令に基づき自治体に委託する法定受託事務の二つになった。また、国から都道府県等への権限移譲も積極的に推進される予定である[*10]。しかし、地方分権の基盤となる肝心な国税から地方税への税源の移譲についてはまだ具体策が示されていない。

第2節 地方交付税の資金繰り

1．地方財源不足と債務の補てん策の概容

地方による基礎的な行政サービスの提供については、地方財政法、地方交付税法等により、国がその財源を保障することが定められている。このため、国は「地方財政計画」（毎年2月頃閣議決定）の策定を通じて地方財政全体の財源を保障している。財源の不足が見込まれる場合、国は財源の不足額を補てんするための追加的な措置をとってきた（「地方財政対策」といわれる）[*11]。地

---

(5) 地方分権一括法（正式には「地方分権の推進を図るための関係法律の整備等に関する法律」）。地方分権を推進するために475本の法律改正を一括形式で行うもので、平成11年7月8日に国会で成立し、7月16日に公布された。施行は、平成12年の4月からである。日本には、今、約1,700の法律があるといわれているが、地方分権一括法は実にその3分の1の法律を対象としている。これだけの数の法律が一括で改正されるのは、わが国で初めてである。（神奈川県企画部企画総務室HP「地方分権の広場」）

図6-4　地方交付税財源補填の構図

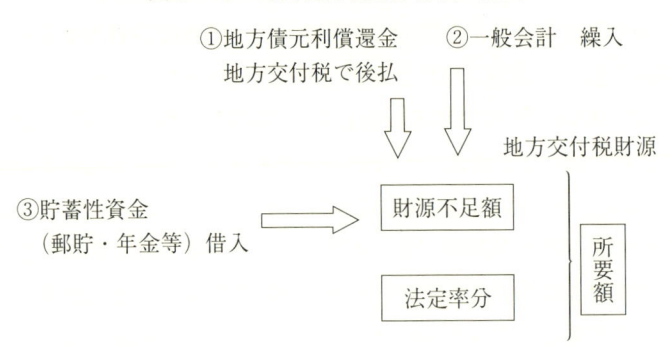

①地方債元利償還金　②一般会計　繰入
　地方交付税で後払

③貯蓄性資金（郵貯・年金等）借入 → 財源不足額／法定率分＝所要額（地方交付税財源）

注．筆者が作成。

方財政計画における地方財源不足額の推移を見ると、1994年度以降大幅に拡大し、2001年度には地方財政計画総額（89.3兆円）の15.9％に相当する14.2兆円に達している。財源不足分を具体的に補てんする措置としては、**図6-4**のような手段が主にとられている[*12]。

　これまで国が実施してきた地方交付税特別会計における財源不足を補うための辻褄合わせの財源補填策は、以下の三種類の方法で実施されてきた[*13]。

❶地方債の増発を認め、その**元利償還金**を後年度の地方交付税で手当てする。その代表が財源対策債の発行である。これは、後年度の国による地方債の元利払いを約束するため、地方交付税の後年度負担の増加という結果をもたらす。

❷一般会計から交付税特別会計へ特例的な繰り入れ措置を実施する。これは、一般会計における負担増加措置を意味する。

❸「交付税特別会計」において借り入れを行う。これは、以上で示した交付税特会借入金の増大をもたらす。前述のように、平成15（2003）年度見込（予算）では、地方交付税特会借入金残高48.5兆円のうち、国負担分が16.7兆円、地方負担分が31.6兆円にのぼる。

　図6-4で分かるように、地方交付税の財源不足額は、一般会計資金が潤沢な時期にはそこから補填されてきた。しかし、一般会計資金が不足する不況期になると次第に資金繰りが行き詰まり、郵貯・年金等の国民から預かった貯蓄性資金からの借り入れに頼らざるをえなくなった。当初は、一般会計が国民の

貯蓄性資金から借り入れて支給してきたが、不況が深まるにつれて、税収不足から一般会計の資金繰りも悪化してきた。そうなると最後は、地方交付税特会が直接、貯蓄性資金から借り入れる以外に方法がなくなってきた。

2．債務補てん策の3種類の詳細

▷**地方債元利償還金の後年度補填**

　地方財源不足の補てん策として、第一に、地方債の増発という方策がとられた。これは基本的に、財源対策債等の建設事業費に充当される地方債の発行割合を高めることによって、当面の地方財源を確保しようとするものである。各地方公共団体は、後年度において元利償還の義務を負うこととなるが、後年度の償還時に元利償還金相当額が地方財政計画の歳出に計上されると同時に、基準財政需要額に算入される[*14]。そうすると、元利償還金相当額が後年度の地方交付税から支払われることになる。

　我が国の場合、国家資金の配分を通じた地域間資金配分は、公共投資を手段とした開発によって実施されることが多い。その際、国の補助事業の場合には、直接、事業ごとの補助金の配分を通して実施される。しかし、バブル不況が長引いたため、国は補助金を支出することが困難になり、単独事業が増加してきた。単独事業の場合には、地方債を発行して、当面の財源を借入れで賄うことが多いため、地方債発行額が増える結果となる。そうなると、地方の債務が増えると同時に、国の後年度の地方交付税による元利負担も増えることになる。

　バブル崩壊以降、地方単独事業の増加に伴って、国から自治体への財源支援政策は、現在の交付税措置に変わってきた。地方交付税は、本来、地方自治体の住民の最低限の生活基盤を保障するための使途を定めない一般財源を補填するための財源措置であった。それは、自治体の基本財源である税収が基本施策を遂行する財政需要に満たない場合にその財源の一部を補てんすることによって、税収の地域間不均衡を是正するための財政調整制度であった。

　ところが地方交付税制度は、近年の特定事業ごとの財源補てん策を通じて、この制度の趣旨にまったく反する措置に変わってきた。近年の変化として、第一に地方交付税は、特定の事業に対して支出されるようになったため完全に補

助金化してしまった。第二に、この財源補てん措置は国と地方の債務を創出するシステムに変貌(へんぼう)してしまった。この制度のもとでは、国の後年度負担による債務増大だけでなく、地方債の元利償還に伴う地方の側の債務も急増しつつある。

地域総合整備事業債（地総債）[6]の場合は、元利返済の財源が国から補填される点でその典型例である。地総債では、標準的に地方債の元本と利子の約4割が地方交付税で支払われる。そして、国が認定した特定の事業ごとに地総債の発行が認められるため、地方交付税の特定財源化が進むことになる。その制度、仕組み、運用事例、問題点については、拙著『分権的土地政策と財政』に詳述されている[*15]。

今日では、地方交付税措置は、地方債の元利返済を支える一時しのぎの財源補てん策と化し、後年度の債務を増大させる制度に変貌してしまった。後年度債務に依存してでもできるだけ当年度事業を実施しようとする地方自治体の政治的な利害と合致したため、後年度の地方交付税措置をあてにした事業拡大が進められたのである。

国の地方交付税による後年度の地方債の元利負担措置は、将来、景気が回復すれば国による元利負担は楽に実施できるという見通しで導入された。しかし、今日のようなデフレ不況が続く時代には、ただでさえ地方債債務残高の比重が年々増加傾向にある。その上、国の税収不足による財源難が加速しているため、後年度の元利負担は国の財政にますます重くのしかかっている。

▷一般会計からの特例的繰入措置

第二に、地方交付税総額の確保のために、国税5税の一定割合（法定率分）に加えて、法律で定める金額を国の一般会計から交付税特別会計に繰り入れることも行われている。2001年度において、財源不足の補てんなどのために一般会計から加算して交付税特別会計に繰り入れられた金額は2兆円にのぼっている[*16]。

地方財源不足による「法定率分」を超えた「所要額」を交付したことによって、地方交付税は無際限に拡大していった。その結果として、一般会計における地方交付税負担が拡大していった。

▷交付税特会借入金の増大

　また第三として、前述のように、地方交付税の財源確保のために交付税特別会計における借り入れが行われている。地方交付税は、国の交付税特別会計を通じて地方へ交付されるが、国は地方交付税の財源として法律の定めに従い、所得税、消費税など国税5税の一定割合（法定率分）を一般会計から特別会計に繰り入れることになっている[*17]。

　図6-5を見ると、税収が不足してきた1990年代以降、地方交付税の「所要額」が法定税率分を超えている。それに応じて「借入金残高」も急増している。

　一方、特別会計から地方公共団体に実際に交付される地方交付税は、地方財政計画の策定を通じて地方の財源不足額に応じて決定される。このため、毎年の「法定率分」額と地方交付税所要額には差が生じることとなる。

　バブル時の景気拡大期には、税収の拡大により法定率分の一部が過去の交付税特別会計の借入金の償還に充てられた。しかし、1991年度をピークに法定率分が景気の低迷や減税の影響により大きく減少したのに対し、地方交付税所要額は大幅に増加した。この結果、1992年度の補正予算時以降、交付税財源が不足する状態に転じている。地方交付税所要額から法定率分を差し引いた財源不足額は、平成13（2001）年度で地方交付税所要額の31.3％に達している[*18]。

　また、交付税特別会計の借入金残高は2001年度末には42.6兆円に達している。これは、交付税の原資である法定率分の約3倍に相当する（図6-5）。交付税特別会計の借入金残高のうち国の負担とされる金額は14.1兆円であり、残りの28.5兆円は地方公共団体全体で負担することとなっている[*19]。

---

(6) 地域総合整備事業は、元利償還金と事業費に交付税措置をする制度である。地総債は、第三次全国総合開発計画における定住圏構想の受皿として、広域市町村圏計画等に基づく地域の総合整備を図るため、一般単独事業債の一般事業に区分される事業を対象として昭和53年度に創設された。（桜井良治著『分権的土地政策と財政』ぎょうせい、1997年、80ページ）

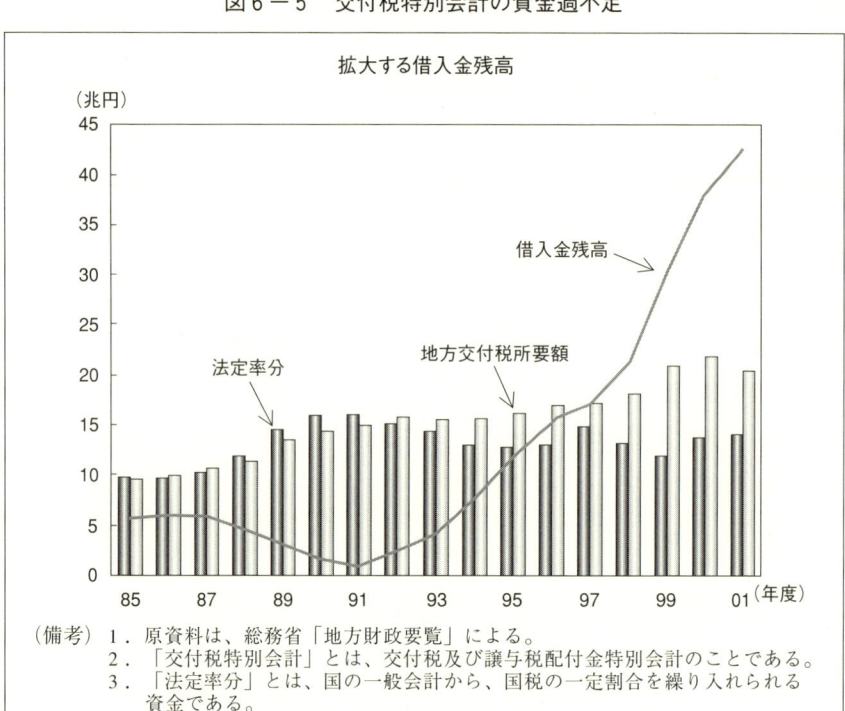

図6－5　交付税特別会計の資金過不足

拡大する借入金残高

（備考）1．原資料は、総務省「地方財政要覧」による。
　　　　2．「交付税特別会計」とは、交付税及び譲与税配付金特別会計のことである。
　　　　3．「法定率分」とは、国の一般会計から、国税の一定割合を繰り入れられる資金である。
　　　　　「地方交付税所要額」とは、特別会計から各地方公共団体に交付される地方交付税総額である。

第3節　交付税特例措置と債務の実態

1．地方財政悪化と交付税特会財源不足

▷財源不足額の繰り延べ措置——国・地方債務分担

　参議院決算委員会調査室調査員の縄田康光氏は、近年の地方交付税の問題点について論じている。それによれば、「地方交付税法第6条の3第2項は、毎

年度分として交付すべき普通交付税総額が、各地方団体について算定した額の合計額と著しく異なることとなった場合においては、地方財政もしくは地方行政に係る制度の改正または交付税率の変更を行うものと規定している。具体的には、①財源不足率が国税定率分に係る普通交付税の額のおおむね1割以上となり、②その状況が2年連続して生じ、3年度以降も続くと見込まれる場合を指すが、近年の財源不足の状況は、平成8年度以降6年連続でこの状況に該当している[*20]」。

縄田氏によれば、これに対して下記のような措置が講じられてきた。

❶平成8（1996）年度、平成9（1997）年度については、通常収支の不足に係る財源不足額のうち、地方交付税の増額措置により対応する部分について国と地方が折半して補てんする。

❷平成10（1998）年度から平成12（2000）年度については、同期間中に予定されている特別会計借入金の償還を平成13（2001）年度以降に繰り延べるとともに、同期間中においては財源不足額のうち地方交付税の増額措置により対応する部分について国と地方が折半して補てんする。

❸平成13（2001）年度から15（2003）年度については、同期間に予定されている特別会計借入金の償還を平成19（2007）年度以降に繰り延べるとともに、同期間中においては財源不足額の地方交付税の増額措置により対応する部分について国と地方が折半して負担し、国負担分は一般会計からの特例加算により、地方負担分は特例地方債の発行により対応することとする。

縄田氏によれば、❸の措置は、特別会計借入金の増加（国および地方の折半）により財源不足に対処してきた従来の方針を変更したものとして注目される。ただし、平成13（2001）年度に限っては、国負担分・地方負担分とも2分の1は特別会計借入金により措置されることになっている[*21]。

▷交付税特別会計借入金の増大

前述の縄田氏によれば、近年の財源不足に対して、特別会計の借り入れにより対処してきた結果、特別会計借入金（国および地方負担分）が近年著しく増大している。昭和29（1954）年度に発足した地方交付税制度は、昭和40年代ま

では安定的に推移していたが、昭和50年代に入って地方財政における財源不足が恒常化してきた[*22]。

このため、昭和53（1978）年度の交付税法改正において、当分の間の措置として財源不足額を特別会計借入金で補てんし、その償還時に元金の2分の1相当額を「臨時地方特例交付金[7]」として国（一般会計）が負担することとした。しかしこの結果、昭和58（1983）年度末には交付税特別会計の借入金残高が11兆5,219億円（国負担分5兆8,278億円、地方負担分5兆6,941億円）となり、今後の地方交付税の総額確保に支障を来しかねない状況となった[*23]。

このため、昭和59（1984）年度の交付税法改正において、①交付税特別会計の新たな借り入れは原則として行わない、②交付税の総額の安定的な確保に資するため必要な特例措置を講ずる、こととされた。この制度改正後、昭和58（1983）年度末の借入金残高の国負担分は一般会計に振替整理され、当該債務の元利償還は、国債費として国庫負担とすることとなった[*24]。

その後、特別会計借入金の地方承継分については比較的順調に償還が進み、平成3年度に6,732億円にまで縮減された。しかし、平成4年度以降は、国税収入の大幅な減収に伴う交付税財源の不足を補うために多額の新規借り入れを行ったため、借入金は再び増加に転じた。平成4年度以降の新規借入状況を示すと表6－4のようになる[*25]。この表を見ると、平成11年度以降、新規借り入れが急増していることが分かる。この結果、交付税特別会計借入金（地方負担分）の残高は、平成13年度当初において28兆4,521億円に達している[*26]。

縄田氏によれば、国負担額は、通常収支分については地方交付税法附則第4条の2第4項及び特別会計法附則第7条第2号に、恒久的減税分については地方交付税法附則第4条の2第5項及び特別会計法附則第7条第3号にそれぞれ規定されているが、平成13（2001）年度末で通常収支分11兆7,478億円、恒久的減税分2兆2,805億円となる見込みとなった[8]。

この結果、交付税特別会計の借入金残高は、国・地方あわせて平成13（2001）年度末で42兆4,805億円となる見込みとなった[*27]。

景気低迷による税収不足にもかかわらず、地方交付税の交付基準をそのままにしたために借り入れが増大したものである。支出額を税収変動の枠内にとどめておけば、このような結果は生じなかったはずである。借入金額の返済を国

表6−4　平成4年度以降の新規借入状況

予算年度（平成4～13）	借入金額
4年度補正予算	1兆5,682億円
5年度補正予算	1兆6,675億円
6年度当初予算	2兆9,179億円
補正予算	7,190億円
7年度当初予算	3兆3,399億円
補正予算	9,133億円
8年度当初予算	3兆6,897億円
9年度当初予算	1兆7,690億円
10年度当初予算	1兆9,457億円
補正予算	2兆956億円
11年度当初予算	8兆4,193億円
補正予算	4,386億円
12年度当初予算	8兆881億円
13年度当初予算	4兆3,487億円

出典：縄田康光「交付税特別会計」、〈会計と監査〉2001年8月号により作成。

と地方の分担としたことについては、まるで親が子どもの教育費として銀行から借りた資金について、その一部を最終的に子どもに支払わせるようなものである。

今日の地方交付税債務の増大は、国と地方の巨額な債務の増大をもたらして

(7) 恒久的な減税に伴う地方税の減税の一部を補填するため、地方税の代替的性格を有する財源として平成11年に創設された。その総額は、毎年度算定する恒久的な減税に伴う減収見込み額の総額の4分の3から、国と地方のたばこ税の税率変更による地方たばこ税の増収措置及び法人税の地方交付税率の引き上げによる補填額を控除した額であり、平成11年度の決算額は6,399億円で、歳入総額に占める割合は0.6％となっている。（総務省編『平成13年度　地方財政白書』（平成11年度決算）、64ページ）
(8) 他に、一般会計の負担により交付税の総額に後年度加算される額が地方交付税法附則第4条の2第6項および特別会計法附則第7条第4号に規定されており、平成13年度当初予算時点で5兆4,097億円となっている。（縄田「交付税」〈会計と監査〉2001年8月号、20ページ）

いるため、このままでは最終的には、国と地方の大増税が不可避となるであろう。

▷交付税特会にかかる財政赤字の急増

これまでの地方交付税は、地方の「要交付税額」を基準として交付水準を下げずに交付されてきた。財源不足の中で、交付水準を一定に維持しようとしたために財源調達手段の特例が積み重ねられてきた。その結果として、最終的には、国と地方の財政負担が増加したため、国と地方双方に以下のような深刻な問題が発生してきた。

❶国負担分が増加したため、国の一般会計と交付税特会の負担額が増加してきた。

❷地方負担分については、特例的な地方債の発行額が増大したため、地方の後年度負担が増大していくことになった。

いかに回りくどい負担方法を採用しても、債務の最終負担は有限資金である国税と地方税に頼るしかなくなる。しかし、その財源となる租税は、長引く不況下で先細りぎみである。財源に限りがあることを認識すれば、このような方式を採用し続けることには明らかに無理がある。

前述の縄田氏によれば、「昭和59年度の制度改正は、国・地方双方の赤字の拡大につながる特別会計借入金の増大を防ぎ、地方交付税総額の安定的確保を図ることが目的であった。しかし、石油ショック後の我が国は、国・地方ともに大幅な財源不足の状態にあり、財政状況の急速な改善が見込めない状況において交付税率の変更を伴う恒久的な制度改正は困難であったため、暫定的な措置として『交付税の総額の安定的な確保に資するため必要な特例措置』（特例加算）が講じられるようになった[*28]」。

平成バブル不況に入ってから税収不足が続いたため、このやり方はまったく通用しなくなってきた。平成6（1994）年度以降、いわゆるバブル経済の崩壊も進み、地方交付税の財源不足が深刻化した結果、平成8（1996）年度以降の制度改正では、償還財源の一部を国が負担するという形で特会借入金にかかる地方負担の軽減を図るための措置が講じられた。さらに、平成13年度から15年

度までは、特別会計の借入金を国・地方が折半する方式に替え、①国負担分については一般会計からの特例加算、②地方負担分については特例地方債の発行により対処することとされた。いずれにせよ、交付税の財源不足という状況に変化がない以上、特会借入金の増大という形であれ、一般会計よりの特例加算という形であれ、国・地方の後年度の財政負担が増大していくこととなった[*29]。

縄田氏によれば、「2001年6月に閣議決定された『今後の経済財政運営及び経済社会の構造改革に関する基本方針』では、地方交付税で手当する地方の歳出の範囲を縮小する旨の記述があり、また、2001年6月の『地方分権推進委員会最終報告』では、税源の国から地方への移譲が提言されている。交付税特会に係る巨額の財政赤字は深刻の度を増しており、今後の地方交付税の在り方、あるいは国と地方との税源配分をも含めて問題の解決方法を検討すべき時期が来ている[*30]」。

2．地方交付税の改革

▷歳入なくして歳出なし

不況によって税収が衰えたにもかかわらず、国が財源の枠を超えて地方交付税を交付し続けたことが大幅な赤字を生み出した原因である。財源不足の時代に従来通りの地方財政調整策を実施すれば、国家財政赤字が膨張することは当然の結果である。すぐに景気が回復するという甘い見通しが、この誤りを助長させたわけである。将来の見通しから目をそむけ、当面の財政の収支じりだけを合わせておけばよいとする政治と行政の無責任さが債務を膨張させた原因である。

地方交付税制度は、その交付額を国税の法定税率分の範囲内で支出をとどめておけば、財源の範囲内で機能する合理的なシステムであった。しかし、交付税の法定税率分を厳守できなかったことが財源不足を拡大した。財政原則として、「歳入なくして支出なし」という考え方を重視すべきである。この原則は、これ以上の国と地方の債務を増大させないための最も重要な原則である。

一般に、限られた租税収入の範囲内で支出をやりくりする財政原則を「量入制出」の原則[9]という。この原則を維持して税収の大きさに合わせた支出をす

れば、財源不足に陥ることはなかったのである。

地方交付税財源には、景気変動の大きい税目が多い。さらに不況期には、地方の税収だけでなく国の税収も縮小するため、不況期に国が一方的に犠牲になって地方財政を助けることはできない構造になっている。

地方財政計画においては、景気動向に対応した税収変動に応じて柔軟に財政計画を変更できることが重要である。地方の財源を常に一定に確保するのではなく、景気変動に応じて地方の支出計画を一定限度内に抑えることが望ましい。

家計ならば、収入を無視した支出をし続けることはありえない。収入が減少した場合には、それに応じた生活設計をする以外にない。近い将来の収入の増加が確実なら、カードローンで豪華な生活をしても問題はないが、不況が続くことが予測される場合、支出を減らす以外に生き延びる途はない。家計においては当たり前のこの原則は、当然、国家についても当てはまる。

▷政治的な利害関係

巨額な地方交付税交付額の維持は、一見すると、地方自治体の利益にかなうように錯覚されやすいが、実際には、政治的な利害関係が生み出したものにすぎない。地方交付税が無際限に拡大した理由は、支出増大のための様々な政治的な圧力によるものである。逆に、交付税支出を削減する方向に向けた政治的圧力は皆無に等しいことが、支出を膨張させてきたのである。

具体的には、地方自治体を取り巻く政治勢力にとって、国の財政資金を地元に誘導することは、住民の支持拡大にとって有利である。他方、国の政治家側は、地方に選挙地盤がある場合、地方への資金配分によって地方に利益誘導ができる。同様に、中央官僚にとっては、地方自治体に対する利権を増やし、地方政界進出への足がかりを固める手段にもなっている。このことが、無際限の「要交付額」を交付し続けた理由である。

▷ナショナル・ミニマムに限定支出

地方交付税は、国民が誰しも、国民として最低限必要な生活水準を維持できるようにするための財源保障制度のはずであった。地方交付税は、ナショナル・ミニマムの理念に基づいて、本来、限られた国税収入の一定割合から支出

されるはずであった。地方交付税の配分の趣旨は、地域格差にかかわらず国民の最低限の生活を保障することであった。ところが、近年、ナショナル・ミニマムの枠を超えて交付額が膨張していったため、財源が枯渇（こかつ）して国家財政の赤字が生じてきたのである。

今日、長期不況期を経て、限られた財政資金しか運用できなくなったのだから、少ない財政資金を有効に活用するために、国家財政の役割を国民の生命、財産の保護とそれに密接にかかわる社会保険の維持等に限定する必要がある。地方自治体への国家資金の配分も、その観点に立ってなされなければ、財政は無限に膨張して破綻してしまうことが確実である。

地方財政の困窮は、不況下の税収不足も手伝って、このままでは改善の余地がない。国の側を見ても、地方交付税特会が生み出した赤字を一般会計へ負担させると、財政赤字が固定化して財政収支の改善がなされなくなるおそれが強い。地方財政の財源を充実させて、新たな負債をつくらないことが肝要である。今日の一時しのぎの処理策のように、この債務を国と地方に分けても債務総額は少しも変わらないので、いかなる改善策にもならない。地方交付税特会借入金（国・地方）については、早急に返済計画を立てるべきである。

▷地方自主財源の拡充

国の支出が膨張した原因は、国が財源上の絆（きずな）を維持して地方自治体を支配し続けようとしたことにある。これを避けるためには、地方自治体を国の財源支配のくびきから解き放つ必要がある。そのためには、地方財源の面から地方分権を実現しなければならない。具体的には、国の基幹税目を地方に移譲することによって地方自主財源の拡充を図る必要がある。

---

(9) 〔「量入制出」の原則〕これまで財政の一般原則とされてきたのは、「量出制入」の原則である。この原則は、「出を量（いづ）って入るを制する」、つまり、必要な行政需要をまず算定して、それに見合った税収を確保することを意味する。しかし、人間社会の欲望は無限であるため、このやり方では、行政需要が無限に積算されてしまう。また、税収が減少しつつある今日では、税収の大きさに合わせて施策を実施することは、避けられない。そこで今日では、「量入制出」の原則が重視される。この原則は、「入るを量（はか）って出（いづ）るを制する」、つまり、まず確保可能な税収の大きさを定め、それに見合った支出計画を立てることを意味する。この原則に立った場合、事業が税収の範囲で実施されるため、債務が増大することを避けられるという効果がある。

欧米先進国の地方財政対策を見ると、近年、先進各国のほとんどが地方分権を推進しており、その改革の中心は地方自主財源の拡充であった。それは、国と地方の双方にとって、限られた租税財源の効率的な利用のために必要な改革であった。

　交付税特別会計の借入金は、最終的には半分を国の一般会計（国税）から支払われる見込みである。また、その他の半分は、地方の新たな債務となる見込みである。この場合、自治体はこの債務を長年にわたって地方税で返済することになる。本来、国が負担するはずであった事業費の半分を、結局は地方税で負担する結果となる。それなら、最初から地方交付税を交付しすぎない方が、資源配分上においては効率的である。

　経済学の祖であるアダム・スミスの主張する「受益と負担の一致」の原則に従えば、地方にとって必要な事業は地方税で実施すべきである。なぜなら、自治体が自己資金の範囲で事業を遂行すれば経費が効率的に使用され、事業総額が抑制されることになるからである。国と地方がそれぞれ限られた独自財源を各々の利益のためにそれぞれの事業に支出することによって、初めてそれぞれの経費が最大限に効率的に使用される。その場合、行政サービスの便益から費用を差し引いた「純便益」の最大化が図られるのである。

　地方自主財源を充実させ、地方の自己資金から支出する事業を実施すれば財政資金が効率的に使用されるため、総事業便益が総事業費用を超える事業のみが実施されるであろう。また、自己資金のみで事業を実施する場合には、できるだけ経費を節減して実施しようと努力するため、地方自治体の債務は最小限に抑えられるはずである。

第7章

既処理債務の累増

第1節 旧国鉄債務処理の経緯

1．国鉄長期債務処理の経緯

　これまでの債務処理方法は、長期債務の累増をもたらしてきた。その先駆けとなったのが国鉄債務である。長年にわたって国鉄債務が増大した原因は、長年にわたって非効率な経営を継続したことによる経営不振にある。その原因は、①頻繁にストライキを実施しそれを容認した労使双方の「親方日の丸」的経営体質、②コスト意識の乏しい投資戦略や採算性を度外視した経営姿勢、③新線の沿線地域を選挙地盤にもつ政治家の選挙対策のための利益誘導を図るローカル新線の乱造を認めたこと、④乗客の利便性を無視したサービス精神の欠如した経営体質、等にある。コスト意識の乏しい投資戦略の拡大等は、今日の日本道路公団の体質にもそのまま当てはまる。

　日刊工業新聞社の高木　豊氏によれば、途方もなく膨張した国鉄長期債務は、最後は二つに分割された。一つが民間企業JRの背負った長期債務で、もう一つが国鉄清算事業団が背負った債務である。最終処理策が議論されたのは、JRが背負った債務分ではなく、国鉄清算事業団が背負った債務の分であった[*1]。

　JR発足時の1987年4月1日時点の国鉄長期債務の総額は、37兆1,000億円であった。この金額をどう処理するかが国鉄改革最大の課題であった。そこで、まず処理の前提として、債務ごとに責任分担が決められた。国鉄長期債務の責任分担にあたり、手順としては、新生JRにどれだけの債務を配分するかを第一に決め、残った分を旧国鉄の事実上の清算会社「国鉄清算事業団」の債務として配分し、事業団債務の分は政府の責任で処理することとなった[*2]。

　このため政府は、少しでも事業団債務を減らす必要に迫られ、新設JRに目いっぱいの債務を背負わせることに全力を挙げた。なかでも、「国民負担」を減らすことが国家的命題でもあった。「国民負担」は、1985年7月の国鉄再建

監理委員会答申時の16兆7,000億円から、JR発足時の1987年4月には13兆8,000億円にまで縮小したが、それでも当時、世界最大の債務国であるブラジルの債務に匹敵する規模として話題を呼んだ[*3]。

　高木豊氏によれば、「国民負担」を少しでも少なくするため、新生JRにどう債務を配分したかというと、基本的には、新会社の貸借対照表（バランスシート）を作成するにあたり、まず株式会社として発足した後に、最大限の効率経営を開始することを前提として、健全経営ギリギリの線までどれだけ多くの債務の負担が可能かについて検討がなされた。次に、最終的に背負わされた債務の大きさに対応した「見合いの資産」を決めていくという国鉄改革ならではの「まず債務ありき」の手法がとられた[*4]。

2．国鉄用地高値売却の失敗（昭和60年代）

　昭和60年代のバブル経済期には地価高騰が極限に達した。その頃ちょうど、最も有力な国鉄赤字処理策として、国鉄保有地の売却が課題になった。

　フリー・ジャーナリストの大谷健氏によれば、国鉄清算事業団は、当初、土地を有利にどんどん処分できると皮算用したが、国鉄の土地の高値処分は東京都や政府の反発を招いた。国鉄の競争入札は投機が投機を生む結果となり、周辺の土地を高騰させると指摘されたからである[*5]。

　このため、昭和62（1987）年10月16日の閣議で「緊急土地対策要綱」が決定された。それは、清算事業団の土地も含めて、国有地については「地価が異常に高騰している地域内の用地売却を見合わせること」と「地価を顕在化させない処分方法の検討を行う」という内容であった[*6]。

　土地を早期に市場価格で処分していれば、債務は軽減されたはずである。バブル期に、「JRが土地を売却すると地価がさらに高騰するのでは」という主張が支配的になり、マスコミでもその主張が繰り返し報道された。そのために、JR保有土地の売却が見送られたため、のちの地価暴落による損失を生んでしまった。そこでは、「土地の供給増加は地価の安定をもたらす」という市場経済の基本原則が忘れられており、そのことが債務の利子負担を増加させる一因となった。

図7－1　国鉄長期債務処理方法

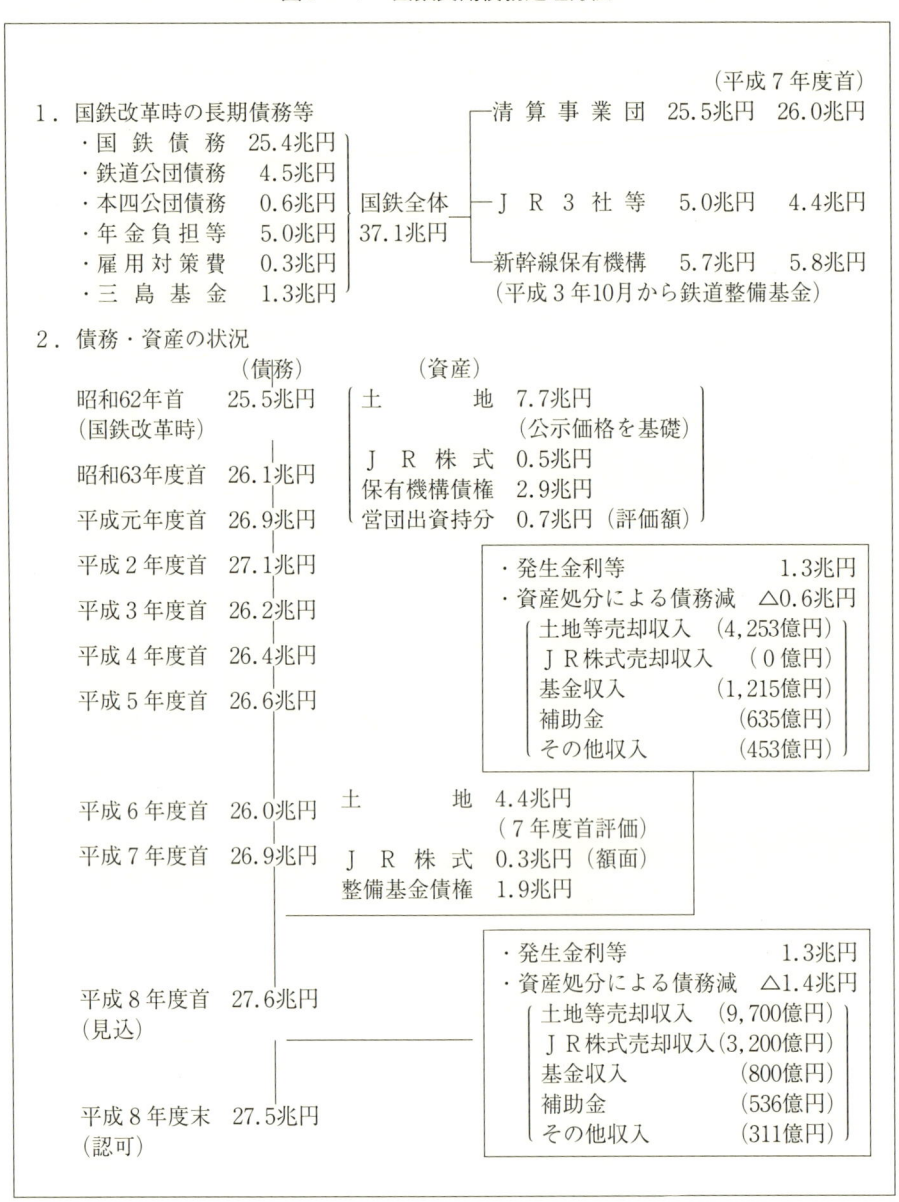

1．国鉄改革時の長期債務等
　　　　　　　　　　　　　　　　　　　　　　　　　　　　（平成7年度首）
　・国　鉄　債　務　25.4兆円　┐　　　　　　清　算　事　業　団　25.5兆円　26.0兆円
　・鉄 道 公 団 債 務　4.5兆円　│
　・本 四 公 団 債 務　0.6兆円　├ 国鉄全体 ─┬ J R 3 社 等　　　5.0兆円　4.4兆円
　・年 金 負 担 等　　5.0兆円　│ 37.1兆円　│
　・雇 用 対 策 費　　0.3兆円　│　　　　　　└ 新幹線保有機構　　5.7兆円　5.8兆円
　・三 島 基 金　　　1.3兆円　┘　　　　　（平成3年10月から鉄道整備基金）

2．債務・資産の状況
　　　　　　　　　　　（債務）　　　　　　（資産）
　昭和62年首　　　　25.5兆円　　土　　　地　　7.7兆円
　（国鉄改革時）　　　　　　　　　　　　　　（公示価格を基礎）
　昭和63年度首　　　26.1兆円　　J R 株 式　　0.5兆円
　　　　　　　　　　　　　　　　保有機構債権　2.9兆円
　平成元年度首　　　26.9兆円　　営団出資持分　0.7兆円（評価額）

　平成2年度首　　　27.1兆円　┌─────────────────────┐
　　　　　　　　　　　　　　　│・発生金利等　　　　　　　　　　　1.3兆円│
　平成3年度首　　　26.2兆円　│・資産処分による債務減　△0.6兆円　　　　│
　　　　　　　　　　　　　　　│　土地等売却収入　　（4,253億円）　　　　│
　平成4年度首　　　26.4兆円　│　JR株式売却収入　　　（0億円）　　　　│
　　　　　　　　　　　　　　　│　基金収入　　　　　（1,215億円）　　　　│
　平成5年度首　　　26.6兆円　│　補助金　　　　　　　（635億円）　　　　│
　　　　　　　　　　　　　　　│　その他収入　　　　　（453億円）　　　　│
　　　　　　　　　　　　　　　└─────────────────────┘
　平成6年度首　　　26.0兆円　　土　　　地　　4.4兆円
　　　　　　　　　　　　　　　　　　　　　　（7年度首評価）
　平成7年度首　　　26.9兆円　　J R 株 式　　0.3兆円（額面）
　　　　　　　　　　　　　　　　整備基金債権　1.9兆円

　　　　　　　　　　　　　　　┌─────────────────────┐
　　　　　　　　　　　　　　　│・発生金利等　　　　　　　　　　　1.3兆円│
　平成8年度首　　　27.6兆円　│・資産処分による債務減　△1.4兆円　　　　│
　（見込）　　　　　　　　　　│　土地等売却収入　　（9,700億円）　　　　│
　　　　　　　　　　　　　　　│　JR株式売却収入　（3,200億円）　　　　│
　　　　　　　　　　　　　　　│　基金収入　　　　　　（800億円）　　　　│
　平成8年度末　　　27.5兆円　│　補助金　　　　　　　（536億円）　　　　│
　（認可）　　　　　　　　　　│　その他収入　　　　　（311億円）　　　　│
　　　　　　　　　　　　　　　└─────────────────────┘

出典：石弘光編『財政構造改革白書』東洋経済新報社、1996年10月。

3．財政構造改革期の国鉄清算事業団問題（平成8年以降）

　図7－1には、昭和62（1987）年以降の国鉄長期債務の大きさと処理方法が、示されている。これを見ると、平成7（1995）年と平成8（1996）年には、長期にわたって膨張した国鉄債務を土地等の資産処分によって軽減する努力がなされた。しかし、バブル崩壊後の地価下落によって、金利の一部を相殺するのがやっとであった。

　前述の『財政構造改革白書』によれば、平成8（1996）年～平成9（1997）年に及ぶ財政構造改革[(1)]では、国鉄の累積債務問題が取り上げられた。図7－1に示されたように、昭和62（1987）年度首において清算事業団は国鉄長期債務等の25.5兆円を承継したが、その後、毎年発生する金利等に対し、土地、株式の資産処分が思い通りに進まず、その結果、清算事業団の長期債務等の残高は平成8（1996）年度首において27.6兆円となる見込みとなった[(*7)]。

　他方、国鉄改革により新たに誕生した旅客会社、とりわけJR東日本、西日本、東海の各社は、総じて順調な経営状況で推移していた。その背景には各社の経営努力があったことはもちろんであるが、そもそも昭和62（1987）年度首において37.1兆円あった国鉄長期債務の過半が新事業体から切り離され、清算事業団に承継されたことが重要な要因となっている[(*8)]。

---

(1)　「財政構造改革」政府・与党でつくる財政構造改革会議（議長は橋本首相）を中心として実施された。平成8年12月19日に「財政健全化目標について」を閣議決定し、平成9年3月18日の第4回会議で、橋本総理から「財政構造改革5原則」が提示された。（財務省「財政の現状と今後のあり方」平成15年9月）
　同会議は、1997（平成9）年6月3日の第8回会議で歳出削減策をまとめ、それに基づいて「財政構造改革の推進に関する特別措置法（略称は財政改革法）」案」を9月に閣議決定し、臨時国会（9月29日召集）に提出した。その後、同年11月28日に参院で可決成立した。その内容は、①2003年度までに国・地方の単年度の財政赤字を国内総生産（GDP）の3％以下に抑える、②赤字国債の新規発行をゼロにする、③1998年度から3年間は公共事業費、ODAの伸びを毎年度マイナスにする、④社会保障費の伸びは1999年度以降2％以下に抑制する、等であった。しかし、その後の景気情勢の悪化に直面して橋本内閣は、平成10年5月29日に「財政構造改革特別措置法の改正法」を成立させた。その内容は、①の目標年次を2年先延べにし、④の歳出上限（キャップ）を1998年度予算では外すなどである（『現代用語の基礎知識』2000年版）。

同白書によれば、この清算事業団が抱える長期債務等の処理については、昭和63（1988）年1月26日の閣議決定において、「土地処分収入等の自主財源を充ててもなお残る事業団の債務については国において処理するものとするが、その本格処理のために必要な『新たな財源措置』については、「雇用対策、土地処分等の見通しのつくと考えられる段階で、歳入・歳出の全般的見直しとあわせて検討・決定する」とされた[*9]。

　このうち、雇用対策は平成元（1989）年度末に終了し、他方、土地の処分等については別途平成元年12月19日の閣議決定において「事業団の土地の処分につては、平成9（1997）年度までにその実質的な処分を終了するもの」とされた。しかし、現実には、土地・株式の処分はバブル崩壊後の景気停滞期にあって遅々として進まず、長期債務残高は、上述のように平成8（1996）年度首で27.6兆円に累増した。一方、資産面では、土地は平成7（1995）年度首の公示価格ベースで4.4兆円残存し、株式は平成5（1993）年度に東日本株式が250万株売却できたのみで、平成7（1995）年度末現在、各会社の合計669万株が未売却のまま残存してしまった[*10]。

　国鉄改革は、総債務を責任割合に基づいて官民で分担したのが特徴的である。国負担分は、結局、最終的には国の一般会計における多額の国債発行によって資金調達がなされた。それによって問題が解決したのではなく、文字通り先送りされただけである。20世紀後半の鉄道の乱脈経営が引き起こした膨大な債務は、21世紀の後の世代の負担に転嫁されたのである。この妥協的な手法は、その直後の国有林野債務処理のモデル・ケースとなった。

　国鉄改革の柱は「分割・民営化」である。その基本路線は、今日の政府関係機関、例えば道路四公団の民営化にも引き継がれている。国鉄改革当時は、まだ国の財政に余裕があったために債務の引き受けが可能になった。しかし今日では、国家財政にゆとりがないため、この手法を道路公団をはじめとする特殊法人改革に適用することは不可能である。

第2節
国有林野事業債務「第二の国鉄」

1．累積債務増大の歴史

▷債務増大の概容

　国有林野事業は、日本の国有林を管理しながら、森林の伐採や有効利用等によって採算をとることを目指す事業である。その運営資金は、国有林野特別会計という事業特会で処理されてきた。この事業は、採算をとることが前提で特別会計で運営されてきた。ところが、戦後、次第に赤字経営に陥っていった。その理由は、①コスト意識の乏しい経営体質、②東南アジア等の外国産の木材が低価格で大量に輸入されたことによる木材価格の低迷と経営不振、③国有林の採算を意識した有効利用ができなかったこと、等による。

　参議院決算委員会調査室調査員の有安洋樹氏によれば、終戦後の国有林野事業の事業開始直後には、戦時中に大量伐採された跡地に災害防止のための造林が急きょ開始された。そして、昭和30年代に高度成長期を迎えると、木材需要が激増して価格が急騰したため、この需要にこたえるために「国有林生産力増強計画」等が策定された。その後、昭和40年代半ばまで森林の成長量を上回る伐採が行われ、事業収支も好調に推移して大量の要員（労働力）が確保された[*11]。

　しかし、平行して行われていた木材の輸入自由化が昭和39（1964）年に実施されて以降、輸入材の増大により木材価格が下落し、あわせて昭和48（1973）年の石油ショック等による諸経費の増大により民有林と国有林の経営はともに悪化した。そして、昭和50（1975）年度には国有林野事業勘定に初の欠損金が生じたため、翌昭和51（1976）年度より財政投融資資金の投入が開始された[*12]。

　このような状況に対し、昭和53（1978）年度以降、四次にわたり国有林野事

業の改善計画が策定され経営改善努力が続けられた。しかし、状況はままならず、平成9 (1997) 年度には、ついに国有林野事業勘定の債務総額は約3兆8,000億円に至り、返済が著しく困難な状況にあることが明らかとなったため、国有林野事業に対する抜本的改革が施されることとなった[*13]。

▷収益悪化と財投借入の開始（昭和51年度）

国有林野事業は、昭和22 (1947) 年に制定された国有林野事業特別会計法（昭和22年法律第38号）において企業的に運営することとされて以来、昭和40年代前半までは、経済の高度成長のもとで、堅調な木材需要に支えられて事業収入により経営が維持され、また、その過程で得られた利益の一部を国の一般会計に繰り入れる等、順調に運営されてきた[*14]。

しかし、昭和40年代後半以降木材価格が低迷する中で、国有林野事業は困難に陥った。その理由は、以下の三つである。

❶国民経済および国民生活の向上に伴う森林の環境保全等の公益的機能に対する要請と戦中、戦後及び高度成長期における過伐による木材資源の若齢林化に伴い伐採量を減少させざるを得なかったこと。

❷木材以外の代替材や外材の進出等により木材価格が低迷したこと。

❸木材増産の要請に対応するために増大した要員規模（労働者数）・組織体制が、その後の事業規模に見合って十分縮減されず、過剰な人員を抱えてきたこと。

そのため国有林野事業の財務状況は悪化し、昭和45 (1970) 年度から47 (1972) 年度にかけて連続して損失を計上した。その後、一時的に木材価格の上昇により黒字を計上したが、昭和50 (1975) 年度以降は毎年度損失を計上し、昭和51 (1976) 年度から財政投融資資金からの借り入れが開始されるに至った[*15]。

▷事業改善特別措置法制定（昭和53年度）

農林水産省は、昭和53 (1978) 年度に国有林野事業の経営の改善を図るため国有林野事業改善特別措置法（昭和53年法律第88号、以下「国有林野特別措置

法」という）を制定し、造林および林道の事業施設費の一部に対して一般会計からの国有林野事業特別会計への繰入措置を講ずるとともに、平成9（1997）年度までに国有林野事業の収支均衡を回復するため、昭和62（1987）年度までの10年間を改善期間とし、事業運営の能率化、要員規模（労働者数）の適正化、組織機構の簡素合理化、自己収入の確保等を内容とする「国有林野事業の改善に関する計画」を策定した[*16]。

しかし、その後も木材価格の長期にわたる下落低迷等により収支の改善が進まなかったことから、昭和59（1984）年5月に、改善期間を平成5（1993）年度まで延長すること、および退職手当の財源のための借入とその利子の一般会計からの繰入措置を内容とする国有林野特別措置法の一部改正を行った。これに即して、同年6月に、販売形態の立木販売指向、現場作業の請負化の促進、要員規模（労働者数）4万人への縮減、組織機構の簡素化・合理化を主な内容とする改善計画が策定された[*17]。

また昭和62（1987）年5月には、改善期間、収支均衡目標年度の変更は行わないものの、一般会計からの繰入および長期借入金の対象経費の拡充措置を内容とする国有林野特別措置法の一部改正を行い、同年7月には要員（労働者）を4万人から2万人規模にする等、昭和59（1984）年に策定した改善計画を改訂・強化している[*18]。

▷事業の収支構造（昭和63年度決算）

国有林野事業における昭和63（1988）年度決算における収支構造を見ると、図7－2の通りである。収入5,757億円のうち、立木・製品（丸太）の販売による林産物収入（1,926億円）・林野・土地売払収入（731億円）等の自己収入は収入の51％の2,907億円にすぎず、人件費（2,815億円）、物役費等（918億円）の事業支出3,733億円を到底賄えない状況にあった。加えて、支出5,676億円のうち長期借入金の債務残高1兆8,876億円に対する利子・償還金が34％の1,943億円に達しており、収入の不足分については、長期借入金（2,700億円）と一般会計からの繰り入れ（150億円）に依存している[*19]。

図7－2を見ると、①収入の部では、林産物収入等の自己収入が半分しかなく、残り半分を外部資金に頼っている。外部資金は、財政投融資からの借入金

図7-2　昭和63年度の収支構造

(単位：億円)

収入 5,757	⇐ 自己収入2,907 (51%) ⇒		⇐ 外部資金2,850 (49%) ⇒
	林産物収入 1,926 (33%)	土地売払い 731 (13%)	借入金 2,700 (47%)

　　　　　　　その他250（5％）　　　　　一般会計より受入れ150（2％）

△826基礎収支差
（＝自己収入－事業支出）

支出 5,676	⇐ 事業支出3,733 (66%) ⇒		利子償還金1,943 (34%)	
	人件費 2,815 (50%)	物役費 918 (16%)	長期借入金利子 1,139 (20%)	償還金 804 (14%)

(注)　農林水産省の資料による。
出典：総務庁行政監察局編『国有林野事業の抜本的改革に向けて』平成2年9月による。

と一般会計からの受け入れから成っている。②支出の部では、人件費が過半を占めているため、それを支払うために債務が増えている。その結果、長期借入金利子と償還金を足したものが支出の過半に迫る勢いになっている。要するに、収入の大半を借入金で賄ってきたため、支出の大半が借入金の利子支払いに費やされる状態が続いてきたことが分かる。

　不採算事業について、見直しを行わずに放漫経営を続けた結果、膨大な赤字が生まれたのである。赤字の補てんは、①財政投融資資金からの長期借入金と、②一般会計の税金からの補てんという、二本のカンフル注射の注入によってなされてきた。一般会計からの資金の受入れと安易な財投資金からの借り入れが長年にわたる放漫経営を可能にし、赤字体質を助長してきた。長期にわたる不採算事業の継続によって構造的な借金体質が身についてしまった結果、元本の返済が不可能になってしまったのである。

▷1990年代の特会累積赤字拡大

　1990年代には、国有林野事業債務の増加傾向が顕著になり、社会問題になってきた。国有林野事業特別会計とは、国有林野法に規定する国有林の管理・経営および附帯業務を行うほか、国の直轄治山事業に必要な人件費および事務費の経理を行う事業特別会計である。

　前出の宮脇淳(あつし)氏他共著によれば、国有林野特別会計の資金繰りは、一般会計からの繰り入れや財政投融資計画からの有償資金借り入れなどに依存していた。1995年度予算における国有林野事業特別会計の資金繰り（国有林野事業勘定）を見ると、事業収入2,545億円に対して事業費（予備費含む）は5,873億円であり、事業収入額を大きく上回る3,328億円の赤字となっていた。この赤字分を、経営改善を目的とした一般会計からの資金繰入分459億円と、財政投融資計画からの長期借入分2,870億円で補う形となっていた。この結果、債務残高は、1995年度末で3兆3,209億円に達した。しかし、残念ながら一般会計からの繰り入れや財政投融資計画からの借り入れなども、借入金の利払いや退職給与の支払いなどに費消(ひしょう)され、十分な経営改善には結びついていないのが実態であった[*20]。

　同書によれば、繰越欠損金が累積するなかで特に問題となるのは、郵便貯金・年金資金など有償資金の活用である財政投融資資金からの借り入れである。財政投融資計画から借り入れた有償資金は、造林事業、林道事業のほか、退職手当や事業設備購入にかかる借入金返済に利用されている[*21]。

　財政投融資資金は、郵便貯金・年金資金など、有利に運用したうえで国民への返済を要する有償資金であり、費消的領域に活用することは本来許されない性格の資金であった。したがって、こうした領域への活用は、一般会計からの適切な補填と事業効率化に向けた再建計画実現への真摯な努力が不可欠なものとなる。もちろん、同特別会計でも合理化に向けた再建努力はなされていた[*22]。

　1995年度当初予算では、同特別会計所属職員の人数を1万2,846人から1,455人削減して1万1,391人にする努力がなされた。これは、特別会計所属職員削減計画の半分以上を占めていた。ただし、職員削減のための退職手当支払いの財源は、郵便貯金・年金資金などに依存していた[*23]。

また同書によれば、こうした努力にもかかわらず累積赤字が拡大した。その第一の原因は再建計画の甘さにあった。代表例としては、再建計画の基礎となる国有林の立木評価問題が挙げられる。そこでは、植林から成木になるまでのコストを資産価値として評価しており、木材の市場価格を反映した再建計画とはなっていなかった。木材価格の国際競争が強まるなかで、国有林野特別会計の資産価格は含み損を拡大させていった。この含み損を資産価値に抱えたままの再建努力は、数字と現実の乖離を深刻化させ、結果として、同会計の赤字を急速に累積させる主因となっていた[*24]。

さらに第二の原因としては、現在の国有林が売却できる成木になるのが2010年頃になることが挙げられる。それまでに、どれだけの事業資金が必要となるか明確化することが求められた。偶発債務なども含め、再建のため必要となる資金の洗い直しが必要であった[*25]。

財政投融資資金等からの借り入れによって支払われた経費には、事業資金ばかりではなく役員の高額な給与や退職金等も含まれている。財投資金による融資は民間金融機関よりも低利なので、国有林野側は多くの恩恵を受けたことになる。さらに、これらの債務について最終的に租税で補填すると、高級官僚の天下りによって支払われた退職金等の負担も、結局、最後には国民が負担することになる。そうなると国民負担の範囲にけじめがつかなくなるため、大きな問題が残る。

2．累積債務の最終決着

▷返済の長期展望

会計検査院第四局上席調査官（農林水産担当）付調査官である長谷川正廣氏他3名の共同論文によれば、国有林野事業特別会計国有林野事業勘定（以下「事業勘定」という）の累積債務は、近年、毎年約2,000億円ずつ増加し、平成10年10月には3兆8,000億円を超えるに至った。そのため、平成9（1997）年度決算においては支出の約6割を元利償還が占め、利払い費だけで約1,700億円に上り、自己収入を大幅に上回る状況になった[*26]。

このような状況の中で、政府・与党の財政構造改革会議において、国鉄長期

債務の処理の方策と同様に、国有林野債務の処理の方策について集中的な検討が行われた。そこで、平成9（1997）年12月17日に「国鉄長期債務及び国有林野累積債務の処理のための具体的方策」が同会議において決定された[*27]。

同会議では、国有林野事業の現状に加え、今後の国有林野の管理経営の方針を公益的機能重視に転換することとした。さらに、将来において森林資源の充実により伐採可能量が増大し、効率的な管理経営体制を構築し、かつ「止血措置」（利子に対する一般会計からの繰り入れ）を行ったとしても、債務全額の返済に百数十年以上という極めて長い期間を要すると見込まれるため、債務全額を国有林野事業に負担させることは適当でないとされた[*28]。

このため、国有林野事業が効率的な管理経営体制を確立し、可能な限り努力を行うこととし、①木材の収穫量は将来的に増加する一方、木材価格は今後も横ばいで推移すると見込み、②土地等の売却については、これまでの売却実績等を踏まえて手堅く見込む、などの前提のもとで、今後約50年間（通常の林業の一サイクルの期間）においてどれほど剰余の発生が見込まれるかを試算した結果、約1兆円の剰余が見込まれることから、次に挙げるような債務処理策を講ずることとされた[*29]。

▷国有林野改革関連二法成立（平成10年10月）

参議院決算委員会調査室調査員である有安洋樹氏によれば、平成10（1998）年の第142回通常国会に、国有林野事業について、従来の木材生産機能の重視から森林のもつ公益的機能の重視への転換、累積債務の解消策などの抜本的な改革を行うことを目的とした「国有林野事業の改革のための特別措置法」他が提出され、同年10月、第143回臨時国会において成立した[*30]。

この国有林野事業の改革（以下「10年度改革」）を目的とする国有林野事業改革関連二法の成立により、国有林野事業勘定の約3兆8,000億円の累積債務のうち、①約1兆円分は、通常の林業の生育に要する約50年間に見込まれる本特別会計所属の林野・土地等の資産の処分や林産物収入等による剰余金収入により国有林野事業勘定が支払い、またこれに係る利子相当額は一般会計が負担することとなった。②そして、残り約2.8兆円分の債務は一般会計が負担することとなり、その財源は平成10（1998）年度に発行された「国有林野事業承継

債務惜換国債」により調達された。なお、この国債発行にかかる債務は、他の国債と同様、60年償還ルールのもと、毎年度、一般会計から支出される国債費で償還されることとなり、平成11（1999）年度には約120億円が償還されている[*31]。

前述の長谷川氏他共同論文によれば、結局、約1兆円の債務を事業勘定が負担し、利子補給を受けつつ、借り換えなども行いながら約50年かけて返済することになった。これによって、返済不能な債務約2兆8,000億円については、これが国の債務であること等も勘案して、一般会計に承継させた。繰上償還によって金利負担を軽減したうえで、軽減後の利払費を一般会計国債費（農林水産省予算の削減で財源を捻出）とたばこ特別税により折半で手当てするとともに、元本については当面一般会計の歳出・歳入両面にわたる努力により対応（返済）し、最終的には将来の事業勘定の剰余金により確保される財源によって対応（返済）することとされた[*32]。

国有林野事業の累積債務の処理については、たばこ特別税の創設、一般会計の負担の増加等、多額の国民負担により実施するものであることから、国民に対して債務の処理状況を明らかにする必要があるとして、国民の代表である国会に対して、政府は毎年度一般会計に承継した約2兆8,000億円を含め、国有林野事業に係る債務処理に関する施策の実施状況を報告することとされた[*33]。

林野庁では、国有林野事業改革二法案の施行後は、①公益的機能の発揮を重視した管理経営への転換、②組織・要因の合理化、縮減、③独立採算制を前提とした特別会計制度から一般会計からの繰り入れを前提とした特別会計制度への移行、④累積債務の本格的処理を基本方針とする国有林野事業の抜本的改革に係る各般の措置を推進し、効率的な管理経営体制を構築することが、目指されている[*34]。

前述の有安氏は、これについて以下のようにまとめている。

「10年度改革により、国有林野事業特別会計は従来の事業性を保持しつつ、今後は森林の公益的機能の維持により重点を移し、また約4分の1世紀の間膨張してきた累積債務問題には一応解消の目途が立ったものと評価できようが、今後は国有林野事業勘定における1兆円余の債務につき見込みどおりのペースで返済が進むかが注目される」[*35]

▶**債務処理の構図**

> **累積債務　3兆8,000億円**
> ❶1兆円分　国有林野事業勘定
> 約50年間　林野・土地等の資産の処分や林産物収入等により返済予定
> 利子相当額は一般会計が負担
> ❷2.8兆円分　　一般会計が負担
> 「国有林野事業承継債務借換国債」により調達
> 60年償還ルール

　以上を要約すると上記のまとめのようになる。要するに、長年の債務の大半を一般会計における公債発行、すなわち後世代の国民の税金で負担することになったわけである。

　❶の1兆円分は、今後50年間の資産処分で支払うことになっている。しかし、林業収入は乏しいため、事業収入で返済することは不可能である。実質的には、土地資産処分にしか頼れない状況にある。ただし、売買に適さない保存林も多く、また山林の土地評価は激減しつつあるため資産収入も期待薄である。山林の土地価格が暴落するにつれて、返済の可能性は遠のいてゆく一方である。

　バブル期に国鉄保有土地の資産処分が話題になったのと同様に、不用な土地を早期に売却していれば少しは赤字補てんできたはずである。結局は、60年償還の国債発行により後世代の負担を増加させることになった。

　さらに、国有林野事業勘定が引き受けた1兆円についての利子負担を一般会計が行うことになっている。元本の1兆円が一向に減らなければ、大きな利子負担が予想以上に長く続くことになる。これが返済できなければ、半世紀後の納税者にも重い負担をかけることになる。

　❷の2兆8,000億円については、大胆に、すべて一般会計からの国債発行によって負担された。この債務を税金で負担すれば、債務は終了したはずだが、実際には政府の税収が乏しいため、新たな国債発行により資金が調達されることになった。しかも、国債最長60年償還ルールに乗せられたため、半世紀を超えてまだ債務が存続することは避けられない状況にある。

図7-3　国有林野累積債務処理の仕組み

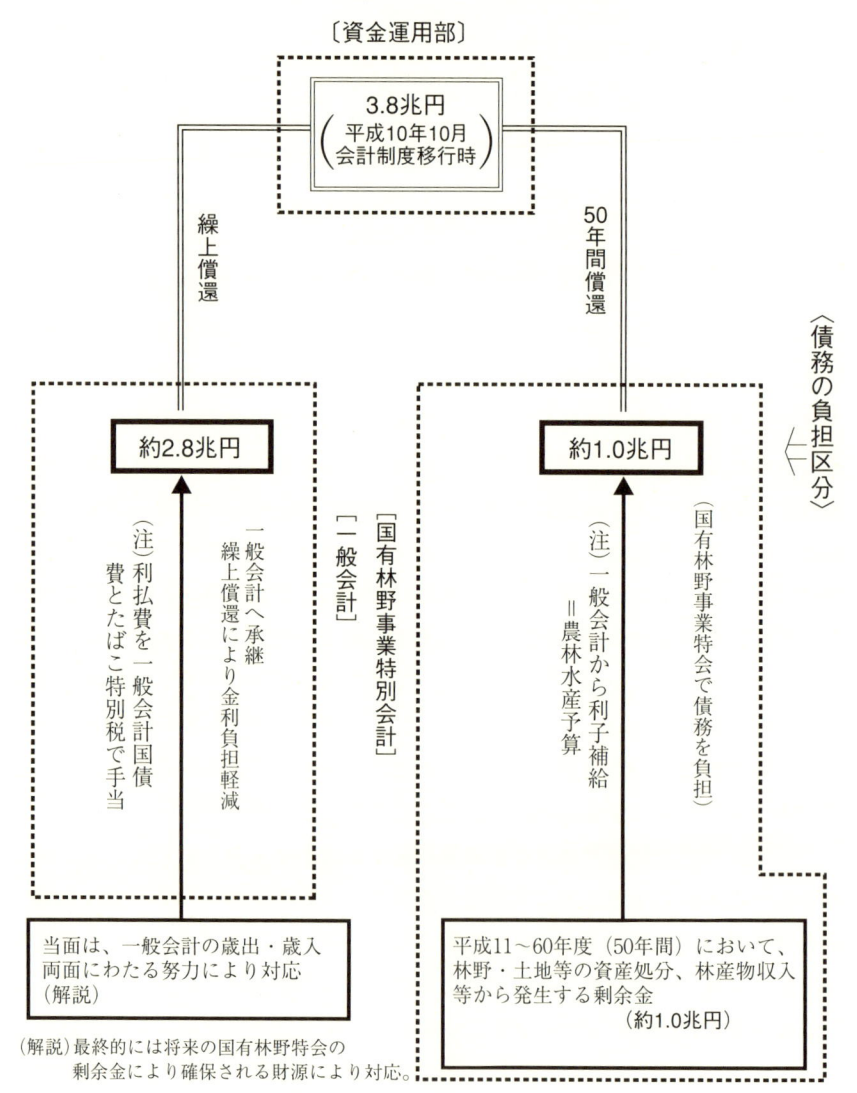

〔資金運用部〕

3.8兆円
（平成10年10月
会計制度移行時）

繰上償還

50年間償還

〈債務の負担区分〉

約2.8兆円

〔国有林野事業特別会計〕
〔一般会計〕

一般会計へ承継
繰上償還により金利負担軽減

（注）利払費を一般会計国債費とたばこ特別税で手当

約1.0兆円

（国有林野事業特会で債務を負担）

（注）一般会計から利子補給
＝農林水産予算

| 当面は、一般会計の歳出・歳入両面にわたる努力により対応（解説） | 平成11～60年度（50年間）において、林野・土地等の資産処分、林産物収入等から発生する剰余金（約1.0兆円） |

（解説）最終的には将来の国有林野特会の剰余金により確保される財源により対応。

出典：長谷川正廣他「国有林野（略）」〈会計と監査〉2001年6月号による。

▷林野債務処理の問題点

　結局、国有林野事業が長期にわたる経営不振のもとで拡大してきた債務の大半は、今後半世紀以上にわたって徴収される予定の後世代の国民の税金によって返済されることになった。長年にわたる放漫経営のつけは、結局は後世代も含めた国民の肩に背負わされた。国債の償還財源は、現在世代と将来世代の租税しかないからである。

　この債務処理では、問題が解決したのではなく、将来の国民の税金による負担に転嫁されただけである。そのことは、将来世代の勤勉な国民の勤労や効率的な企業の生産活動から徴収された税金が、不生産的な政府活動資金の補填資金として費消されることを意味する。それはまた、債務負担の分だけ将来の民間経済の成長力を損なうことを意味する

　上述の処理策を家計にたとえると、放蕩息子が事業の失敗で背負った多額の債務を親がすべて肩代わりしたようなものである。一般社会では、通常、その場合の条件として、①子どもは直ちに事業をやめることと、②将来二度と手を出さないことを誓約し、これ以上親は負担できないことを確約して一件落着するものである。しかし、この場合はそれらの条件が満たされていない。

3．債務処理の世代間負担問題

　以上のように、国鉄債務や国有林野債務は、その最終的な処理方法が決定され、債務は長期国債に置き換わった。しかしこのことは、決して債務が返済されたことを意味しない。要するに、特会借入金を長期国債に置き換え、目先の膨大な債務の負担を遠い将来の世代に広く転嫁しただけのことである。

　長期にわたって蓄積された隠れ債務を後世代の負担に依存して処理したため、現世代は、何の代償もなしに後世代に債務の負担を転嫁したことになる。他方、後世代は、何の責任もないのに、生まれながらにして膨大な債務を背負う結果となった。

　現在世代だけが、このように将来に債務の負担を転嫁する権利があるはずがない。かといって、万が一すべての世代が自ら生み出した財政負担を将来世代に先送りすれば、60年償還の長期債務が無数に生まれることになる。そうなる

と、すべての世代の財政資金は資金前世代の残した債務の支払に終われ、財政は完全に破綻することになる。

それ以上に問題なのは、前述のように、各世代が次世代の費用負担の犠牲で事業を遂行すれば、不要不急の事業が拡大の一途をたどることである。その場合、各時代で利用できる限られた資源が、限界便益が限界費用を下回る便益の乏しい事業に投資されるため、各世代がともに損をすることになるのである。

国債を60年間の長期にわたって返済するためには、10年国債を5回借り換える必要がある。現在の日本経済は、不況のため、金利が極限まで低く抑えられている。しかし今後、国債借り換えのたびに長期的に金利が上昇する可能性が高くなる。そうすると、国民の公債金利負担が雪だるま式に上昇していくという結果を招くことは確実である。

第8章

隠れ債務の課題

第1節 隠れ債務の特徴

1．表債務のとの対比

▷**隠れ債務の定義**

　表債務に対して隠れ債務とは、公債発行による表向きの債務以外の隠れた債務のことである。各会計の資金不足を補うための一時的な借入が、資金繰りの悪化によって累積・長期化したものである。様々な隠れ債務では、債務増大に関する年々の指標が、公債発行の場合のような一覧資料によって明確に示されていないのが最大の特徴である。

　隠れ債務は総債務から表債務を差し引いた部分を指す。つまり、「総債務A－表債務B＝隠れ債務C」となる。したがって、隠れ債務の範囲は表債務の範囲の変化に応じて変化するものである。表債務の範囲は債務の公開性の原則の変化に対応して変わりうる。前述のように、借入金については、近年では長期債務残高の一部として表債務である公債と同様に公開される部分が増えている。

　隠れ債務の代表的な形態は二つある。一つは、一般会計、特別会計の郵貯、年金、簡保資金等の余裕のある特会やNTT資金等からの借入金であり、もう一つは、一般会計から年金特別会計や健康保険特別会計、地方交付税特別会計等への繰り入れが滞ったものである。

▷**公債発行の明確性**

　一般会計は、国民の租税を中心とした返済義務のない資金から成り立っている。その柱は、現在の世代の負担になる租税収入であるべきである。ところが実際には、不足する資金は公債収入によって調達されているため、一般会計の歳入は現在世代の租税負担と後年度の租税負担をもたらす公債収入から成り立っていることになる。

その場合、公債発行による調達資金は、租税資金と同様に最初から採算性を考慮しない使途が考えられており、料金収入等による資金回収は考えられていない。そのため、後年度の租税負担に頼った返済計画が示されるわけだが、そこに一般会計の公債発行による債務のわずかな健全性が残されている。

要するに、公債発行によって資金調達される事業は、その事業に採算性があるかどうかというリスクを背負っていないことになる。

▷予算書を通じた承認

様々な問題はあるが、「公債」という形態の債務では、資金調達方法や債務の大きさは国民に対して明確に示されている。公債発行額は年々の国の『予算書』に記載され、国会の承認を受けなければならない。『予算書』や解説資料には、①当該年度における公債発行額、②公債費の計上による毎年の償還（返済）額の大きさ、③これまでに発行した公債の残高、等が明記されている。公債発行に限定した総債務は、年々の国債残高の大きさを見れば白日のもとに示され、年々の〔公債発行額－公債費（元本償還期）〕が累積すれば国債残高が増大することが分かる仕組みになっている。

2．隠れ債務の問題点

▷財政規律の喪失

「隠れ債務」とは、一般会計で生じた様々な経費の膨張傾向が生み出した財政赤字が、それ以外の政府資金や政府預かり資金等によって密かに補塡されて膨張した資金の状態を指す。会計間の公金の移し変えが頻繁に行われた結果、債務金額が膨張して返済不能状態に陥っている場合が多い。

例えば、一般会計・特別会計で拡大した債務が、郵貯や年金資金、自賠責特別会計等の特別会計余剰金によって少しずつ補塡されていった結果、隠れ借金である借入金はなし崩し的に増加していった。

▷財政民主主義の崩壊

一般会計や特別会計の借入金を中心とする隠れ借金創出過程の会計操作につ

いては、『予算書』の各項目の中で形式的かつ断片的に示されるが、各会計間の資金移動が複雑なため、その全体像はとらえにくい仕組みになっている。

　借入金については、新規債務創出時点から、資金調達の是非について国会の審議を通じて国民に真を問うことはほとんどない。債務の最終処理（返済）段階に至って国民が気づいたときには、すでに当該事業による自力償還は不可能になっている。ここに、財政民主主義の崩壊という大きな危険性が隠されている。さらに、公債発行を通じて将来の国民の租税によって最終処理された場合の問題が大きい。

3．隠れ債務の発生誘引

▷政治家、官僚の隠れ債務創出構造

　隠れ債務の膨張原因は、政治家と官僚の行動様式にある。増税によって国民へのサービスを増加させれば、現世代の国民の不評をかうため政権の基盤がゆらいでしまう。また、公債を発行すれば、将来世代の負担を増大させたことで批判される。ところが、隠れ債務による資金調達なら、各政権の担当期間に問題が露見しなければ、国民の側にいかなる不満も起きない。官僚の方は、自己の資金管理能力を疑われないために、表立った債務の増大を避けたいという動機が働く。そのために、政権担当者の意思を反映した役人のさじ加減によって、限りない隠れ債務の増大を招いてきた。

　ひとたび隠れ債務が生まれると、利子負担が国民に重くのしかかる。しかし、それにもかかわらず隠れ債務創出時には国民の意思がまったく働いておらず、貸し倒れ寸前になるまで国民には知らされない。返済方法が明確になったときには、何世代もの国民が支払い続けなければ負担しきれないほど大きな債務になっている。それを大量の長期国債発行で処理した場合には、将来世代の租税負担が増大することになる。

▷特例の積み重ねで深刻化

　低成長経済への移行と高齢化の進展によって、様々な分野で従来の財政制度が妥当しなくなり、制度の疲弊が引き起こされている。そのため、長期的な視

点に立った政策転換が求められている。よって、歳出削減および歳入増加のための法制度の改正を軸とした政策転換が必要になっている。本来ならば、これを好機として財政制度の抜本的な改正がなされるべきである。

地方交付税債務における特例を重ねた取り繕いはその典型である。長期不況が継続する中で、国に依存した資金調達が行き詰まったことが、債務増加の大きな原因である。この場合、長期的な政策的視点から求められているのは、地方自主財源の拡充による地方分権の推進である。

しかし、日々の資金管理をする財務官僚は、目先の資金繰りのつじつま合わせを優先させ、自己の任期中に問題が露見しないように尽力するのが精いっぱいである。そのため、一般会計や特別会計において不足した資金を、どこかから調達してつじつまを合わせれば良いかということに最大の注意が払われてきたのである。

財政（public finance）とはもともと「公的資金繰り」を意味する言葉なので、官僚は忠実な財政の実践者ということになる。官僚とは、古今東西そういう性質を帯びた存在であり、職務に忠実なだけなのである。

官僚の側には、財政資金調達方法において長期的かつ政策的な視点が欠落しているため、短期的な収支の帳じり合わせに終始してしまう傾向がある。財政の仕組みは複雑すぎて資金繰りはあまりにも難解なため、担当官僚以外には理解しにくい。そのため、政治が介入できないことが隠れ債務の増大という大きな悲劇を生んでしまったのである。

▷財政全体の財政赤字操作

これまでは、財政赤字を隠蔽しようとするために、各会計間の資金操作による隠れ債務が増大してきた。また、一般会計、特別会計、財政投融資（財投機関）の赤字については、特別会計の余剰資金や資金運用部（現在の財政融資資金）からの借り入れを通じて、郵貯・年金資金等の政府の管理する国民の貯蓄性資金を利用して債務が補てんされてきた。そして、債務の大きさが表面化しないようにするために、官僚主導でありとあらゆる会計操作がなされてきた。帳簿の上で財政赤字をなるべく少なく見えるようにして、現行法の範囲で何とか問題が処理できるように最大限の努力が傾注されてきた。

表8－1では、一般会計、特別会計、財政投融資に区分して、多様な財政分野において債務の元となった資金源、処理方法、最終負担者を示すことによって、それぞれの債務の性格を明らかにしている。

国鉄長期債務及び国有林野累積債務の承継に伴う借り換え債の発行が、窮余の一策として平成10年から実施されている。この年には、「財政構造改革の推進に関する特別措置法停止法」が成立している。（財務省HP国債関係諸資料「戦後の国債管理政策の推移」2003年9月）。

隠れ債務の創出は、自己の政権担当期間内に問題が表面化することを恐れる政権担当者の利害にも一致した。政権担当者は、国民の支持をつなぎ止めるための一過性の減税や、景気拡大を目指した目先の歳出増大を通じた集票効果を期待するからである。このことは、後述する「平成13年度決算委員会」で指摘された小泉内閣の隠れ借金創出方策によっても明らかである。

▷**公的貯蓄性資金からの借入**

隠れ債務の借入先としては、郵便貯金や年金等の国民から預かった資金が利用されている。郵貯や年金資金は、最初から政府の管理下にあるため、資金の大切さに対する感覚が麻痺してしまい政府の債務処理策として意のままに利用されてきた。郵便貯金は不況期にも資金が潤沢なため、税収不足の時代には好都合の隠れ債務の穴埋め資金となっている。

この場合、すでに確保した非市場性貯蓄資金が使われるため、資金徴収が容易になされる。そこで、極端に採算性の乏しい事業特別会計でも資金がどんどんつぎ込まれる結果が生じた。これについては、公的貯蓄性資金の資金調達方法と使途の妥当性について、国民が市場を通じて判断する機会がまったく与えられていないことに大きな問題がある。

公的貯蓄性資金は、政府が国民から預かった国民の万一の備えや老後の生活資金であり、文字通りの「余剰資金」ではない。企業の会計責任者であれば、事業資金の不足分を勝手に従業員の社内積立金や退職金や年金積み立て分で補うことはできないはずである。ところが、政府では、いともたやすくそれが可能になっている。年金資金は、国民の老後の生活資金なので高齢化社会を迎える前に返済されなければならない。

表8-1　一般会計、特別会計、財政投融資の債務負担関係

	債務の種類	債務の引き受け手（投入資金の源泉）	債務処理方法	最終負担者
一般会計	公債発行（表債務）	国債引受シンジケート団（銀行、生保等）や財投資金	最長60年の長期公債償還	後世代の租税負担（国税）
〃	一般会計借入金（隠れ債務）	財投資金等	未定	未決着
特別会計	国有林野特別会計借入金（処理前は隠れ債務）	事業実施期間は、財投資金（年金、郵貯等）を投入	処理済み（表債務に転嫁）一般会計長期国債発行 ※一部は特別会計負担として残る	後世代の租税負担（国税）
〃	交付税特別会計借入金（隠れ債務）	財投資金等	国、地方が折半の見込み	半分は国税負担、半分は地方税負担
〃	その他の特別会計借入金（隠れ債務）	財投資金等	未定	最終負担者は、未決着
旧公社	国鉄承継債務（処理前は隠れ債務）※一部はJR負担で返済が進行中	事業実施期間は、財投資金（年金、郵貯）を投入	処理済み（表債務に転化）一般会計長期国債発行 ※半分はJR負担	後世代の租税負担（国税）
財政投融資	財投機関（政府関係機関）の長年にわたる不採算事業継続による貸倒れ	財投資金等 ※近年、財投債、財投機関債の導入により、市場性の高い資金の導入が、図られている。	国会審議中 ※道路4公団は、他に先駆けて、民営化推進委員会審議終了	事業機関の民営・分割後、受益者負担原則導入方針

注1．国鉄債務は「国鉄事業団承継債務借換国債」と「国鉄清算事業団承継債務借換国債」によって、国有林野債務は「国有林野事業承継債務借換国債」によって、承継されている。
　2．財投資金とは、旧資金運用部の年金保険料、郵便貯金、簡易保険積立金をさす。
　3．筆者が作成。

第2節 会計処理による隠れ債務発生過程

1．会計処理による隠れ債務創出

　隠れ債務は、一般会計、特別会計、財政投融資、地方財政等の財政の膨張によって生じた債務であり、それらの各会計間の複雑な会計処理をめぐる資金の貸し借りによって生じたものである。一般会計や特別会計で生じた借入金は、国民が知らない間に芋づる式にどんどん膨張していった。各会計における貸し倒れについて国民が気がついたときには、すでに返済不能になっている場合が多い。

図8－1　会計間の資金移動の構図

```
                   支払延期
    ┌─────────┐ ═══════════⇒ ┌──────────────────────┐
    │ 一 般 会 計 │              │ 赤字特別会計（地方交付税特会等） │
    └─────────┘              └──────────────────────┘
   公債発行    借入                      借入
      ⇧        ⇧                         ⇧
   ①国債引受  ②一般会計貸付          ③特会貸付
    ┌────────────────────────────────────┐
    │ 余裕特別会計（財政融資、郵貯、簡保、自賠責特別会計等） │
    └────────────────────────────────────┘
        ④財投貸付          ⑤地方債引受、直接貸付
           ⇩                      ⇩
    ┌──────────┐          ┌──────────┐
    │ 政府関係機関 │          │  地方自治体  │
    └──────────┘          └──────────┘
```

注1．矢印の方向は、資金の移動を表している。
　2．筆者が作成。

各会計でひとたび隠れ債務が生じると、同様の帳じり合わせが継続されるため、次第に債務が膨張する傾向にある。つまり、長年にわたって安易な資金操作を続ける結果となり、最後には膨大な債務を抱えることになる。

2．一般会計に係る繰入れ特例

▷繰入特例（支払延期と特別の受入）による隠れ債務拡大

　当面、資金的に余裕のある年金・保険等の特別会計への国に繰入義務のある資金の繰入延期措置や、同様に地方交付税特別会計への資金の繰入延期による地方財政対策費の後年度負担への引き伸ばし措置等によって、隠れ債務が拡大している。

　例えば、年金国庫負担金の繰り延べ措置は、実質的には年金会計の運用資金を減少させるため、年金積立金からの借り入れと同様の結果をもたらす。高齢化社会を間近に控えて年金受給者が増大傾向にあるため年金積立金はすぐに底をつく状況にあり、間近に返済が迫っている。

　自賠責保険の積立余剰金も公的債務拡大に利用されている。本来ならば、保険特別会計に余剰資金があれば、積立金を被保険者に還元するような制度改革が求められる。

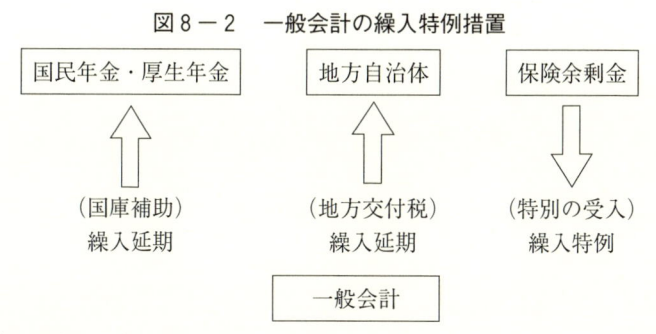

図8－2　一般会計の繰入特例措置

```
  国民年金・厚生年金      地方自治体          保険余剰金
        ↑                  ↑                  ↓
      （国庫補助）        （地方交付税）      （特別の受入）
       繰入延期             繰入延期            繰入特例
                          一般会計
```

注1．矢印の方向は、資金の移動を表している。
　2．筆者が作成。

▷一般会計に係る繰入特例措置による金額

表8－2　一般会計に係る繰入特例等（平成15年度末見込み）

項　目	金　額
国民年金から ※国民年金特別会計への国庫負担金の繰入の平準化措置に係る特例による	4,454億円
厚生年金から ※厚生年金の国庫負担金の繰入特例	2兆6,350億円
地方財政対策に伴う後年度負担	5兆3,235億円
自賠責特会からの受け入れ	4,848億円
総合計	8兆8,887億円

注．この表の金額が上記の一般会計借入金の金額と一致しない理由は、会計間の様々な資金移動にあると思われる。
出典：財務省『財政関係諸資料』（平成15年8月）「国の長期債務残高について」による。

　表8－2には、一般会計に限定して、様々な分野の資金の繰入特例措置の実施状況について示されている。これは、国の義務的負担の後年度への繰り延べや特別の受入を意味する。実質的には、これらの特例措置は、すべて国の後年度負担の増加を意味するため、借り入れの増大と同様の結果をもたらしている。

3．特別会計間の資金操作

▷赤字特別会計の債務拡大

　事業特別会計では、独立採算制を建前として、一般会計ではできない特別な事業が実施されてきた。当初の原則では、事業資金は事業収益から賄えるはずであったが、事業の拡大に伴って次第に赤字が増大していったものである。国有林野事業特別会計がその代表である。

　前述のように、国有林野事業に代表される採算性の低い特別会計が、事業の赤字を拡大しながら存続し続けた。事業はとうの昔に破産状態に追い込まれたにもかかわらず、チェック機能がまったく機能せずに継続されたため、近年になって処理されるまで歯止めなく債務を増大し続けてきた。

資本主義経済のもとでは、いかなる事業も採算性を失えば存続意義を失うはずである。赤字を増やしながら存続すれば、最後には破産の憂き目に遭うのは当然である。破産制度は、資本主義経済の健全性を保つための合理的な制度である。それに対して、政府事業にはこの基本原則が通用しない。今後は、外部監査制度を導入して事業収支を公表することによって、赤字特別会計に対するチェック機能を強化する必要がある。

　今後は、事業特別会計全体の採算性について調査した上で、採算見込みのない赤字特別会計については、過去に累積した債務の大きさを指標として存廃を決定すべきである。万一、収益性は乏しいが公共性が高い分野があれば、一般会計に移して無償の租税収入によって賄われるべきである。

　様々な赤字特会の債務処理が間近な課題となっている。これ以上、長期国債の発行によって将来の租税負担に転嫁することは不可能だからである。

▷特別会計余剰金借入による債務隠し

　今日では、債務の安易な処理策として、資金に余裕のある特別会計を使った赤字処理策が横行している。一般会計や赤字特会では処理しきれない財政の様々な課題が、郵貯や年金積立金等の余裕のある特別会計からの借り入れによる資金調達によって処理されてきた。例えば、地方交付税を維持するための年金保険積立金等からの借り入れがその典型である。

　郵貯・年金等を預かる旧資金運用部特別会計（現在の財政融資特別会計）は資金が潤沢なため、一般会計や赤字特別会計の赤字の補てん資金として利用されてきた。それだけでなく、国債引受の面でも、民間の銀行・生保等の市場資金が集まらない場合の資金調達手段として利用されてきた。

　しかし、近年では高齢化社会の到来が真近に迫っているため、国民の資金需要増大傾向は顕著である。特に、年金財政は逼迫しているため、政府債務を早急に返済しないと年金が支払えなくなる。また、これ以上の不況が続けば、郵貯資金の取り崩し額も増えるであろう。年金、郵貯等の貯蓄性資金が政府債務を引き受ける力は乏しくなる一方である。

　万一、郵貯や年金という国民の生活にとって大切な資金を今後も政府が預かる制度が続くのであれば、政府の赤字補てん資金として流用されないように、

財政規律を定めた法整備が求められる。

　公的な強制自動車保険である自賠責（自動車損害賠償責任保険）を取り扱う自賠責特別会計でも、余裕資金が一般会計の資金補填に利用されている。このことは、保険の余剰金が保険加入者に還元されていないことを意味する。資金の余裕が大きすぎるならば、保険金の徴収額と積立金の運用方法自体に問題がある。今後、被保険者に受益がもたらされるように保険収支システムを改善すべきである。具体的には、自動車事故の際の保険からの支払いを大きく増やすか、あるいは強制加入者の保険料を引き下げて収入を減らすべきである。

4．各種特例の実施状況

▷国民年金特別会計への国庫負担金の繰入の平準化措置に係る特例

　政府が特別会計で実施する年金の支給事業を補助するために、毎年一般会計から国民年金特別会計に資金を繰り入れなければならない部分がある。しかし、一般会計に余裕がなく特別会計に余裕があるため、本来繰り入れる義務のある資金を繰り入れないで待ってもらっている。しかし、将来、国民年金受給者が増えた場合、否応なく返済を迫れる。そのため、この資金は長期債務扱いとなっている。

▷厚生年金の国庫負担金の繰入特例

　国民年金の場合と同様に、一般会計から政府が年金支給を補助するために、毎年、厚生年金特別会計に資金を繰り入れなければならない部分がある。しかし、一般会計に余裕がなく特別会計に余裕があるため、本来繰り入れる義務のある資金を繰り入れないで待ってもらっている状態になっている。将来、厚生年金受給者が増えた場合は否応なく返済を迫られるため、長期債務扱いとなっている。

　国民年金は、零細な自営業従事者等による積み立てなので、もともと財源に余裕がない。そして、厚生年金も長期不況の中で財源が急速に枯渇しつつある。そのため、早急な返済が求められる。

▷自賠責特別会計からの受け入れ

　自賠責特別会計で利益が出た部分を一般会計に繰り入れて、受け入れる仕組みになっている。将来、一般会計に余裕ができたときに返すことになっていたが、一般会計に余裕のない状態が続いたためこれが蓄積されてきた。

　自賠責特別会計から一般会計への繰り入れは、1994年度、1995年度に、合計1兆1,200億円実施された。一般会計が1992年度決算で11年ぶりの歳入欠陥に陥るなど、税収の大幅な減少が続いていた。そのため、自動車保有者から徴収した保険料の運用益が蓄えられていた自賠責特会から借り入れたものである。

　この資金は、自賠責特会に再び繰り戻すことが、法律で定められている。繰り戻し期限については、当時の大蔵・運輸両大臣が交わした覚書で、「原則として1998〜2004年度に分割して繰り戻す」と定められている。

　これまで、4回に分けて合計6,352億円が繰り戻された。しかし、まだ元本だけで4,848億円、運用益を加えると約6,000億円を一般会計から返済する必要がある(*1)。

　財務省は、国交省との協議で、期限を再延長して返済を全額先送りするか、2004年度には一部を返済し、残りは2005年度以降に分割返済する等の方法を検討している(1)。

　自賠責特会から一般会計への資金繰入は、会計間の資金操作に基づく典型的な隠れ債務である。自賠責保険に余裕があるなら、保険システム全体を改革する必要がある。具体的には、保険料を引き下げるか保険給付を引き上げるなどの抜本的な改革を実施すべきである。

▷地方財政対策に伴う後年度負担

　地方財政対策に伴う地方交付税の後年度負担（負担の繰延べ）は、本来支払うべき金額が滞っている分である。毎年の交付税の交付額は決まっている。し

---

(1) 財務省は、平成15年7月26日に、本来は2004年度予算で解消する予定の自賠責特別会計から一般会計へ過去に繰り入れた「隠れ借金」の取り扱いについて8月1日に閣議に提出する概算要求基準には盛り込まないことを決めた。債務の返済を盛り込むと一般会計の歳出が膨らみ、「(政策的経費である)一般歳出を事実上、2003年度以下に抑えるという予算方針の基本方針を守ることが難しくなるからである。〈読売新聞〉平成15年7月27日）

かし、国の財政事情が悪いため、当年度に加算すべき額を加算せず、後年度に先送りして後で支払うことになっている。毎年のこの措置の積み重ねで、支給停止額が累増してしまったのである。

これは、不健全な支給留保措置である。国の財源が不足しているのだから、無際限な財政調整に歯止めをつけるべきである。早急に、地方自治体の財源は自主的に確保できる財政システムに移行すべきである。つまり、財源措置を伴った地方分権に移行すべきである。今日の平成不況期の財源不足の時代には、国がすべての都道府県、市町村の財政格差を調整して完全な均等化を達成しようとする時代はすでに終わっているのである。

第3節 隠れ債務処理方法の問題点

1．近年の最終処理事例

▷国鉄債務処理策

これまでに、政府によって処理された隠れ債務の代表が1980年代の「国鉄長期債務」である。前述のように、国鉄長期債務は民営の新会社JRの負担金と国の負担金とに分割された。

国鉄債務処理においては、新規建設路線については極力抑制措置がとられた。不採算路線については、主として鉄道から便益を受ける地域の資金による運営に移行した。第三セクター方式等への転換によって、経営改善が図られた場合も多い。国鉄保有資産の多くは、バブル後に遅ればせながら処分され、債務の返済に充てられた。旧国鉄は、地域ブロックごとに分割されたうえで民営化された。

1980年代の国鉄民営化に際しては、国負担分が定められた。国負担分について、一部をタバコ税等の増税で賄ったうえで、残りについて、まず第一段階として、新たに膨大な金額の長期公債の発行で賄う措置がとられた。その次の段

階で、この新たな国債を年々の国の税収で返済することになった。つまり、最後には、一般会計の国債発行に活路を求めることになった。要するに、最終的には国民の税金で長期間にわたって返済する措置がとられた。その理屈づけとしては、旧国鉄の輸送事業に公共性が高かったことが考えられる。しかし、政府の財政支援によって、債務を膨張させ続けた国鉄経営者の当事者責任については大幅に軽減されたことになる。

▷国有林野債務処理策

　前述のように、1990年代の「国有林野事業債務」についても、国鉄債務処理策と同様な措置が採用された。公債を発行するということは、とりもなおさず事業の累積債務が後世代の人々の税金で支払われることを意味する。

　国有林野事業が果たして後世代の膨大な財政負担に見合う事業なのか、費用と便益をつき合わせて検討すれば、多重債務を抱えた国有事業として継続するのではなく、債務増大を防止するための最終選択として、早期に民営化を図ることもできたはずである。

　国有林野特会については、今後、治水や保水に関する森林の管理や保全等の公的機能だけを国に残して、森林伐採等の収益事業は民営化すべきである。その際に、特会が分担した割り当て債務は新会社に引き継がせ、これ以上の租税負担は皆無とすべきである。

2．隠れ債務既処理策の特徴

▷処理後は公債（表債務）に変化

　隠れ債務は、表債務である公債発行等による最終処理がなされる前の未処理債務である。隠れ債務の最終処理（返済）方法が公債発行によってなされることが決着した段階で表債務に算入されてきた。将来世代におよぶ本格的な返済が開始されるのはこの段階からである。

　したがって、これまでの隠れ債務の最終処理（返済）は現在及び後世代にわたる国民の租税に頼る結果となっている。隠れ債務が生じた事業は、最初は資金回収が可能と見込まれがちなために年金や郵貯等の有償資金がつぎ込まれる

が、資金繰りがますます悪化すると、最終処理は国民の租税に頼るしかなくなる。ここに、最大のトリックがある。つまり、隠れ債務といえども自力で返済できなければ、最後には必ず国民の租税負担の増大を招来するのである。

すでに債務の処理方法が確定した国鉄（公社）改革と同様に、国有林野（特別会計）改革も、同様に60年償還ルールの国債発行によって最終処理がなされた。この長期国債は、将来の世代の租税によって長期返済される見通しになっている。そうすると、子どもや孫の代までが過去の債務のツケを払い続けなければならないため、21世紀後半まで債務が残ることになる。

旧国鉄債務について、民営新会社JR負担分は経営改善によって減少しているのに政府負担部分は長期国債に頼ったため、ほとんど減少していないという問題もある。このような処理方法は、現世代の膨大な債務残高を長期公債というローラーで60年償還の長い道のりにならしたにすぎないため、何ら抜本的な解決策にはなっていない。

最近の隠れ借金の処理方法は、家計にたとえると、様々なローンによる商品購入の多重債務に耐えかねた個人がすべての債務を一本の長期ローンにまとめて支払おうとするようなものである。自動車ローンや教育ローン等の5年ぐらいの短期債務を、30年の住宅ローンを組む際に、オーバーローンを認めてもらって住宅ローンにまとめて一本化して借り換えたようなものである。

このやり方は、当面の返済額を軽減することによって生活費を工面するための方策であり、当面の過重負担を回避するためのカンフル注射としては有効である。しかし、将来の返済期間が長くなるため利子負担は増加し、返済総額は増え続ける。長期にわたる多額の債務は、長期間にわたる家計の支出を拘束するため、長期的に見ると家計の収支はますます硬直化する結果をもたらす。

▷将来世代の租税に頼る最終処理策

これまでに実施されてきた新たな公債発行による債務処理は、様々な特別会計等の債務を一般会計の公債発行に移し変え、将来世代の負担に転嫁しただけである。債務の形態が変わっただけであり、何の解決策にもなっていない。公債の累積によってこれ以上一般会計の硬直化が進めば、一般会計は債務を返済するための債務整理会計になりかねない。

租税財源の乏しい低成長期には、できるだけ多くの事業を実施するために租税以外の財源が模索されてきた。借入金が増大した事業は、収益性の高い事業であるため、返済可能であるという前提で実施されてきた。しかし、膨大な事業の赤字が発覚すると、結局は無理な資金繰りによって強引に非採算事業が推進されてきたことが明らかになってきた。今日では、長年にわたる放漫経営のつけである長期国債をいかにして返済するかが、大きな課題となって国民の肩に重くのしかかっている。

▷今後の隠れ債務処理策

これまでの隠れ債務の返済方法は、何ら抜本的な解決策にはなっていない。長年にわたって蓄積されてきた隠れ債務を、国債発行による長期債務に置き換えただけである。言い換えれば、隠れ債務を表債務に変えて、その負担を将来世代の国民の租税に転嫁したものである。あまりにも膨大な額の長期国債の返済が求められているため、実際の返済は遅々として進んでいない。

膨大な債務を実質的に早期に返済するためには、必要な歳出抑制策を実施したうえで、新たな返済資金を調達する以外にない。それは、家計でたとえれば、支出を減らすか収入を増やして、ローンの繰り上げ返済を実施することと同じである。

財投機関の債務処理も、まだこれからの課題である。近年の財投改革によって、財投資金調達は旧財投原資に限定しない市場資金の運用が目指されているが、その成果はまだ十分ではない。いずれにせよ、過去に発生した膨大な債務に対する資金回収義務は残されている。

今日では、無数の政府関係機関も、旧国鉄や国有林野事業と同様に早急な債務処理を迫られている。その代表である道路四公団や本州四国連絡橋公団についても、旧国鉄と同様の分割・民営化策推進の方向で改革が進んでいる。しかし、国鉄民営化時代とは根本的に異なる点がある。今日では、国の租税財源が乏しいため、国が債務の肩代わりをできない点である。道路公団には、国鉄のような売却資産が乏しいことも不利な点である。地価も底値なので、新規建設路線をすべて凍結しても自力での資金回収の望みは薄い。

今日では、1990年代の国鉄事業の清算の時代よりも租税（一般会計）の資金

繰りはますます悪化しているために、租税負担をできるだけ少なくして債務を返済する方法が模索されている。

　特殊法人、とりわけ道路公団の債務の清算にあたっては、既設と新設の道路事業から利益を受ける真の受益者を最終負担者として決定する作業を進める必要がある。財政投融資事業を実施してきた多くの政府関係機関では、民営化に伴う債務の清算に際して、累積債務の負担をいかにして最終負担者へ振り分けるかという決断に迫られている。

第9章

小泉内閣の財政改革

第1節 経済財政構造改革

1．財政改革の位置づけ

　小泉内閣は、一口で「構造改革内閣」と称されてきた。小泉改革のもとで、構造改革の第一歩が進んでいる。しかし、この内閣の改革の正式名称は、「経済財政運営及び経済社会の構造改革」である。要するに、経済・財政・社会の構造改革である[*1]。この改革が財政改革をうたっている以上、国の一般会計、特別会計、財政投融資のすべてにメスを入れるものでなければならない。

　しかし近年では、構造改革の項目中、最も優先すべき「財政」構造改革が議題に上ることは少なくなった。それゆえ、一般会計を中心とした財政全体の改革は遅れている。

　小泉改革の中身を見ると、「財政投融資改革」が中心になっている。第二の予算である財政投融資には問題が大きいので、ここから先に改革に着手することは理にかなっている。財投改革抜きに一般会計の表債務である公債発行を抑制するだけでは意義は薄い。なぜなら、財投機関の借り入れは膨大な累積債務と化しており、他方財投原資は様々な国家会計の隠れ債務を生み出す温床となってきたからである。

　小泉内閣の財投改革では、行政改革が並行して進められている。その中でも、財投資金の融資先である特殊法人を分割・民営化することが財政改革の柱になっている。小泉内閣の財投改革は、以下の三つの方針で実施されている。

❶財投資金を浪費する政府関係機関（特殊法人）の分割、民営化は、組織改革の柱である。

❷財投の市場性を高めるための財投債、財投機関債の導入は、資金面から市場性を導入するための改革である。

❸財投資金の源泉をなす郵便貯金の民営化は、旧来の財投資金のパイプを断つ

ための重要な改革項目である。

　財投改革は、財政融資資金全体に及ぶ、財政全体に長年にわたって蓄積された財政ストックについての改革である。とりわけ、道路公団等の特殊法人の累積債務の処理が最大の課題となっている。財投資金の最大の原資は郵便貯金なので、この改革が郵便貯金民営化改革と並行して進められていることは効果的である。ただし、債務増大の歯止めとして、もう一方の財投資金である年金資金からの公的借入を抑制しなければ十分な改革とはいえない。

　他方、小泉改革では、財政本体の一般会計の歳出抑制と公債発行抑制を軸とした「財政改革」は軽視されている。小泉内閣が発足当初の「公債発行30兆円枠」という公約を破ったため、表債務としての公債が野放図に発行されるようになった。もっと深刻なことに、公債30兆円枠を厳守しているかのように装うために、隠れ借金である借入金がかつてない規模で急増している。地方交付税特会債務がその代表である。また、NTT株式売却益等の余剰資金を駆使した様々な会計操作がなされてきた。

2．社会保険料負担上昇

　近年の小泉改革では、国民負担の面から見ると、消費税を代表とする租税の増徴を控えたことが特徴的である。しかし、そのための財源不足分を、社会保険料の値上げと自己負担分の引き上げによる支出抑制によって補った。年金改革における保険料負担の増大や医療保険における老人や給与所得者の負担割合の増大等がその典型である。

　これまでの医療費の過剰な補助は、健康管理意識の喪失や不要な薬の投与やそれによる健康悪化といったマイナスの資源配分を助長した。このことはまた、健康に気を配った生活をする人が、健康に無頓着な人の医療費の分も負担するという誤った所得再分配をもたらした。

　平成14年4月から、給与所得者等の被保険者の本人負担割合が3割に引き上げられた。また、外来薬剤一部負担金が廃止された。平成14年10月1日実施分からは、70歳以上の老人負担も原則1割とし、一定以上の所得者は2割に改正

された。また、70歳以上の老人の高額療養費1ヵ月あたりの自己負担限度額が引き上げられた。[*2]これらの改革によって、当面の保険財源の破綻は回避された。

これまでの歴代政権の医療費軽減、とりわけ老人医療費の軽減を目指した改革は政権延命のために利用されてきた。老人医療費の軽減は、老人医療費の一部を、一時余裕のあった企業の組合健保等に負担させる「老人拠出金」という非常手段によってかろうじて成り立ってきた。しかし近年では、企業健保の財政も悪化したため、健康保険財政は破綻の一途をたどっていた。万一、小泉内閣の保険料値上げがなければ、高齢者等による医療サービスの受給は無際限に増大することが確実であった。そうなると、将来の社会保険料や租税等を合わせた国民負担率は、うなぎ登りに上昇することは避けられない。

年金についてはすでに財源が破綻寸前なので、保険料を引き上げて給付を引き下げる方向で改革がなされている。今後は、現在の受給者である高齢者全般に対する給付率の引き下げ等の抜本的な改革が求められる。

3．従来の「財政構造改革」との相違

平成8（1996）年～9（1997）年にかけての「財政構造改革」は、歳出削減による公債発行抑制を目指した財政改革であった。それに対して、平成13年度～14年度の小泉改革では、特殊法人を中心とした行政改革に軸足を置いている。

しかし、構造改革を旗印として発足した小泉内閣だが、平成14（2002）年度は民間経済の不良債権処理策に翻弄されてしまった。平成14（2002）年度および15（2003）年度の内閣府『財政・経済白書（年次経済・財政報告）』の主要テーマは、民間経済の不良債権処理策に終始している。財政改革が忘れさられたため、平成15（2003）年度予算では、すでに当初予算から公債発行額36兆円が予定されていた。

小泉内閣の「構造改革」から「財政構造改革」という柱をはずしてしまえば、行政改革においてコスト意識が見失われる。そうなると結局は、財政の放漫経営となって空中分解してしまうことは確実である。民営化によるコスト意識の徹底によって租税負担を抑制するという行政改革の理念が失われるからである。

仮に、租税を投入しないで特殊法人民営化等の行政改革が実施されたとしても、経常経費調達等のために無際限に公債が発行されれば、将来の租税負担が増大するため、行政改革によるコスト削減の意義は失われる。これではまるで、穴の空いたバケツで水を汲み続けるようなものである。

これまでの小泉内閣の一般会計の財政赤字を容認する姿勢が続けば、道路公団等の特殊法人改革においても、なしくずし的に租税投入というカンフル注射が行わる可能性がある。そうなると結局は、旧国鉄改革や国有林野事業の債務処理のように、公債発行によって後世代の財政負担を増やして急場を救おうとする延命措置が横行することは確実である。

ふりかえれば、昭和56（1981）年3月には、第二次臨時行政調査会[1]がスタートした。ここでは、元石川島播磨重工社長として、二つの企業の再建に成功した土光敏夫氏が会長を務めた。第一次中曽根内閣時代（昭和57年11月～58年12月）には、この改革が、政策の中心課題として取り組まれた。第二臨調は、昭和58（1983）年3月に最終答申を提出して終了・解散した[*3]。そこでは、当時の国家的な財政負担となっていた三公社五現業[2]や特殊法人を含めた抜本的な改革が求められた。しかし第二臨調に基づく改革は、三公社の民営化で幕を閉じたため、残る5現業と財投資金を乱費する特殊法人改革にはまったく手がつけられなかった。小泉内閣が万が一構造改革に成功すれば、日本の経済・社会は21世紀の高齢化社会に適した体制に改革されるものと期待される。

---

[1] 「第二次臨時行政調査会」「臨調」、「第二臨調」とも略される。昭和56（1981）年3月に発足した行政改革のための審議会。委員は会長の故・土光経団連名誉会長以下、財界、官界OB、労働界、言論界、学界等から選ばれた9人で構成。1983年3月まで2ヵ年にわたりわが国の行政実態を全般にわたり調査検討し、行政制度および行政運営の改善に関し内閣総理大臣に第一次から最終まで五つの答申を行った。その活動は、その後の臨時行政改革推進審議会（行革審）に引き継がれ、十数年に及ぶ行革運動の原点に位置している。「第二階調」の流れは以下の通り。

【第二臨調の流れ】
```
1981. 3. 16  設置
      7. 10  第一次答申（財政支出削減と行政合理化）
  82. 2. 10  第二次答申（許認可等の整理合理化）
      7. 30  第三次答申（基本答申）
  83. 2. 28  第四次答申（行政改革推進体制の在り方）
      3. 14  第五次答申（最終答申）
```

4．行政改革の進展

　1990年代の財政構造改革では財政構造全体の改革という視点が弱かったため、改革が一般会計の狭い枠組みに限定されてしまった。そこでは、一般会計の改革で手いっぱいとなり、郵貯や年金等の政策資金の乱費には目が行き届かなかったため、財投資金改革は後回しにされた。そのため、行政改革との連携の視点が弱くなり、特殊法人改革にメスが入らなかった。一般会計中心の財政改革だけが先行したが、財政の外郭部分である特別会計や政府関係機関等の行政改革には着手されなかった。それに対して小泉改革では、政府機関の組織改革が真正面から取り組まれている。郵貯や年金等の政府の預かり資金は、一般会計や特別会計の財政全般にわたる債務を誘発するという大きな問題もあるため、重要な改革である。

　小泉改革以前の財政改革では、一般会計に限定された改革であったため、改革をすすめている最中にも国家財政全体の債務が増大していくという矛盾をはらんでいた。改革の方向を誤らせた原因は、不況による税収不足が今日ほどひどくはなかったため、財政出動による安易な景気拡大策が期待されたことにある。債務残高の大きさも今日ほど深刻ではなかったため、財政赤字を持続することが将来も可能であるように錯覚された。

　これまでの財政改革では、行政改革については一般会計に直接の財政負担をもたらす部分に限定されてきた。それに対して小泉内閣の財政構造改革では、財政改革を特別会計や財政投融資も含めた総体として捉えることから出発している。今後、財投資金を乱費する政府関係機関（特殊法人）、特に道路公団の改革が、租税投入をしないで成功するかどうかが注視される。財投資金をふんだんに使用する政府関係機関（特殊法人）の債務全体を総点検しなければ、財政全体を改革したことにはならない。民業を圧迫する公企業をそのまま放置したのでは、民間経済の景気を回復することもできないからである。

　小泉改革では、財投原資改革も並行して進められているのが特徴である。郵貯・年金等の貯蓄性資金の安易な政府管理が政府の公債発行、借入金の引き受け資金となり、さらに、財投機関の放漫経営による債務増大をもたらしてきた

からである。その改革の中心課題が郵便貯金改革である。

その財政改革の一環として、財政ストックの代表である財政投融資改革が緒につき始めている。財政投融資資金の資金調達方法について、市場原理を反映した方法に切り換えるための改革が進んでいる。この改革は、政府関係機関の民営化を目指す行政改革の進展にとっても効果的である。

第2節 財政規律の後退

1．公債発行額の上限公約

▷30兆円枠規制

すべての政権が遵守すべき歳出抑制基準が導入されない限り、財政規律は正常に働かない。政権ごとに債務がたらい回しにされてきた我が国では、すべての内閣の財政規律を律する統一的な評価基準の適用が求められている。財政支出抑制策を有効にするためには、我が国でもアメリカのキャップ制度[3]等、先進国の財政改革と同様の基準を導入する必要がある。

小泉内閣の公債発行額30兆円枠規制は、一内閣の単年度ごとの公債発行額を規制する債務の枠にすぎないが、今後の政権交替においても引き継ぎ可能な分かり易い基準であった。

---

(2) 「三公社五現業」かつて存在した3つの公社（日本国有鉄道・日本専売公社・日本電信電話公社）と5つの現業官庁（郵政・国有林野・印刷・造幣・アルコール専売の各事業部門）を意味する。(広辞苑第5版)

　　三公社は、第二臨調（1981～1983）によって、すべて民営化された。昭和60（1985）年4月に、日本電信電話株式会社と日本たばこ産業株式会社が発足した。さらに、昭和62（1987）年には、6つの旅客鉄道株式会社（JR北海道、東日本、東海、西日本、九州、四国）と日本貨物鉄道（JR貨物）が誕生した。

　　5現業については、小泉構造改革によって、平成15年4月1日から、郵政公社や独立行政法人国立印刷局、独立行政法人造幣局に生まれ変わった。さらに、平成15年10月には、独立行政法人新エネルギー・産業技術総合開発機構（NEDO）が、誕生した。

表9−1　小泉内閣時代の一般会計公債の推移　　単位：億円

年度 平成	公債発行額（公債依存度、％）			うち特例公債発行発行額			公債残高（うち特例公債残高）	公債残高GDP
	当初	補正後	実績	当初	補正後	実績		
	億円	億円	億円	億円	億円	億円	億円	％
12	326,100 (38.4)	345,980 (38.5)	330,040 (36.9)	234,600	234,600	218,659	3,675,547 (1,584,402)	71.3
13	283,180 (34.3)	300,000 (34.7)	300,000 (35.4)	195,580	209,240	209,240	3,924,341 (1,761,227)	78.1
14	300,000 (36.9)	349,680 (41.8)	349,680 (41.8)	232,100	258,200	258,200	4,276,538 (1,989,818)	約86
15	364,450 (44.6)	—	—	300,250	—	—	4,504,989 (2,310,570)	約90

注1．公債依存度は、公債発行額／一般会計歳出額である。
　2．公債残高は各年度の3月末現在額。ただし、平成14、15年度は見込み。（14年度は、15年度借換国債の14年度における発行予定額約9兆円を含む）。
　3．GDPは平成13年度までは実績、14年度は実績見込み、15年度は政府見通し。
　4．10年度〜15年度の特例公債残高には、国鉄長期債務、国有林野累積債務等の一般会計承継による借換公債が含まれる。
　5．小泉内閣は、平成13年4月26日に成立した。
出典：財務省HP「財政関係諸資料」（平成15年8月）による。

▷30兆円枠規制の崩壊過程

　公債発行額30兆円限度枠を守ることが小泉内閣の使命とされた。30兆円枠は、公債発行額を抑制するための分かり易い基準なので国民にも広く理解された。しかし、この分かり易い基準でさえ、次第に守られなくなっていった。

　小泉内閣が、消費税等の増税に頼らずに歳出抑制によって財政再建を成し遂げようとしたことは理想的であったが、実際の予算編成は理想から遠ざかっていった。

　小泉内閣時代の公債発行額の推移を見ると、①平成13年度予算では、補正後予算における公債発行額30兆円枠が守られている。②しかし、平成14年度予算では、当初予算で30兆円枠が守られただけであり、補正予算によってさらに大規模な国債発行がなされている。③平成15年度予算では、ついに当初予算の段階から30兆円枠が放棄されている。やせ細った一般会計という川の中に公債と

いう黒い濁流が流れ込んだために、財政資金という水質の悪化が続いているのである。

財務省資料によれば、平成14年度当初予算額は81兆2,300億円、公債発行額は30兆円である。それに補正額を加算すると、補正後、予算額は87兆2,300億円、公債発行額は35兆円となる[*4]。

平成14年度予算における補正予算額は6兆円である。その財源は、①新規公債発行額5兆円、②予算の使い残し等1兆円である。

その使途は、①税収不足の穴埋め2兆円、②公共事業（環境再生やリサイクル推進）1.5兆円、③安全網整備（雇用保険見直しや中小企業支援）1.5兆円、④義務的経費等（社会保障や災害復旧）1.2兆円である[*5]。

さらに、小泉内閣の平成15年度予算では、予算編成方針の大転換によって当初から30兆円枠突破が予定された。要するに、小泉改革の歳出削減による財政再建が失敗したのである。

平成15年度予算では、内閣発足当初の目標である国債発行額30兆円枠をはるかに超える国債を平気で発行している。平成15年度予算の財務省原案（平成14年12月発表）では、一般会計81兆7,891億円のうち公債発行額が36.4兆円（公債依存度44.6％）となっており、歳入の半分弱を公債で賄う計画が示されている。

租税不足分を巨額な公債で賄う方法をとれば、増税よりもはるかに危険な状

---

(3) 「キャップ制度」（Cap）アメリカでは、40代大統領のレーガン政権時代（1981-1989）の減税と軍事費等の歳出増加によって、貿易赤字と財政赤字という「双子の赤字」に苦しんでいた。そこで、41代ジョージ・ブッシュ大統領時代（1989-1993）の1990年11月に、「90年包括財政調整法」（Omnibus Budget Reconciliation Act of 1990）を制定して、歳出抑制を図った。そこでは、メディケア（高齢者等医療保険）や農業補助金等の義務的経費や国防費等を中心とする裁量的経費の削減を実施した。また、予算手続き上の法的枠組みとして、1995年度までの間、各年度ごとに、裁量的経費の総額に上限（Cap）を設ける制度を導入した。さらに、義務的経費についても、Pay-as-you-go 原則を導入して、制度改正によって義務的経費を増加させる場合、又は減税を実施する場合、その財源負担増に見合った増税又は歳出削減を伴なわなければならないことが、定められた。この制度の有効期限は、その後の財政改革でも延長されてきた。しかし、ジョージ・ブッシュ Jr 大統領の時代（2001-）に、テロ対策等の国家危機管理政策を優先させたため、2002年9月30日をもって、キャップ制度及び Pay-as-you-go 原則は、失効した。（財政制度審議会『財政構造改革特別部会海外調査報告』平成10年7月及び財務省 HP「財政の現状と今後のあり方」平成15年9月）

態に陥る。現在の公債発行は、将来の増税によって返済するしかないからである。その場合には、複利計算で増加した公債利子の分も含めた増税がなされるため、当初からの増税よりも巨額な負担となることが確実である。

もっと大きな問題は、一般会計・特別会計における借入金が急増している点である。表債務の公債発行額が抑制された分だけ、裏債務の隠れ借金が急増しているのである。地方交付税特会における借入金の急増は、その典型である。返済見込みの乏しい借入金の急増は、遠からず次世代と次期政権にとって重い負担となることは確実である。このまま債務が増大すれば、最終的には国民の租税を投入する以外に支払い手段はなくなるであろう。

小泉内閣時代において、税収不足の深刻化に伴って財政規律が次第に悪化してきていることが分かる。この枠が簡単に破られた理由は、「公債発行30兆円枠」等の財政規律を守ることが単なる公約にすぎず、法律上の規制を受けなかったことにある。このような、長年続いてきた次期政権に債務をたらい回しにする無責任な体制をどこかで終わらせる必要がある。

▷国債発行額30兆円枠法制化の動き

小泉首相は、平成15（2003）年1月23日の衆議院予算委員会で、平成15年度予算の国債発行が30兆円枠を大きく超えたことに対して、質問した菅直人民主党代表に対して、「国債発行額30兆円枠」の公約は「大したことではない」と言い放った[4]。このことは、小泉内閣の姿勢を問う問題として国民的な批判の的になった。小泉内閣の公債発行額30兆円枠の公約は、法制化を逃れて空約束としてしか機能しなかったために、簡単に破棄されてしまった。

公債発行額30兆円枠の問題は、平成13年5月1日に、民主党から法律で縛るための法案が提出されていたものである。小泉首相の答弁では、むしろ「法律で縛られなかったために、目いっぱい財政政策がやれた」として、公約違反を自慢する形になっている。公債は、憲法または法律で各政権の発行限度枠を縛らない限り、結局は各政権の意のままに無制限に発行されてしまうことが分かる。

> 〔平成13年度から平成15年度までの間の各年度における公債発行額の限度に関する法律案要綱[*6]〕民主党2001年5月11日
> 　1　目的
> 　この法律は、国の財政収支の著しく不均衡な状況、国の公債残高の急増等による国の財政の異常な事態に対処するため、財政構造改革の一環として、平成13年度から平成15年度までの間の各年度における公債発行額の限度を定め、もって国の財政の健全化及び国民経済の安定に資することを目的とすること。（第一条関係）
> 　2　公債発行額の限度
> 　平成13年度から平成15年度までの間の各年度においては、財政法第4条第1項ただし書の規定により公債を発行することができる金額及び特例公債（同項ただし書の規定により発行される公債以外の公債であって、一会計年度の一般会計の歳出の財源に充てるため、特別の法律に基づき発行されるものをいう。）を発行することができる金額を合算した金額の限度は、30兆円とすること。（第二条関係）
> 　3　施行期日
> 　この法律は、公布の日から施行すること。（附則関係）

2．隠れ借金増大に支えられた30兆円枠

　平成15年（2003）3月10日には、平成13（2001）年度決算に関する参議院決算委員会が開かれた。休憩をはさんで午後からの質問では、民主党の佐藤泰介議員が隠れ借金に関する独自の調査結果を発表した[*7]。その中で、小泉政権

---

(4) 国会は、平成15（2003）年1月23日午前、衆院予算委員会を開き、2002年度補正予算案に関する基本的質疑に入った。野党の最初の質問者である民主党の菅直人代表は、首相の就任時の公約である「国債発行30兆円枠」等が守られていないと批判した。小泉首相は、経済情勢の変化等を理由にして、「もっと大きなことを考えなければならない。この程度の約束を守れないのは大したことではない」と言い訳した。〈日経新聞〉2003年1月23日

が発足した平成13年度中に発生した隠れ債務についてまとめており、小泉首相の公約である公債発行額30兆円が表面上維持されたように錯覚されるのは、隠れ債務にしわ寄せした結果であると指摘している。小泉内閣では、公共事業を抑制した分だけ建設国債の発行が抑制されているが、その分だけNTT資金からの借入金を増やしている。

〔平成13年度に限って、新規に発生した隠れ借金〕
——参議院決算委員会における佐藤泰介議員の調査結果——

1．改革推進公共投資（NTT株式売却資金）　2兆5,000億円
NTT株式売却収入からの借入資金である。一般会計⇒産業投資特別会計⇒その他の特別会計、という資金の流れになっている。もともと「国債整理基金」に入っていた財源であり、国債の返済に充当すべき財源である。この借入資金は、5年後に返済する義務がある。

2．交付税特会における新規借入金　2兆1,636億円
本来年度内に交付税特別会計に繰り入れる予定だった資金を繰り延べ、平成19年度以降に先送りしたものである。

3．支払が繰り延べられた資金　1兆3,518億円
※支払うべき資金を払わないで繰り延べした分である。
　①通常の収支不足分の借入金の償還金　7,091億円
　②恒久的減税分の償還金　1,216億円
　③その他　5,211億円
　　A．平成13年度に、一般会計から特別会計へ繰り入れることを約束していたもの
　　B．平成13年度に、新規に繰り入れることを約束したもの。

以上を合計すると、平成13年度に生まれた新規の隠れ借金の総額は、総合計6兆154億円となる。平成13年度の本当の国債発行額は、正規国債額30兆円に隠れ借金6兆154億円を加算した合計金額36兆154億円となる。そうすると、最

初から国債発行額30兆円枠は崩れていたことになる。これについては、総理大臣から国民への説明義務が生じている。

また、財政法第6条には、「決算上の剰余金の公債又は借入金の償還財源への充当」が規定されている。しかし、同日の決算委員会におけるその後の質疑で江本孟紀参院議員の質問に示された通り、わが国には決算上の剰余金がなくなっている[*8]。

公債発行額だけでなく、隠れ借金を白日のもとに示すためには、一般会計、特別会計、地方財政のすべてを一覧で示すように決算情報開示を実施する必要がある。

3. 国の長期債務拡大傾向

小泉政権が担当した平成13年末〜15年末までのわずか2年間の間に、国の長期債務が激増している。「構造改革」を旗印として出発した小泉政権が政権を担当する期間に、国の財政が前例のないほど悪化しているわけである。この「構造改革」は、国民の痛みを伴う費用負担の改革を成し遂げつつある。それは、社会・経済全般の基本的な費用負担方法にわたる改革であるが、当面の財政構造の改革には貢献していない。

公債残高が急増している理由は、第一に、過去に発行した公債が借り換えら

表9−2　小泉内閣の債務増大

項　目	平成13年度末実績	14年度末実績	15年度末見込(予算)
普通国債残高	392兆円	421兆円	450兆円
その他の国債残高 （財投債を除く） 一般会計借入金残高 特別会計借入金残高	122兆円	114兆円	68兆円
長期債務残高	514兆円	536兆円 (487兆円)	518兆円

注．平成14年度末の（　）内の数字は、郵政事業特別会計及び郵便貯金特別会計の借入金残高（合計49兆円程度）を除いた場合の数値（両特別会計は、14年度末で廃止）。
出展：財務省HP「財政関係諸資料」平成15年8月による。

れただけであり、返済が進んでいないこと、第二に、そこに、補正予算等によって新たな公債が次々に発行されたために公債の純増となったためである。

　その他の国債と借入金の合計残高を見ると、平成15（2003）年度末見込額は、平成14（2002）年度末見込みと比べると46兆円減少している。その理由は、平成15年度からの郵政公社発足という制度変更によるものである。それに伴って、郵政事業特別会計及び郵便貯金特別会計が廃止されたことによって、両特別会計、とりわけ郵便貯金特別会計が抱えていた借入金残高がすべて郵政公社に引き継がれたためである。このことによって借入金残高が返済されたわけではないが、政府の借入金を減少させる方法としては一つの新しい方法を示している。

第10章

実効性ある財政構造改革

第1節 危機対応型財政への移行

1．アダム・スミス財政の原点

　経済学の祖であるアダム・スミスは、財政の役割として国民の生命と財産を守ることを最重要課題と考えた。そのために、国家に固有の財政課題は国防と司法による国民生活の安全を守る活動が中心であると主張している。しかし今日では、財政の守備範囲が拡大した結果、アダム・スミスの基本原則の重要性が忘れられている。現代では、政権担当者が、国民や企業の様々な要望を満たすことを至上課題として行動するために財政支出は膨張の一途をたどってきた。そして、それに逆行して、国民の生命と財産を守るという国家財政の基本課題は軽視されるようになってきた。

　アダム・スミスは、主著『諸国民の富』で国家の役割を最小限にとどめるように主張している。国家の役割について、個人や企業ではできない公的な役割に限定して次のように述べているのである。

「自然的自由の体系は、主権者につぎの三つの義務を託しているにすぎない。すなわち、(1)防衛(2)司法制度、および(3)ある種の公共土木事業がそれである」[*1]

　現代では、国家活動が増大するにつれて、その弊害が目立ってきた。とりわけ、政府による景気対策のための財政支出拡大策に対する批判が高まっている。市場経済を支配する需要と供給の法則である「神の見えざる手」に反する極端な市場介入策はすべて失敗に帰した。経済・財政政策の根幹は、アダム・スミスの主張した市場原理に沿ったものでなければならないことが明確になりつつある。

2．R.A.マスグレイブの市場補正機能

アダム・スミスの死後、経済・社会の構造が複雑になった現代では市場の失敗を補正するための財政の新しい役割として、アダム・スミスの指摘した国防、司法、公共土木事業等の国家の基本機能以外にも多くの課題が生まれている。

現代国家の財政の役割については、マスグレイブ（Richard A.Musgrave）[1]によって、①資源配分機能、②所得再分配機能、③景気調整機能、の三種類にまとめられている[*2]。

資源配分機能は、国家の財政課題として社会の限られた資源や資金を効率的に配分するための機能である。その中でも、年金、医療、介護保険等の社会保障の推進等が重要な課題となっている。しかしその場合でも、過剰なサービスが供給されると次第にコスト意識が低下していくために、国家資金は浪費されてしまう。国民の生命と財産の保護という基本原則に立って受益と負担の一致に配慮した資金配分を実施しなければ、財源難に陥って制度が破綻することが確実だからである。

所得再分配機能の充実の面からも、例えば社会保障制度の充実、とりわけ公的年金制度、医療制度、介護保険制度、失業保険制度等の社会保険制度に対する国庫補助等の課題が重要になっている。

3．国家危機対応型財政

今日の日本では、様々な財政課題が追求されているにもかかわらず、国民の生命と財産の安全という国民生活の基本課題が脅かされている。社会の急変に

---

[1] Richard A.Musgrave（1910～）。アメリカの指導的財政学者。ドイツ生まれ。1933年、ハイデルベルク大学卒業後にアメリカに渡る。ミシガン大学、ハーヴァード大学等を経てカリフォルニア大学教授となる。財政学の理論的水準を高め、財政理論と財政の現実とを融合させることに貢献した。予算は、ケインズ論者の主張するように経済安定目的のみに奉仕すべきではなく、①資源の効率的配分、②所得分配の適正化、③経済の安定という三大目的の実現に寄与すべきであるとした。代表著書『財政理論』は、精緻な抽象理論で構成されている。（東洋経済新報社『体系経済学辞典』（第6版）1984年）

伴って犯罪も多発している。隣国による拉致問題も表面化し、国家の威信が問われている。また、平成大不況下で外国人犯罪等が急増しているにもかかわらず、凶悪犯の検挙率は低下の一途をたどっている[*3]。

経済不況の影響から都市の至る所に失業者やホームレスが増加して、深刻な社会問題ともなっている。平成15年3月段階では、東京、大阪、愛知県を中心としてホームレスが2万5,000人にまで増加している[2]。ここに、税金の優先すべき使途があることは明白である。

不況のさなかの平成14（2002）年に、政府とりわけ国土交通省は、多摩川に出現した一匹のアゴヒゲアザラシの命の救出をめぐって何度も検討会議を開いた。しかし、同じ政府は、都会にあふれる失業者やホームレスの急増に対しては何ら有効な対策を検討・実施していない。沿岸の自治体は、このアザラシに「住民票」を与えた[3]。しかし、長年日本に居住する多くの外国人からは、自分達が住民とは認められていないとして、怒りの声が上がった。これらのことからして、国家の最優先すべき財政の役割と税金の使途が誤った方向に向いていることは明白である。

4．財政資金備蓄の必要性

我が国では、その立地条件の特殊性から、絶えず自然災害による危険にさらされている。日本は、阪神淡路大震災に代表されるように、世界でも稀にみる地震災害が多発する国である。東海大地震もいまや勃発の危機が迫っている。津波の被害も恒常化してきており、台風やそれに伴う洪水被害も多発している。また、日本列島には大きな火山帯がいくいつも通っているため、年々、活火山の数が増大する傾向にある[4]。これらの事態に備えるために、財政資金の膨大な備蓄が求められている。しかし、我が国の万一の場合に備えた財政資金の備蓄は皆無である。

災害、疫病やテロ等の災厄を防止するという課題も重くのしかかっている。災害やテロに対する備えや石油や食糧の備蓄が求められている。今日の我が国では、個々人の権利の拡充だけでなく、国民全体の利益を守ることを重視すべき時代に入っている。国民全体の生命と財産の保護という公共性の高い目標の

達成のためには、個々人の行動の自由が制限されたり、対策資金を租税として拠出させられることはやむをえないことである。今後は、より一層の財政資金の備蓄による危機管理対応能力の向上が図られるべきである。

20世紀後半からの地球温暖化や酸性雨等の影響で、世界の環境が悪化している。中国大陸の経済発展に伴って、中国大陸の工業粉塵の日本への落下現象も深刻化している。国民生活や農業等の産業への影響も甚大に上るため、近い将来に予測される環境被害に対する対策費を確保しておく必要がある。

5．経済危機と不良債権管理

近年の日本では、古臭い経済理論に基づいた財政政策が実施されたため経済の混乱がもたらされた。その最たるものは、バブル経済の形成と崩壊である。これによって勤勉な国民の日々の生活は脅かされ、毎年3万人の自殺者[5]が生み出されている。誤った経済政策を指導した官庁も、それに踊らされて金融、

---

(2) 厚生労働省は平成15年3月26日、ホームレスに関する全国調査結果を発表した。調査では、家をもたずに路上や公園などで生活する人は581市区町村で2万5,296人だった。これまで各自治体の個別調査はあったが、国が全都道府県のすべての市区町村を対象に実施したのは、これが初めてであった。国は夏をめどにホームレスの就業確保や医療、人権配慮などを盛り込んだ基本方針をつくり、これを受け都道府県が来年度中にも行動計画を策定することになっている。(毎日新聞2003年3月26日)

(3) 横浜市西区の帷子川護岸に度々姿を見せたアゴヒゲアザラシの子ども「タマちゃん」について、西区役所は2003年2月6日に、独自の「住民票」を交付し、住民登録すると発表した。(『産経新聞』2003年2月6日)

(4) 日本では地質年代の第四紀（約200万年前から現代まで）に生成した火山が200以上あるといわれており、そのうちの86火山は活火山である。活火山については、気象庁や大学、その他の研究機関による監視、観測が行われており、特に、気象庁は活動が盛んな19の活火山について常時観測を行っている。なお、文部省測地学審議会は第5次火山噴火予知計画において、86の活火山を「活動的で特に重点的に観測研究を行うべき火山」、「活動的火山及び潜在的爆発力を有する火山」、「その他の火山」の三つに分類している（内閣府防災部門HP　地震・火山担当⇒我が国の火山対策⇒日本の活火山）。

(5) 年間3万人を超える自殺による日本の国内総生産（GDP）の損失額は、2002年度の1年間で推定約1兆円に上ることが分かった。これは、自殺によって失われた個人レベルの生涯所得の逸失利益を試算した上で、自殺者数と掛けあわせて社会全体の損失額を計算した結果である。(国立社会保障・人口問題研究所「自殺による社会・経済への影響調査」2003年10月25日〈日経新聞〉10月26日)

不動産投資に突き進んだ企業も何ら責任をとってはいない。今日では、新しい経済実態を踏まえた経済・財政理論の形成が求められている。

長引く不況のもとで、大手銀行や大企業の抱える不良債権額は増大傾向にある。公的資金を投じて早急に不良債権の償却(しょうきゃく)を図らないと、いつまでたっても企業経営の健全化は望めない。その対策を実施するための前提として、企業の保有資産残高と不良債権金額を確定して、投入すべき公的資金額を明確にしなければならない。さらに、企業の経営管理責任を明確にした上で、それに見合った措置をとるべきである。しかし目下、政府の保有する不良債権緊急援助資金は乏しい。経済の危機管理が重要性を増す今日、民間企業の不良債権処理のためにいつでも使える政府資金を増額しなければならない。

第2節 表債務(公債)抑制措置

1．債務創出規制指標

すべての政権は、自らの政権の延命を図るために、選挙票の最大獲得を通じて政権の満足度を最大化しようとする。そのために、国民経済の許容する極度額まで公債を発行し続ける傾向にある。

発行された公債の返済財源としては、現在及び将来世代の支払う租税しか存在しない。現在の世代から徴収できる税額は有限なのに対して、将来世代から徴収される租税は無限にあるように錯覚される。とりわけ、インフレが続く好況期には、税の自然増収によって年々の税収が増大する。そのため、租税担保価値が無限に増大するように錯覚される。

政権交替ごとに巨額な債務を創出する構造を断ち切るためには、債務フローの拡大禁止を目的とした「新規債務創出規制法」の制定が求められる。その指標としては、GDPや一般会計の規模に対応して、それらに対する一定割合以上の債務膨張を禁止するという各時代の政権に共通した相対指標を設定する方

法もある。

　各内閣の業績を債務の純減額の大きさに基づいて評価するシステムが導入されなければならない。各政権は、前政権から引き継いだ財政条件のもとで、債務の減少規模の大きさに従って評価されるべきである。逆に、新たに創出した債務の大きさに基づいて批判されるべきである。次期政権に引き渡される債務の大きさは〔新規公債発行額－公債費（元本返済分）〕となる。債務の創出額と返済額について、白日のもとにさらすのが先決である。

　前政権までに積み上げられた債務については、税収不足の不況下では借り換えることは仕方のない面もある。しかし、それを続けるだけではプライマリー・バランス（Primary Balance：PB均衡）[6]にしかならず、財政状況は好転しない。財政状況を好転させるためには、どうしてもプライマリー・バランスが黒字になる必要がある。そのためには、上述の分かりやすい指標によって各政権の債務創出額を規制しなければならない。

2．政権交代ごとの債務規制法

　我が国では、政権担当期間における公債発行額の上限規制と公債償還額の下限規制についての最低限の法的規制がない。そのために政権担当者は、自己の政権担当期間にできるだけ債務に頼って歳出を増やそうとする。その方が国民の人気を得られ、政権が延命できるからである。そして、債務の償還については、できるだけ次期政権にたらい回しにされる。

　今後、国、地方の財政健全化を促進するためには、すべての政権が厳守すべき財政健全化の絶対的基準の確立と法整備が求められる。政権交替にかかわらず、すべての政権を平等に規制する法整備が不可欠である。将来にわたって各内閣が平等に守るべき公債発行制限義務を明記した法制の整備が求められる。

---

[6] プライマリーバランス均衡とは、利払費および債務償還費を除いた歳出が公債金収入（借金）以外の収入で賄われている状況をいう。要するに、過去の政権が大量に発行した公債残高に対する借換え債の発行と利払費の支出を許容したうえで当該政権の経費は租税で調達して、これ以上の債務を増大させない状態を指す。それに対してPB赤字は、通常の歳出が公債で賄われるため新たな債務が創出される状態をいう。PB黒字は、通常の歳出に余裕があり、公債償還ができる状態をいう。

各内閣が発行する国債額については、その規制枠に基づくべきであり、そうすれば各内閣の無際限な公債発行の抑制が可能になる。

　ある政権が単独で財政健全化を達成しようとしても、国民サービスを減少させるためその政権の人気は低下する結果、政権維持のための方向転換にせまられやすい。したがって、そのやり方では、健全財政政策の継続性が将来にわたって担保される見込みがない。仮に、ある政権が公債発行枠を厳守したとしても、次期政権が前政権の努力によって生み出された財政の余裕に基づく公債発行可能枠を利用して極度額まで公債を発行し続ければ、財政健全化努力はたちまち水泡に帰するからである。

　債務膨脹の歯止めとして、将来のすべての内閣を対象として、各内閣の政権担当予算ごとに公債残高を減らすように義務づける必要がある。各内閣がどれだけの新たな債務を創出したのかについて、その責任を明確にすべきである。

　このような法整備は、赤字構造にあえいでいる都道府県や市町村等の地方公共団体においても必要となっている。近年では地方公共団体側から、地方債務を創出する地方交付税政策や総花的な補助金政策からの脱却を求める声があがっている。国の政策の犠牲となって債務で身動きができなくなった地方公共団体では、国に先駆けて自治体独自の政策の導入によって財政赤字構造から脱却することが課題となっている。

　例えば長野県では、田中康夫知事のもとで「脱ダム宣言」と連動していち早く「財政改革推進プログラム」を提案している。長野県の財政改革を目指す「六つの指針」として、①赤字基調の財政構造から脱却し持続可能な財政構造を創ること、②公共事業中心の歳出構造からの脱却、③総花的な事業展開からの脱却、④国庫補助金に依存した高コスト財政システムからの脱却⑤既得権益や既存制度の枠組みからの脱却、⑥旧来型の仕事の進め方からの脱却、をうたっている。また、歳出抑制策の一環として、知事の給与30％（現行10％）引き下げを筆頭に、人件費総額250億円の抑制方針を示している。

　さらに、地方財政制度の改革の方策として、国庫補助負担金の廃止・縮減、税源移譲、地方交付税制度改革の「三位一体改革」実現を働きかけていくとしている[*4]。

　田中康夫知事が引き継いだ債務については、過去の県政の放漫経営に責任が

ある。しかし、現田中知事が、知事給与を筆頭に給与の大幅削減を開始したことは、県民に対して説得力のある改革方策である。国とその他の自治体も見習うべきである。

3．債務創出規制法

　日本の法制度では、新たな債務を創出しないための様々な歯止め措置が不十分である。早急に法の規制をかけて、新規債務の創出を抑制する措置を講じることが重要である。

　欧米先進諸国では、1970年代の福祉国家への移行努力と1980年代の財政主導型の景気拡大策が災いして、財政赤字が拡大していった。しかし、1990年代中頃を中心として、これまでの財政主導の景気拡大策は見直しを迫られた。長期的な景気後退とともに、積極財政政策は次第に力を失っていった。その後の歳入増加策と歳出抑制策が功を奏したため、財政赤字が減少していった。その大きな役割を果たしたのは、1990年代に先進各国で制定された財政支出削減のための様々な財政上の法的規制である。

　前述のJ.M.ブキャナン他共著では、一貫して、「財政憲法」の徹底によって、政権交代による無際限な債務創出を禁止することを主張している。ブキャナン氏は、「法律上の拘束力のある明示的な憲法上の文書に正式に組み込まれているにせよ、あるいは単に一連の慣習的、伝統的、および広く一般に受け入れられている教えの中に取り入れられているにせよ、財政的選択の支配的な指導ルールを『財政憲法』と言ってよいだろう」と述べている(*5)。つまり、「財政憲法」とは、国家の憲法、法律、慣習、いずれであれ、社会規範として認められた強制的なルールであれば良いということになる。

　この主張では、「財政憲法」について、幅広く解釈されている。この主張を我が国に適用すれば、憲法に新規債務抑制措置を盛り込むか、あるいは財政法を徹底させ、厳格な債務規制法制を整えるべきだということになる。日本国憲法の条文に、債務創出規制に関する項目を付け加えるという課題も、近年の我が国では、急速に現実的な課題として、議題に上りつつある。

　もちろん、我が国の当面の現実的な改革方向を示すなら、財政法等の法律の

条文における「公債発行抑制規定」を徹底する方が、即効性を期待できる最優先すべき課題である。現行財政法の改革すべき点として、少なくとも、以下の二点が挙げられる。

　第一に、赤字公債は、元々、財政法第4条で禁止されている。しかし、法律（財政法）の禁止規定の例外として、毎年の特例法に基づいて発行されてきたものである。財政法第4条に、新たに国家がテロや災害等に直面した緊急時以外には、年々の特定法による赤字公債発行を明確に禁止する規定を設けるべきである。戦後長い期間、昭和40（1965）年の歳入補てん公債の発行を除けば、昭和50（1975）年度に再開されるまで、特例公債が発行されない時代があり、国の財政支出には何の支障もなかったことを考えれば、特例公債を禁止しても大きな困難はない。

　第二に、現行の財政法第4条における「公債発行禁止規定」を徹底するために、財政法第4条「但し書き」の建設公債発行規定を削除すべきである。あるいは、建設公債の発行できる事業については、国民生活に不可欠なナショナル・ミニマムを達成するための社会資本整備に限定すべきである。具体的には、幹線道路や幹線鉄道等の建設事業に限定すべきである。建設公債が発行されたのは昭和41（1966）年度からであり、それ以前も社会資本整備に支障がなかったことを考えれば、十分に可能な措置である。今日の社会資本整備では、建設公債制度に依存しなくとも、建設から利益を受ける地域の自治体の租税収入や建設負担金や寄付金等、受益者負担原則に基づいた様々な財源の導入や市場からの資金調達が可能である。

　公債発行と隠れ借金による財政膨張を防ぐ最も効果的な方法は、公共財供給範囲を国民の生命と財産の保護にかかわる重要な部門に限定することである。また、その上で、公共財供給財源を租税を中心とした財源に限定することである。後年度の租税負担をもたらす赤字公債発行は、社会・経済が危機に直面した場合以外は極力抑制することが望ましい。

第3節 隠れ債務抑制措置

1．新しい財源調達方式

　21世紀には、国と地方の債務返済が重要な課題となっている。現代の財政に期待される最大の課題は、長年にわたって累積した財政赤字を早急に解消することである。そのうえで、間近に迫った高齢化社会の財政需要増大に備えて年金財源等の財政資金を蓄える必要性が増している。つまり、受益者負担原則を重視した財源調達方式の確立が望まれる。

　これまでの隠れ債務処理方法を見ると、大半の政府債務のつけは租税によってなされてきた。その代表が、かつての政府公社であった国鉄の民営化に伴う債務処理策や特別会計における国有林野債務処理策である。しかし、これを続けると、21世紀の財政は破綻に追い込まれることになる。

　確かに、すべての政府事業の債務拡大において、国民の租税が実質的には暗黙の債務の担保になってきたことは事実である。しかし、長期不況下で租税収入が激減している今日では、国民の租税によってすべての債務を返済することは不可能である。したがって、事業継続による返済が可能な部分は、民営化したうえですべて事業収入から返済すべきである。租税負担については、事業の公共性を厳密に規定したうえで、最後の手段とすべきである。過度の租税負担は、今後の政府事業の効率的な展開を促進する観点から見ても、政府事業実施機関の自己責任を求める観点から見ても適切ではない。

　今後の隠れ債務処理は、不況下の税収不足のもとで実施される可能性が高い。そこでは、少ない財源をどう活用するかが重要な課題になっている。

　財投事業の生み出した政府機関の赤字、とりわけ道路公団の債務40兆円や本州四国連絡橋公団債務4兆円については、民営・分割の方針に沿って、受益者負担原則の徹底によって処理すべきである。それ以外の特殊法人債務についても、政府の特殊法人債務処理方針に従って税金投入以外の様々な費用負担方法を導入すべきである。

不況下で乏しくなった政府財源を節約するためには、受益者負担原則の導入と徹底が求められる。例えば、高速道路の新規着工路線の建設のように新たな費用負担が避けられない場合には、事業実施による受益と負担の関係を考慮して、事業実施地域ごとに新たな負担者を選定すべきである。

2．財政全体の債務解明

以上で示したように、国の財政における一般会計と特別会計、財政投融資に占める債務の大きさは、我々の想像をはるかに超えるほど大きくなっている。しかし、一般会計と特別会計については、いかに分かりにくくとも、とにかく予算書に盛り込まれている。国会の衆参両院の本会議と予算委員会での予算審議の対象となっており、年々の歳入・歳出総額について、国会の予算審議で承認が必要とされる。

財政投融資計画の資金とその使途等は、予算書の一部である「予算及び財政投融資計画の説明」で示される。その実際の資金繰りについては、最近の小泉改革によって少しずつベールをはがされている。しかしまだ、肝心な各政府関係機関（財投機関）の財務状態と債務の内訳については不透明な状態に置かれたままである。

特別会計や特殊法人債務等は、構造改革が進展するとそれに伴う情報開示によって今後その深刻さが判明するであろう。かつての国鉄のように債務が膨張しすぎて返済不能に陥った場合、事業主体から国への債務の承継が議題にならざるをえない。今後の政府債務増大要因としては、①特別会計では地方交付税特別会計の赤字が巨額に上り、それ以外にも、②特別会計での新たな不採算事業の処理問題が表面化する公算が高く、③財政投融資資金回収問題はこれから深刻化する課題である。

3．余裕特別会計からの借入れ制限

隠れ債務の創出を避ける最も良い方法は、特別会計を含めた各会計間の複雑な会計処理を改め、資金移動を透明にすることである。とりわけ、一般会計や

赤字特別会計で生じた赤字を余裕のある特別会計で穴埋めできないようにするための厳格な会計制度の導入が求められる。

隠れ債務が膨張した大きな理由は、旧資金運用部資金（現在の財政融資資金特別会計）が、国の一般会計と特別会計の赤字補てん策として利用されてきたことにある。

年金特別会計や各種保険特別会計は、資金的な余裕があるように錯覚されている。しかし、各種政府保険においてプールされた資金は、年金や保険の積立金からの運用上の余裕資金にすぎず、本当に資金的余裕があるわけではない。たまたま、支給開始時期までの一定期間、一時的に余剰資金が発生しているにすぎないのであるのである。高齢化の進展に遅れないように、借り入れを制限する制度を早急に導入すべきである。

自動車の自賠責保険等、余裕の有り余る保険特別会計は、一般会計の資金補てんに利用されてきた。余剰金が多すぎるのだから、その場合には、保険料の徴収額を減額する等、保険制度全体を見直すべきである。

第❹節 総計予算主義への改善

1．一般会計中心主義と特別会計の整理

前述の（財）社会保険健康事業財団長の奥村勇雄（いさお）氏によれば、隠れ債務や巨額の財政赤字に対処する一つの方法が「単一予算主義」あるいは「総額予算主義」の理念を掲げた財政運営にある。それによって、財政赤字や隠れ借金の実際を白日のもとに明らかにすることができるからである[*6]。

前述の奥村氏によれば、一般会計を中心とする財政運営を求める考え方を、一般に「単一予算主義」と呼ぶ。それは、財政を国民の前に開かれたものとする、民主主義の理念にかなった制度である[*7]。

これは、特別会計の設置に対して慎重な考え方を意味する。様々な特別会計

の設置は、財政制度の複雑さを増幅して財政資金配分を分かりにくくしている。特別会計は、特殊法人と同様に、不要になっても廃止されずに生き延びてきたため、これらを一度整理して、不要不急の特別会計を廃止すべきである。

2. 本予算中心主義　補正予算の縮減

　戦後、補正予算は、ケインズ主義的なフィスカル・ポリシー政策に沿って運用されてきた。近年では、景気対策としての支出増大を自己目的として編成されてきた。毎年度、年度末が近づくと、財政出動による景気高揚策の推進が求められるために、一般会計の補正予算を編成して景気回復を図ることが議題になる。

　小泉内閣の予算編成でも、平成13（2001）年度には、本予算執行後の補正予算の編成によって、この発行限度枠は崩れていった。補正予算編成による財政支出拡大策が財政膨張を助長してきたのである。

　毎年の補正予算は、景気対策を銘打って実施される。年度内であっても、右肩上がりで税収が増大した高度成長期には、補正予算によって新たに財政支出を増やすことが容易にできた。しかし、今日の低成長期には、年度途中で税収不足が明らかになることが多い。年度途中に、税収不足によって、補正予算に充当すべき財源の確保が見込めない場合には、むしろその年度の歳出抑制策を講じるべきである。不況によって期待税収が得られない場合、その分の歳出を抑制するシステムを構築すべきである。

　年々、大規模な補正予算を組んで景気回復を図ることが求められてきた。平成14（2002）年度補正予算額は1.5兆円であった。平成14年度末には、税収不足が2.5兆円に上ることも明らかになった。そこで、合計4兆円の新規国債が発行されることになった。

　しかし、補正予算規模は、いかに大規模であれ、特別会計、財投も含めた財政ストック全体から見ればごくわずかな金額にすぎない。巨大化した財政ストック全体を総体的に見ると、一般会計を多少増額したからといって経済波及効果や景気拡大効果は微々たるものに過ぎない。

　経済規模の拡大や景気低迷によって乗数効果による波及効果が極めて小さく

なった今日、この金額を公共事業に投資しても最終需要はごくわずかしか増えない。近年では、とりわけ不況下では、補正予算の財源は公債発行によって捻出されることが多い。その場合、経済波及効果が公債利子負担額よりも高くなければ投資効果は上がらない。しかし、その保障はまったくない。

　補正予算は、省庁や官僚、政治家の様々な利害関係を調整するために組まれるため、それによって予算が無際限に膨張する傾向がある。これは、家計であれば、年度末に、年間の収入に無関係に支出計画が増幅されることを意味する。予測不可能な不慮の災害等の緊急事態に対する対策としては、年度ごとの予算の予備費を確保してその枠内でやり繰りを考えるべきである。

　前述の奥村勇雄(いさお)氏は、これについて次のように結論づけている。

「旧大日本帝国憲法下の財政運営では、継続費や予算外国庫負担契約は、"予算"の外に置かれていた。ところが、現行憲法では、それらが、予算のなかに包含されている。このことは、国の行う財政運営は、すべて"予算"に網羅されている、ということを意味する。単一予算の場合、公開性と透明性，わかりやすさが、求められる。このような単一予算主義の延長線上に、補正予算を否定的に捉える視点が浮かぶ（要約）」(*8)

3．予算の単年度主義の見直し

　予算の概算要求における前年度予算継承主義にも問題がある。民間企業なら、予算に計上されて予定された経費を使い切らずに、当初の目的を達成すれば賞賛される。そこで余った予算をその他の事業分野に回せるからである。ところが、国の予算ではそれが嫌われる。余剰の発生は、予算処理という新たな仕事を増やすうえに、次年度の予算をその分だけ削られてしまうからである。このシステムは、予算を使い切るために年度末に不要な物品を購入する「駆け込み消化」を招いている。これは、資源配分の非効率を助長している。せめて、経費の流用範囲を広げて、本当に必要なその他の用途に転用できるように改革すべきである。公費について、経費節減のインセンティブが生まれるような予算制度への改革が求められる。

　政府は、平成15（2003）年に、遅ればせながら予算の一部を翌年度以降に繰

り越したり、使い道を変更できる「複数年度予算」のモデル事業をスタートさせた。平成15年8月の段階で9省庁から10事業が集まっており、同年8月末に締め切られる平成16（2004）年度予算の概算要求に盛り込まれ、初めて試験的に導入されることになった。モデル事業としては、例えば農林省の「バイオマスを使ったプラスチックの活用推進」等が含まれている。

新制度は、予算制度の構造改革を目指す経済財政諮問会議（議長・小泉首相）の民間議員らが提案し、「経済財政運営と構造改革に関する基本方針2003」に盛り込まれたものである。

本制度のモデル事業では、最長3年の複数年度にわたる事業が認められる。その期間にかかる予算総額を示し、各年度で必要と見込まれる額を年度ごとに予算要求する方式である。使い果たした予算は、次の年度に繰り越すことができる。現在は項目ごとに使途が細かく定められている予算を、目的以外に使うことも部分的に認められることになる[*9]。

モデル事業として申請するためには、具体的な政策目標と達成期限、達成のための手段、評価の方法を事前に示すことが条件になる。達成度が厳しく事後評価されるため、税金が有効に使われたかどうか、国民への説明責任にもつながる。達成度は、翌年以降の予算に反映される。民間企業と同様の成果主義を導入することになり、予算獲得競争ではなく、限られた予算の枠内でいかに効果を上げるかというコスト意識が高まることが期待されている。

この制度は、ニュー・パブリック・マネージメント（NPM）と呼ばれ、海外ではイギリスやニュージーランドなどで導入され、財政赤字対策に有効性を発揮している。

現行の単年度予算編成は、憲法や財政法で定められており目的外の使用も禁じられている。しかし、日本でも従来から単年度で実施すると予算が超過する大規模施設の建設などでは「国庫債務負担行為」という制度が実施されてきた。今回のモデル事業では、この財政法の例外措置を活用している。しかし、将来、本格的に複数年度予算を導入する場合には、現行法の改正等が求められる[*10]。

4．経費節約インセンティブ

　ケインズ主義的フィスカル・ポリシー政策では、財政支出の中身は問わず、とにかくその規模が大きいほど景気拡大に役立つとされてきた。しかし、ケインズ政策に疑問がもたれている今日、政府予算の中身を見直し、効率的な予算執行に転換する必要がある。これまでの予算執行は、予算支出の拡大によって景気回復の改善が図られてきた。そのため、執行される予算の内容は二の次でよかった。しかし、高齢化社会における税収不足が間近に迫る今日では、予算をいかに余らせるかが課題となっている。

　政府の財源が乏しい今日では、事業の成果の達成だけを評価基準にすべきではない。一定の事業について、どれだけ少ない必要経費で実施したかによって評価されるシステムを導入すべきである。〔予算上の予定経費－決算上の実際の経費＝α〕として、αの大きさが大きいほど事業の評価を高くすべきである。

　平成16（2004）年度予算編成では、財務省が公共事業のコスト削減に取り組もうとしている。国税を投入する大規模事業で初めて予算カットに成功した中部国際空港建設が、そのモデルケースになっている。1998年に創設された中部国際空港建設会社は、トヨタ自動車出身の平野幸久氏を社長に招聘した。この事業では、最低価格で応札した業者にさらに価格引き下げを求めるなど、様々なコスト削減策を実施した。そのおかげで、金利低下などの有利な条件も手伝って、当初7,680億円と見込まれた総事業費を1,200億円以上削減することが可能な見通しになった。

　中部空港の当初計画では、国は出資や無利子融資の形で2,048億円の公的資金を投入する計画であった。以上の節約がなければ、来年度予算で300億円～400億円の公的資金の追加投入が見込めた計算になる。しかし、現行の予算制度では、公的資金が不要になった案件には予算を回せない仕組みになっている[*11]。

　低価格の大規模ハブ空港を備えたアジアの近隣諸国と競争する中部国際空港にとって、低価格での施設提供は欠かせない課題である。そのため、4,000億円弱の有利子負債の整理が最大の課題となっている。経費を節約しても、浮い

た資金を債務の返済に回せなければ節約努力をした中部空港側は何も得をしない。つまり、経費節約に向けたインセンティブは何一つ与えられていないことになる。

　中部空港で経費節約が可能になった理由は、最低価格で応札した事業者に対して、さらに価格引き下げを交渉して成功したためである。会計法では、公共事業では「最低価格で応札した事業者と契約を結ぶ」ことを定めている。中部空港は、民間の株式会社形式を採用しているため会計法の適用を受けないが、国の公共事業は会計法の適用を受ける。この成功例を国の公共事業にも適用する場合、会計法の見直しが必要になるという問題もある[*12]。

　従来の考え方では、官僚の労働の成果によって、国民の福祉は最大化するという理屈になり、その分だけ、公務労働の生産性の高さが認められるはずであった。しかし、実際には、期待された政府資金の効率的な運用はなされていない。その理由は、現在の公務員の勤務体系では、仕事に対する評価システムが確立していないからである。民間企業なら、会社全体の評価の大きさは、製品開発力や市場に出された製品やサービスの売り上げ額の大きさや品質の高さに対する市場評価等によって決まる。社員の評価も、製品開発や売り上げに対する貢献度等によって容易に測られる。ところが、公的な仕事では市場という評価機能が存在しないため、民間企業と比べて、効率的な経営という点で遅れをとっている。せめて、予算の効率的な執行状況に基づいた公務員の評価制度を導入すべきである。

第5節　情報公開と予算審議

1．省庁の利益と情報公開

　財務省の資金配分権限は、一国の富の半分近くに対する絶大な権限行使となっている。そこでは、一般会計や特別会計の資金不足分を特別会計の余剰資金

で補てんする等の安易な資金移動が隠れ借金を生み出してきた。それが積み重なると返済不能になり、最後は現在と将来の国民の租税負担を増大させる以外に解決方法はなくなるのである。

これほど大きな財政赤字を抱えながら、財務省には、自ら国家債務についての情報公開をしようとする強い姿勢が見られない。財務省のホームページでは債務の概容を公開しているが、分かりににくい短い解説をつけた財政赤字の数字が掲載されているだけである。担当者の任期中に、問題が顕在化しなければよいという姿勢が顕著にうかがえる。

1990年代の欧米先進諸国の財政再建過程では、いずれの国でもまず真っ先に、財政赤字の大きさとその問題点について、国民にPRして理解を得る努力がなされた。我が国では、このようなことが一切なされていない。国の財務担当者は、将来世代のために財政赤字を減少させる努力をする必要がある。国家債務に関する情報源は財務省にある。財務省自ら、国の債務の大きさを示す資料に基づいて説明をすべきである。財務省が隠れ借金も含めた国家債務の詳細を公開・説明する義務を情報公開関係法令に盛り込む必要ある。

財務省で債務の資金繰りをする担当者は、年度によって変わる場合が多いため、自らの在任期間に隠れ借金の問題が顕在化しないことが最重要課題となる。情報公開の先頭に立つべき財務省主計局でさえも、公開資料と非公開資料との線引きが不明確で、担当者によって情報の公開範囲が変わるため、まず情報公開の基準を確定する必要がある。租税や財投原資となる貯蓄性資金など、財務省が預かってきた財政資金のすべてが国民の税金や保険積立金から成るという事実を再認識すべきである。

日本の官庁の情報公開の水準は、国際的に比較すると極めて低い[7]。日本の高速インターネットの質の高さと価格の低さを総合すると世界一であり、その上、普及率も世界一になろうとしている。情報公開のための基盤整備は十分に

---

[7] 国連の調査結果によれば、「電子政府ランキング」で日本は総合評価で世界の18位に低迷している。主要官庁のホームページの充実度では30位と低迷が目立つ。日本は、首位のアメリカと比較して、旅券や運転免許証のオンライン申請等「国民との双方向のやり取り」で潜在的な利用可能性の38％しか活用していないとの指摘を受けた。納税、行政サービスの手数料の支払いなどの決済機能では、アメリカの46％に対して日本はゼロにとどまっている。

進んでいるにもかかわらず、官公庁には肝心な情報提供の意欲が見られないのである。

　官僚は、任期中にできるだけ問題が発覚しないことに神経をとがらせている。官僚は、省益に従って秘密を厳守することが立身出世の早道であるため、これまでの手法に従って官僚に情報公開を期待することは困難である。様々な政府機関に情報公開に向けたインセンティブを与えて、財務内容と債務の大きさを公表するように誘導する必要がある。それらの情報を公開すれば省庁の評価が高まり、官僚個人の利益が高まり有利になるような、経済原則に基づいた制度に改革する必要がある。各特殊法人が抱える債務については、その総額を早期に、そして正確に公表する方が債務処理等のうえで国からより多くの支援を得られ、特殊法人の利益になるような方策を検討すべきである。

2．隠れ債務公開による財政全体の統一的把握

　公債以外の資金調達によって生じた隠れ債務は、その資金調達額、返済額、総債務残高等のデータが不明確である。財務省の帳簿上で処理されていても、一般の人にはその詳細は示されない。予算書に分散して記載されていても、専門的知識をもった財務担当者以外には見分けがつかないため、債務増加に対する財政規律が失われてきたのである。

　隠れ債務の最大の特徴は、前述のように、政府部内での会計処理によって生じた債務だということである。つまり、政府部内における特別会計等の様々な資金を利用した債務のやり繰りだということである。その結果は、形式的には国の『予算書』に記載されているが、そこから債務処理の流れを読み取ることは困難である。その結果、債務処理プロセスは、国会の予算審議等で明確に審議されることは少ない。

　隠れ債務は、担保価値の不透明な無限の将来にわたる国民の税を担保として増大している。ところが、国民に事実が知らされないままに隠れ債務がどんどん増加し、それにつれて、国の債務返済額も含めた潜在的国民負担率は膨張する傾向にある。財政構造が複雑化の一途をたどる今日では、国民の税の使途にかかわることはすべて負担者である国民に公開しなければならない。

3．財政全体の情報公開

　政府の財政状態についての報告は、財政の信頼性を失わせたくないという一定の目標をもってなされるため、真実を告げることを最優先とするものとはなっていない。これはちょうど、政府の経済発表が常に景気に対する信頼回復を目的としてなされる場合と同様である。かつての経済企画庁（現経済産業省）は、バブル崩壊後の景気後退が続く時期に、年中「景気底入れ宣言」をしてきた。そのために、「景気予測は不必要ではないか」という国民の世論を喚起したほど、予想がはずれ続けた。国民が事態の深刻さに気づいた時にはすでに手遅れになっていることが多い。

　財政状況に関する政府発表は、政府の経済報告と同様に真実を回避する「大本営発表」を繰り返してきた。いかに経済や財政が危機的状態に陥っても、それをひた隠しにして、国民をなだめることに終始してきた。景気も財政も「悪抜け」しないと改善しないのだから、現状がいかに悲惨な状態であれ、真実の公表を避けることは許されないはずである。

　情報公開策としては、近年まで、国の財政の概容を示す『財政白書』すら存在していなかった。平成13（2001）年度になって、財政・経済に関する年次報告は『経済財政白書』として経済財政担当大臣が統合して実施するようになった。ようやく財政の実態の一端を解明する努力が始まったばかりである。しかし、残念ながら平成14（2002）年度以降の白書では、紙面の大半が民間経済の不良債権処理策にさかれてしまい、財政改革は主要な課題からはずされてしまった。

　小泉構造改革の進展につれて、財政全般の情報公開が進み始めている。財政投融資と特殊法人の改革を進めるためには、情報公開の進展が不可欠である。国と地方の財政全体の改革のためには、①一般会計、②特別会計、③財政投融資、④地方財政の四つを合わせた財政全体について、その関連と資金の動きを示すことが肝心である。

4．国会予算審議の充実

　国会における予算審議は、予算委員会と本会議でなされる。これが充実しなければ、国家予算の内容の改善は望めない。しかし、国会審議は実質上の予算審議にあてる時間が短すぎるので、予算のポイントが見過ごされることが多い。本会議での予算審議は、専門的な知識のない一般の国会議員には難しすぎるため、形式的な議論で幕を閉じることが多い。国会議員の秘書給与疑惑等の注目を引くトピックだけが議論され、それよりはるかに金額の大きい国家予算全体の審議はほとんどなされない場合が多い。とりわけ、平成14（2002）年度の予算審議は、「鈴木宗男疑惑」と「秘書給与問題」で終始した。

　予算書は分厚くて難解なため、これを読み解くことは戦争中の暗号解読よりも難しい。多忙な国会議員に、予算書の詳細にわたる議論が数時間でできるわけがないため、結局は財務省の意のままになってしまう。国会の予算委員会審議では、予算書等の専門的な討議資料だけでなく、分かり易いビジュアルな資料を使って事業ごとの経費を示す必要がある。事業ごとのコストと便益が示されて、初めて各事業の可否を問うことができるようになるからである。

　国会での議論の前提として、予算審議に国民の意思を反映させる方法を導入する必要がある。民間のオンブズマン制度を活用して、その意見が反映されるようにすべきである。ただし近年では、財政活動範囲が多様化・複雑化しているため、単なる役所の監視と批判だけでは予算の実態は解明できない。予算についての専門的な知識をもち、政府の管轄下にない独立した機関が予算のチェックをする必要がある。

　国会が国民の財政に対する要望の多様化に対応できるようにするためには、NPOを活用した事業の推進等、効率的な予算使用の方法について本格的に議論されるべきである。

第6節 財源の多様化と受益の特定

1．費用負担者の明確化

　今日、社会保険等の分野で財政資金の乱費がもたらされた大きな原因は、財政資金負担者の存在が忘れられてきたことにある。国民が公共サービスを享受する場合、「誰かが資金を負担してくれる」という間違った意識、つまり財政錯覚[8]が生じやすい。そのことが、財政膨脹を促進してきた。財政資金として配分される資金は、すべて国民と企業が租税や社会保険料等として負担したものであることを思い返す必要がある。

　超高齢化社会が間近にせまる日本社会では、租税や社会保険等の限られた財源をいかに効率的に使用するかが課題となっている。高齢化社会において、上述の社会保険制度等の財政課題を充実させるためには、公的な資金配分の効率化が望まれる。資金の効率的な使用は必要な人に適切なサービスをもたらす誘引を与えるので、公的サービスの最適供給にとって極めて重要な役割を果たすからである。

　適切な資金調達方法を導入するためには、その前提として、社会保険制度等によって、受益を受ける者と費用を負担する者との関係が明確でなければならない。そのためには、適切な範囲の受益者負担制度を導入してコスト意識を高めなければならない。受益者負担部分としての保険料と、公的補助の財源となる租税投入額との適切な負担割合が求められる。適切な個人負担を課すことによって、必要限度を超えた過剰なサービスの受給による財政資金の乱費を抑制しなければならない。

　社会保険制度に代表されるような保険給付に対する補助以外の国家活動も重

---

[8] 「財政錯覚」日常生活の中で、財政資金の出所についての意識が欠如すること。例えば、様々な行政サービスを受ける際に、財政資金の真の出所についての意識が欠如すること。とりわけ、社会保険サービスの受給に際して、財源の負担者の存在が忘れられ、政府（国、地方）が無償でサービスを給付してくれるように感じてしまうこと。

要性を増しつつある。その三つを下記に挙げたが、これらの分野では、政府が必要な規制を怠ったために様々な問題が発生している。
❶経済の公正な競争維持のための国家の介入。
❷自然環境や歴史的環境保全のための私権の制限を前提とした公的規制。
❸計画的な国土保全や都市基盤整備のための計画や規制等。

医療財政の放漫経営は、「他人の資金負担」に依存して、医療サービスを増やそうとする「モラル・ハザード[9]」(財政資金の節約についての道徳的な意識の欠如)の蔓延をもたらした。医療費の本人負担の引き上げは、これまでの「誰かが負担してくれる」という財政錯覚に基づく過剰な保険給付を抑制する措置としてやむをえない措置であった。

2．財源の多様化と予算の複雑化

社会・経済の発展に伴って、社会資本整備財源や社会保障財源が充実してきた。公共事業における社会資本整備財源を例に挙げると、一般国道や多目的ダム、地方空港建設事業、大規模海浜干拓事業、高速道路建設事業、瀬戸内海三橋建設事業等、様々な事業が繰り広げられてきた。その場合の公共事業財源として、①道路目的税を中心とする租税(国、県、市)、②建設公債、③財政投融資、④借入金等の様々な財源が導入されてきた。近年の不況の時代には税収が不足するため、財政投融資資金等租税以外の対価を伴う有償資金の利用が活発になってきた。これらの事業の財源については、地域ごとの受益に応じた負担原則に立って、多様な財源の導入を検討すべきである。そのためには、各主要事業ごとに、資金調達方法の適否について検討する必要がある。同時に、債務返済の見通しや事業から受益を受ける者と費用の最終負担者との関係についても解明する必要がある。事業の受益者と負担者との結びつきを強めることは、受益を上回る事業を実施することの回避につながるからである。

各事業の費用と望ましい負担者を検討する上で、以下の三点を考慮する必要がある。①事業の性格に照らして、様々な手段の中から、どの方法で費用を調達するのが適切か、②租税による資金調達の場合には、その事業が地域ごとに

及ぼす便益の大きさに鑑みて、地域ごとの負担割合が適切かどうか、③やむをえず建設公債による場合には、事業の耐用年数等に鑑みて、世代間負担割合が適切かどうか、を究明することが肝要になる。そのためには、予算書等では明確には示されない事業ごとの費用と便益を知る必要がある。

多様な財源について、それぞれの財源調達方法の特質を検討したうえで適切な費用負担方法を検討すべきである。その場合、事業の最終受益者が費用負担者となるような資金調達方法を検討すべきである。

様々な事業の実施にあたっては、それらの事業が最終的に誰に受益をもたらすのかについて、検討されなければならない。それに応じて、次世代の負担者も含めて最終的に誰の負担とすべきかを決定すべきである。事業によって利益を受ける受益者の特定範囲は適切か、税金からの負担は適切か、税金であるとすれば国、県、市の負担割合は適切か、料金収入等による建設資金の回収方法は適切か、料金水準は高すぎないかかどうか等を検討すべきである。事業費用を節約するためには、事業から利益を受ける真の受益者が事業費の最終負担者となっていることが重要である。

3．事業ごとの費用の特定

国の事業ごとの資金については、予算書を見ても非常に分かりづらい。予算書では、事業を執行する省庁ごとに歳入と歳出が示されている。しかし、個々の事業の細部にわたる支出項目は示されているが、事業全体にかかわる費用は理解しにくいようにつくられている。予算書は単年度主義なので、予算年度を越えて継続する事業の総事業費は、さらに分かりにくくつくられている。とり

---

(9) モラル・ハザードとは、人々が、サービス給付に対する負担を意識せずに必要以上の過大なサービスを受ける結果、過大な財政負担がもたらされることである。とりわけ、医療、介護、福祉サービス等の社会保険サービスの給付に際して、本人負担が極度に少ない場合には、保険料や租税等の財源支出者の痛みを感じられなくなるために、過度のサービス受給をしてしまうことを指す。すべての人がサービスの享受を拡大する結果、結局は万人の保険料や租税負担が増加するため、最終的には万人が不利益を被る。また、病院の混雑現象が発生するため、真に医療サービスを必要とする重病患者が治療を受けられずに締め出されるという深刻な問題も発生する。

わけ、多年度にわたって事業費が支出される社会資本整備事業では、費用の全体像はまったく把握しにくく記載されている。

　公共事業の場合、事業ごとの資金調達額と調達方法について、財政当局の担当者以外の一般の人でも分析できるようにしなければならない。そのためには、まず各事業ごとの総事業費の大きさと事業資金の調達方法が公開されなければならない。各事業ごとの資金調達額が示されて始めて、その事業の総費用が理解できる。そこで初めて、その事業遂行にかかる総費用と総便益との比較考量が可能となる。そこでようやく、事業実施の意義についての判断が可能になる。この点での情報公開は極めて遅れている。

　環境面等で問題の多い開発事業の反対運動を行っている団体でさえ、事業資金の流れや性格についてあまり興味をもたず、詳しく把握していない場合が多い。本来の財政分析の課題を離れて、いきなり「費用便益分析」や「環境影響評価」等の広い範囲の課題に入り込む場合が多い。これらの分析は、変動要因となる変数が多いために決着がつきにくい。「費用便益分析」には環境に与える影響等の様々なコストが含まれるため、計算が複雑化することは避けられない。そこへ入る前に、事業費の種類と性格、無償資金か有償資金かといった財政固有の課題を解明すべきである。

　つまり、「費用便益分析」に先立って、事業ごとの資金調達方法、国や地方の費用配分割合、返済方法、最終負担者等の財政固有の課題について検討する必要がある。とりわけ、①当該事業にとって適切な費用負担方法は何か、②最終負担者は真の受益者となっているかどうか、③有償資金の場合、資金調達方法と元本と利子の返済方法は適切かどうか、等が検討されなければならない。

　今日では、これまで際限なく膨張してきた財政分野のすべてにわたって見直しが迫られている。政府は、不採算政府事業について、民営化に際して債務の大きさの確定とそれを考慮した返済方法の選択に迫られている。低成長経済の定着と社会の高齢化に伴って年金制度から高速道路建設に至るまで、すべての事業について資金の拠出方法を再検討すべき時期が到来している。財政負担を軽減するためには、国、地方、個人、企業の中から、新たな費用負担者を定めなければならない。限られた財政資金を有効に活用するためには、真の受益者が最終負担者となるような負担方法を採用しなければならない。

おわりに

　20世紀末の失われた10年は、赤字国債の発行による慢性的な景気対策等による経済政策の失敗と不生産的な財政支出がもたらしたものである。20世紀最後の10年は、確かに、経済的には「失われた10年」と見ることもできる。しかし、この10年のおかげで、日本の経済社会全般の転換が模索されることになった。「失われた10年」は、新時代の到来を告げる有意義な見直しと反省の時期と位置づけることもできる。21世紀初頭は、債務の返済時期になることは確実である。今後の10年を実りあるものとするか、新たな失われた歳月にするかは、現在の構造改革にかかっている。

　日本の経済は、世界史上に稀有な新しい経済実態を提供している。人類が未経験の超低金利時代に突入している。それに応じて日本財政も、「金利上昇を伴わないクラウディング・アウト」という新しい財政実態に突入している。

　しかし、世界第二位の経済大国における人類史上まれなこの豊富な現実から目だって新しい経済理論が生み出されていないのは不思議である。我が国では、ケインズ理論を筆頭として、20世紀初頭の経済実態から導かれた時代遅れの外国からの輸入理論がいまだに主流である。国家機能が肥大化し、複雑化した現在の経済情勢を分析するための理論はまだ確立されていない。

　財政学者の書いた理論書は数多い。日本財政学界報告では、財政についての古今東西の精緻な理論や財政制度について聞き、大いに啓発を受けた。しかし、日本の財政実態を解明した研究は極めて少ない。しかもその大半が、一般会計を中心とした財政フローについて語っているにすぎない。いかに困難な作業でも、極度に複雑化した国家財政の全体構造を把握する努力が求められる。また、国家債務ストック全体の「玉ねぎの皮」を少しずつはがして債務のベールを取るための地道な作業が求められている。

　筆者の滞在するニューヨークから見ると、いったい日本の効率的な民間市場

経済のどこが悪いのだろうと思われる。日本製品は、家電、自動車等、アメリカ市場を占有し続けているため、ニューヨークの中心のマンハッタンは、世界に開かれた日本製品の販売窓口と化している。

テロ対策や軍事活動、国内の治安やセキュリティーに資金を裂かれる非効率なアメリカ経済と比較すると、日本経済は極めて有利である。交通網の整備、物流、情報通信網等のどれを取っても日本経済の方がはるかに競争的・効率的である。販売や流通等のサービス経済の水準は、労働のモラルが高い日本経済の方が極めて質が高い。公経済が立ち直れば、日本経済の全面的な回復は早く訪れると思われる。

ただし、残念ながら国民の生命と財産を守る財政本来の課題は、アメリカの方が格段に進んでいる。医療設備・サービス、法のもとでの禁煙制度等、人間の生存と幸福に関するサービスはアメリカの方が優れている。ニューヨーク市は、2003年末に20億円を投じてホームレスが寝泊りできるシェルターを建設した。民間のNGO団体は、一年中、ホームレス募金を募り、貧しい人に分け与えている。

また、国の将来を担う人材を育成する大学教育については、アメリカの方がはるかに進んでいる。アメリカの大学の研究・教育水準、学生の勉学意欲、設備、どれをとっても、日本とは比較にならないほど水準が高い。筆者が招待学者として在籍したニューヨークのコロンビア大学は、アメリカで最も伝統ある大学である。大学には、あらゆる分野の世界中の優秀な研究者が集い、毎日のように講演会が開かれ、議論であふれて活気に満ちている。長年にわたって優れた教育をした教授は、OBを招待して大学をあげて表彰される。教育に対する創意工夫は、日本とは比較にならないくらい進んでいる。大学教育の内実に対する社会評価も格段に高いことを認めざるをえない。

（平成15年4月から［出発は5月から］、約1年間、ニューヨーク・コロンビア大学に招待学者として滞在）

平成16（2004）年4月末日

引用・出典文献一覧

第1章

(1) 笠信太郎『花見酒の経済学』朝日新聞社、1962年。
(2) 大内兵衛『日本財政論・公債篇』(「大内兵衛著作集」第2巻) 岩波書店、1974年、11〜53ページ)。
(3) 高橋泰蔵他編集『体系経済学辞典』東洋経済新報社、1984年、640ページ。
(4) 前掲辞典、640ページ。
(5) 前掲辞典、640ページ。
(6) 井堀利宏『入門マクロ経済学』〔第2版〕新世社、2003年、59〜60ページ。
(7) 井堀利宏、前掲書、60ページ。
(8) 井堀利宏、前掲書、60ページ。
(9) 井堀利宏、前掲書、57〜58ページ。
(10) J・M・ブキャナン/R・E・ワグナー『赤字財政の政治経済学』(原題 "DEMOCRACY IN DEFICIT—The Political Legacy of Lord Keynes—" James M Buchanan, Richard E Wagner 1977年) 深沢実/菊池威訳、文眞堂、1979年、4ページ。
(11) 国会参議員決算委員会議事速記録、2003年3月10日
(12) 石弘光監修『財政構造改革白書』東洋経済新報社、40〜43ページ。
(13) 財務省HP「財政の現状と今後の在り方」平成15年9月による。
(14) 石弘光監修、前掲書、42ページ。
(15) 財務省HP「平成15年度公共投資関係予算のポイント (政府案)」平成14年12月。
(16) moodys.co.jp ホームページ。
(17) moodys.co.jp ホームページ。
(18) moodys.co.jp ホームページ．
(19) 〈日経新聞〉2002年9月21日。
(20) 石弘光監修、前掲財構白書、40ページ。
(21) 石弘光監修、前掲財構白書、40〜41ページ。
(22) 石弘光監修、前掲財構白書、41ページ。
(23) 高橋泰蔵他編集『体系経済学辞典 第6版』東洋経済新報社、1984年、668ページ。
(24) 石弘光監修、前掲書、42ページ。
(25) 石弘光監修、前掲書、41〜42ページ。
(26) アダム・スミス『諸国民の富 (四)』岩波文庫、58〜73ページ。

第 2 章

(1) 財務省、HP「財政の現状と今後のあり方」平成15年9月。
(2) 財務省、前掲財政の現状。
(3) 総務省HP『地方税制』⇒4「資料一覧」⇒「地方税の概要」。
(4) 財務省、前掲財政の現状。
(5) 財務省、前掲財政の現状。
(6) 財務省、前掲財政の現状。
(7) 財務省、前掲財政の現状。
(8) 財務省、前掲財政の現状。
(9) 財務省、前掲財政の現状。
(10) 財務省、前掲財政の現状。
(11) 財務省、前掲財政の現状。
(12) 財務省、前掲財政の現状。
(13) 総務省統計局HP「人口推計」。
(14) 財務省、前掲財政の現状。
(15) 財務省HP「平成15年度財政投融資計画の概要」
(16) 財務省、前掲財投計画の概要。
(17) 財務省HP、『財政投融資レポート2003』。
(18) 島根県総務部財政課HP。
(19) 肥後和夫編『財政学要論〔新版〕』有斐閣双書」昭和53年（1978年）86ページ。
(20) アドルフ・ワグナー『財政学』瀧本美夫訳・解説、同文舘、明治38（1905）年5月20日発行、26～28ページ。(原題："FINANZWISSENSCHAFT" ADOLF WAGNER)
(21) 高橋泰蔵他編集『体系経済学辞典（第6版）』東洋経済新報社、1984年、647ページ。
(22) 高橋泰蔵他編集、前掲辞典、647ページ。
(23) 高橋泰蔵他編集、前掲辞典、647～648ページ。
(24) 高橋泰蔵他編集、前掲辞典、648ページ。
(25) 肥後和夫編、前掲書86～87ページ。
(26) "The Growth of Public Expenditure in the United Kingdom" BY Alan T. Peacock and Jack Wiseman, princeton university press, princeton, 1961。
(27) 石弘光監修『財政構造改革白書』東洋経済新報社、40ページ。

第 3 章

(1) 宮脇淳、宮下忠安『財政システム改革』日本経済新聞社、1995年、183ページ。
(2) 会計検査院『平成14年度決算検査報告』「国の財政の概況」。
(3) 会計検査院、前掲平成14年度報告。

(4) 宮脇淳他、前掲書、182ページ。
(5) 宮脇淳他、前掲書、183～184ページ。
(6) 宮脇淳他、前掲書、184ページ。
(7) 財務省『経済財政白書』（平成15年版）、64～65ページ。
(8) 会計検査院、前掲平成14年度報告。
(9) 会計検査院、前掲平成14年度報告。
(10) 会計検査院『平成13年度決算検査報告』「国の財政の概況」
(11) 会計検査院、前掲平成14年度報告。
(12) 会計検査院、前掲平成14年度報告。
(13) 会計検査院、前掲平成14年度報告。
(14) 会計検査院、前掲平成14年度報告。
(15) 会計検査院『平成13年度決算検査報告』「国の財政の概況」
(16) 木田貴志「特別会計の現状とその分析(1)」〈会計と監査〉2001年6月号、16ページ。
(17) 木田貴志、前掲論文、16～17ページ。
(18) 奥村勇雄「一般会計と特別会計」〈会計と監査〉2001年12月号、35ページ。
(19) 奥村勇雄、前掲論文、35ページ。
(20) 奥村勇雄、前掲論文、35ページ。
(21) 奥村勇雄、前掲論文、35ページ。
(22) 木田貴志、前掲論文、16ページ。
(23) 木田貴志、前掲論文、16ページ。
(24) 木田貴志、前掲論文、16ページ。
(25) 神野直彦『財政学』有斐閣、2002年、115ページ。
(26) 神野直彦、前掲書、115ページ。
(27) 神野直彦、前掲書、115～116ページ。
(28) 神野直彦、前掲書、117ページ。
(29) 神野直彦、前掲書、117ページ。
(30) 神野直彦、前掲書、117ページ。
(31) 神野直彦、前掲書、116ページ。
(32) 神野直彦、前掲書、116ページ。
(33) 神野直彦、前掲書、116～117ページ。
(34) 神野直彦、前掲書、117ページ。

第4章

(1) 財務省HP『財政投融資リポート2003』
(2) 会計検査院「平成14年度決算検査報告の概要」。
(3) 会計検査院、前掲平成14年度概要。

(4) 財務省、前掲リポート2003。
(5) 財務省HP『財政投融資リポート2002』
(6) 財務省、前掲リポート2003。
(7) 財務省、前掲リポート2003。
(8) 財務省、前掲リポート2003。
(9) 財務省、前掲リポート2003。
(10) 財務省『財投リポート2003』「第二部　財政投融資　Q&A」
(11) 郵便貯金HP⇒郵貯情報公開⇒『郵便貯金2002』⇒資料編
⇒郵便貯金資金の運用状況「種目別運用状況」
(12) 特殊法人等改革推進本部「特殊法人等整理合理化計画」、
平成13年10月18日（首相官邸HP2003.12.9）
(13) 『現代用語の基礎知識　2000年版』
(14) 道路公団関係四公団民営化推進委員会「中間整理」平成14年8月30日
（首相官邸「特殊法人民営化政府方針」HP）。
(15) 〈日経新聞〉2003.10.6。
(16) アダム・スミス『諸国民の富』（四）岩波文庫、61～62ページ。

第5章

(1) 財務省HP「財政の現状と今後のあり方」平成15年9月。
(2) 総務省統計局統計センタHP「家計調査報告（二人以上の世帯）」平成14年平均速報結果の概況（貯蓄・負債編結果）〔平成14年8月2日公表〕
(3) 会計検査院『平成13年度決算検査報告』
(4) 大蔵省大臣官房調査企画課長・尾原榮夫編『図説日本の財政（平成6年度版）』1994年、123～124ページ。
(5) 財務省HP　国債関係諸資料「戦後の国債管理政策の推移」。
(6) 大蔵省大臣官房調査企画課長・坂篤郎編『図説日本の財政（平成7年度版）』1995年、124ページ。
(7) 財務省、前掲推移。
(8) 大蔵省大臣官房調査企画課長・田村義雄編『図説日本の財政（平成8年度版）』、1996年、114ページ。
(9) 財務省、前掲推移。
(10) 財務省、HP前掲財政の現状、「国の長期債務残高」平成14年度末見込（予算）の（注1）。
(11) 前掲財務省、前掲財政の現状、「国の長期債務残高」の「注1の説明書」。

第6章

(1) 総務省HP「地方財政の状況」平成15年度。
(2) 総務省HP「地方財政の状況」平成15年度。
(3) 島根県総務部財政課HP財政用語「地方債」
(4) 内閣府、『平成13年版経済財政白書』、186～187ページ。
(5) 総務省HP「平成13年度普通交付税の算定結果等」、平成13年7月31日。
(6) 〈日経新聞〉2003年10月25日。
(7) 〈日経新聞〉2003年10月25日。
(8) 〈日経新聞〉2003年11月15日。
(9) 『現代用語の基礎知識2000年版』。
(10) 『現代用語の基礎知識2000年版』。
(11) 内閣府『平成13年版経済財政白書』（年次経済財政報告）－改革なくして成長なし－（経済財政政策担当大臣報告）平成13年12月。
(12) 内閣府、前掲財政経済白書、185ページ。
(13) 内閣府、前掲財政経済白書、185ページ。
(14) 内閣府、前掲財政経済白書、185ページ。
(15) 桜井良治『分権的土地政策と財政』ぎょうせい、1997年、84～92ページ「地域総合整備事業債（制度と仕組）」、111～113ページ「地域総合整備事業債の発行と交付税措置状況（掛川市まちづくり事業への運用）」。
(16) 内閣府、前掲財政経済白書、185ページ。
(17) 内閣府、前掲財政経済白書、185ページ。
(18) 内閣府、前掲財政経済白書、185～186ページ。
(19) 内閣府、前掲財政経済白書、186ページ。
(20) 縄田康光「特別会計の現状とその分析(2)－交付税特別会計－」〈会計と監査〉2001年8月、19ページ。
(21) 縄田康光、前掲論文、19ページ。
(22) 縄田康光、前掲論文、19ページ。
(23) 縄田康光、前掲論文、19ページ。
(24) 縄田康光、前掲論文、19ページ。
(25) 縄田康光、前掲論文、19～20ページ。
(26) 縄田康光、前掲論文、20ページ。
(27) 縄田康光、前掲論文、20ページ。
(28) 縄田康光、前掲論文、20ページ。
(29) 縄田康光、前掲論文、20ページ。
(30) 縄田康光、前掲論文、20ページ。

第7章

(1) 高木豊『JR28兆円の攻防』、日刊工業新聞社、1997年、175～176ページ。
(2) 高木豊、前掲書、176ページ。
(3) 高木豊、前掲書、177～178ページ。
(4) 高木豊、前掲書、178ページ。
(5) 大谷健『国鉄民営化は成功したのか』朝日新聞社、1997年、51ページ。
(6) 大谷健、前掲書、52ページ。
(7) 石弘光編『財政構造改革白書』東洋経済新報社、326～331ページ。
(8) 石弘光編、前掲財構白書、326ページ。
(9) 石弘光編、前掲財構白書、326～328ページ。
(10) 石弘光編、前掲財構白書、328ページ。
(11) 有安洋樹「国有林野事業特別会計」〈会計と監査〉2001年9月号、21ページ。
(12) 有安洋樹、前掲論文、21ページ。
(13) 有安洋樹、前掲論文、21ページ。
(14) 総務庁行政監察局編『国有林野事業の抜本的改革に向けて』平成2年9月発行、5ページ。
(15) 総務庁、前掲国有林野改革、5ページ。
(16) 総務庁、前掲国有林野改革、5～6ページ。
(17) 総務庁、前掲国有林野改革、6ページ。
(18) 総務庁、前掲国有林野改革、6ページ。
(19) 総務庁、前掲国有林野改革、6ページ。
(20) 宮脇淳、宮下忠安『財政システム改革』日本経済新聞社、1995年、186ページ。
(21) 宮脇淳他、前掲書、186～187ページ。
(22) 宮脇淳他、前掲書、187ページ。
(23) 宮脇淳他、前掲書、187ページ。
(24) 宮脇淳他、前掲書、187ページ。
(25) 宮脇淳他、前掲書、187ページ。
(26) 長谷川正廣他共同論文「国有林野の素材生産事業等における素材の輸送費の積算に当たり、標準車種及び積載量を輸送の実態に適合するように改善させたもの」〈会計と監査〉「検査報告事項解説」2001年6月号、10ページ。
(27) 長谷川正廣他、前掲論文、2001年6月号、10ページ。
(28) 長谷川正廣他、前掲論文、10ページ。
(29) 長谷川正廣他、前掲論文、10ページ。
(30) 有安洋樹、前掲論文、21ページ。
(31) 有安洋樹、前掲論文、21ページ。
(32) 長谷川正廣他、前掲論文、10ページ。
(33) 長谷川正廣他、前掲論文、10～11ページ。
(34) 長谷川正廣他、前掲論文、12ページ。

(35) 有安洋樹、前掲論文、24ページ。

第8章
(1) 〈読売新聞〉平成15年7月27日。

第9章
(1) 経済財政諮問会議「今後の経済財政運営及び経済社会の構造改革に関する基本方針」平成13年6月26日　閣議決定（首相官邸HP）
(2) 社会保険庁HP「医療保険制度改革」。
(3) 第二次臨時行政調査会『第5次（最終）答申』（財）行政管理研究センター、昭和58（1983）年3月15日。
(4) 財務省HP『財政関係諸資料』平成15年8月。
(5) 〈日経新聞〉2002年11月22日。
(6) 民主党HP。
(7) 国会議事録「平成13年度参議院決算委員会」平成15年3月10日。
(8) 前掲国会議事録。

第10章
(1) アダム・スミス『諸国民の富（三）』岩波文庫、1966年、502～503ページ。
(2) R. A. マスグレイブ『財政学Ⅰ』（Richard A.Musgrave "Public Finance in Theory and Practice" New York: McGraw-Hill Book Company, 1980）有斐閣、1983年、2～18ページ。
(3) 法務省『警察白書』平成14年版。
(4) 長野県「財政改革推進プログラム――豊かな未来を創造する財政構造改革への具体的取組み――」平成15年2月（長野県庁HP）
(5) J. Mブキャナン、R. Eワグナー『赤字財政の政治経済学―ケインズの政治的遺産―』文眞堂、昭和55年4月、23ページ。
(6) 奥村勇雄「特別会計の設置は例外的か？」〈会計と監査〉2002年1月号、15ページ。
(7) 奥村勇雄「補正予算を編成しない新"総合予算主義"」〈会計と監査〉2002年2月号、42ページ。
(8) 奥村勇雄、前掲論文、42ページ。
(9) 〈読売新聞〉2003年8月27日。
(10) 〈読売新聞〉2003年8月27日。
(11) 〈日経新聞〉2003年11月3日。
(12) 〈日経新聞〉2003年11月3日。

索　引

（　）は、語句のある場合とない場合を示す。
〔　〕は、事項の補足説明。

【あ】

赤字公債（国債）　8, 17, 50, 137, 234
赤字公債発行（年度）　18, 50
赤字地方債の財投による引き受け　159
赤字づけのデモクラシー　19
赤字特別会計　60, 78, 79, 203
アダム・スミスの基本原則〔生命と財産の保護〕　226
アダム・スミスの財政経費負担原則　40
アメリカのキャップ制度　217
有安洋樹　181, 187
1世帯あたりの負債の現在高　125
一般会計…（歳出総額）　44, 46
一般会計からの（資金）繰り入れ　76, 183, 185
（一般会計からの）資金繰入特例措置の実施状況　202
一般会計から厚生保険特別会計に繰り入れるべき国庫負担金　80
一般会計から交付税特別会計へ特例的な繰り入れ措置　162
一般会計から特別会計への繰入額　77
一般会計から特別会計に繰り入れるべき国庫負担金　80
一般会計からの国有林野事業特別会計への繰入措置　183
一般会計からの特例加算　167, 171
一般会計借入金の金額の推移　143
一般会計国債費（農林水産省予算の削減で財源を捻出）　188
一般会計と特別会計（を合わせた純計額）　75, 85
一般歳出　46, 48
運河や道路建設（公道、橋、運河）　117
江戸時代　66
NTT…資金　194, 213, 222
江本孟紀　25, 223
沿道住民からの寄付金　118
欧米先進諸国の財政再建過程　243
大内兵衛　10
大谷健　177
大鍋の飯を食らう　112
奥村勇雄　82, 237
オーバーローン　208
表債務〔公債〕　68, 122, 194, 207
親子二世代ローン　138
オンブズマン制度　246

【か】

外部監査制度　203
外郭団体　61
会計間等の繰り入れに係わる特例措置　76
会計検査院『平成14年度決算検査報告』　72
各会計間の複雑な会計処理　200
各世代が受け取る受益の額　141
隠れ債務　84, 194, 195, 200, 201
隠れ債務の借入先　198
隠れ債務の（最終）処理　191, 207, 235
隠れ債務の最大の特徴　244
隠れ債務の定義（代表的な形態）　194
隠れ借金　9, 39, 149
家計貯蓄調査　125

索　引　261

カードローン　172
神の見えざる手　226
借入金　168, 122, 220
借入金の借入先　149
借換債（発行額）　50, 135, 198
簡易生命保険（特別会計）　74, 109
環境影響評価　250
関西国際空港　104
菅　直人　220
管理特別会計　81
議会のコントロール　88
基準財政需要額　157, 158, 163
木田貴志　82
義務的経費　29, 48
旧国鉄債務の一般会計継承分　144
（旧）資金運用部（資金）　55, 68, 102
旧日本国有鉄道借入金　144
旧日本国有鉄道清算事業団借入金　145
旧臨時軍事費借入金　143
拠出国債　134
緊急土地対策要綱　177
金融自由化対策資金（自主運用分）
　　145, 147
空港公団　104
国及び地方の長期債務残高　123
国の一般会計からの（特例）加算　156, 158
国の一般会計から交付税特別会計に繰り入れ
　　164
国の補助金や一般会計からの利子補給
　　112
国や地方の費用配分割合　250
クラウディング・アウト（効果）　37, 38, 64
黒字特別会計の余剰金　78
軍事費膨張　4
景気調整機能　227
経費節減のインセンティブ　239
ケインズ, J.M.　12
ケインズ主義　19, 241
ケインズの有効需要論　16
ケインズ派財政論　12

決算（上の）余剰金　83, 223
限界消費性向　13
限界費用が限界便益を上回る採算以下の地域
　　41
限界便益が限界費用を下回る便益の乏しい
　　事業　192
減収補填債　153
減税乗数　14
減税特例国債　129, 130
減税補填債　153, 155
建設公債（国債）　16, 17, 50, 53, 127, 136
建設公債発行〔年度〕　50
建設国債と特例国債の発行割合（あん分割合）
　　139, 140
建設国債の最長償還年限（60年償還ルール）
　　128, 140
（建設）国債発行対象経費（事業）　139, 140
小泉純一郎　25
小泉政権の発足　221
小泉内閣の「構造改革」（財投改革）
　　212, 214
公営企業会計　61
公共財供給範囲（最長使用期間）　140, 234
公共事業（財源）　248, 250
公共事業費　48
公共選択理論　19
公債（金）　54
公債1兆円…元利払負担に関する仮定計算
　　33
公債残高　53, 54
公債の日銀引受　11
公債発行（額）　47, 50, 66
公債発行…禁止（規定）　136, 234
公債（国債）発行30兆円…枠　48, 213, 217
　～220
公債発行の限界費用　40
公債（国債）費　54, 219, 220
厚生年金の国庫負担金の繰入特例　204
構造改革（内閣）　212, 223
高速道路ごとの収益性の高さ　115

高速道路料金プール制　112
（公的）貯蓄性資金　108, 149, 150, 163, 198
交付国債　134
交付税及び譲与税配付金特別会計　75, 143
交付税特別会計（の借入金残高）
　148, 164, 165, 168, 174
交付税特別会計（特会）借入金（国負担
　分・地方負担分）　120, 148, 153, 155, 156,
　158
交付税特別会計借入金の一般会計継承分
　143
交付税特別会計において借り入れを行う
　162, 165
公務員の評価制度　242
国債最長60年償還ルール　189
国債整理基金（特別会計）　17, 75
国債の格付け　31
国債の最終負担者　126
国債の暴落　33
国債引受シンジケート団（シ団）　34
国税5税の一定割合（法定率分）　164, 165
国税総額　44
国鉄事業団承継債務借換国債　130
国鉄清算事業団債券等承継国債　130, 135
国鉄清算事業団が背負った債務　176
国鉄長期債務　176, 179, 206
国民年金特別会計への国庫負担金の繰入…
　特例　204
国民にPR　243
国民の生命、財産の保護　173, 226, 227, 234
国民1人当たり…換算〔公債と政府債務〕
　53, 125
国民負担率　8
国有林野改革　187
国有林野事業改善特別措置法（関連二法）
　182, 187
国有林野事業…債務　182, 207
国有林野事業承継債務借換国債　187
国有林野事業特別会計国有林野事業勘定
　186
国有林野（事業の改革のための）特別措置法
　（一部改正）　183, 187
国有林野事業の改善計画　181, 183
個人純資産　69
国会…予算審議　244, 246
（国家）経費膨張の法則　62, 63
国家債務についての情報公開　243
国家債務の最大化　24
国庫債務負担行為　240

【さ】

財源対策債　153
歳出の硬直化　48
財政（Public Finance）　197
財政赤字の弊害　29
財政憲法　233
財政構造改革　179, 186, 214, 216
財政構造改革の推進に関する特別措置法停
　止法　198
『財政構造改革白書』
　30, 34, 36, 37, 39, 65, 179
財政錯覚　247
財政資金負担原則　40
財政ストック　59, 67, 75, 213
財政全般の情報公開　245
財政調整制度　163
財政投融資　55, 90, 93, 96
財政投融資改革　212, 213
財政投融資計画　55, 57, 62, 87, 92
財政投融資計画からの長期借入分（国有林野）
　185
財政投融資原資　55, 93
財政投融資…残高　58, 61, 97, 126
財政投融資資金からの（長期）借入（金）
　182, 184, 186
財政の硬直化　30
財政のストック化　57
財政の三つの役割　57
財政法第4条「公債発行原則禁止規定」
　83, 128, 136, 234

索　引

財政法第4条の但し書き　136, 234
財政法第6条　223
財政法第13条第1項、第2項　72, 82
財政法第45条　82, 86
財政民主主義の崩壊　39, 196
財政融資（資金）　55, 90, 149
財政融資資金特別会計　147
財政融資資金特別会計国債（財投債）
　95, 98, 99, 133
財政融資資金預託金　102
財投機関債　95, 98, 99
財投原資改革　216
財投原資の預託制度　98
財投事業としての選択基準　105
財投事業の貸し出しストック　68
財投事業への一般会計からの利子補給
　103
「歳入なくして支出なし」　171
財務省（のホームページ）　243
債務の世紀　4
債務返済機構〔道路公団改革〕　111, 112
債務膨張の歯止め　232
裁量的経費　29, 48
佐藤泰介　221
産業投資特別会計　55, 91, 93
三公社改革（民営化）　110
三公社五現業　215
三位一体改革　159, 232
塩川正十郎　32
事業から受益を受ける者と費用の最終負担
　者との関係　248
事業ごとのコストと便益（資金調達方法）
　246, 248〜250
事業の公共性と収益性　103
事業特別会計（の運営規律）　81, 132
止血措置（利子に対する一般会計からの繰
　り入れ）　187
資源配分機能　227
自主運用　102
市場の失敗　4

静岡銀行　32
静岡県の大井川水系　104
自然的自由の体系　226
市町村税　44
失業者やホームレス　228
実質的国民負担率　9
実体経済のファンダメンタルズ　20
自賠責（自動車損害賠償責任保険）　204
自賠責特別会計（から一般会計への繰り入れ）
　204, 205
自賠責保険の積立余剰金　201
資本の本源的蓄積　10
島根県中海干拓事業　104
社会主義経済　21
社会保険料負担　44
収益の地域還元　113, 115
収穫逓減法則　105
住宅金融公庫の住宅ローン利子に対する政
　策目的の利子補給　84
住宅ローンの元利返済額　49
収支差　72
受益原則　40
受益者の特定範囲　249
受益者負担原則（制度）　117, 234, 235, 247
受益と負担の一致（構造）　36, 174
出資国債　134
準公共財　107
純粋な公共財　87
「純便益」の最大化　174
上下分離案　111
乗数（理論）　13〜15,
消費税　44, 46
情報公開（開示）　236, 243, 250
将来世代の国民負担率　35
初期投資　13
殖産興業政策　10
所得再分配機能　227
所得・消費・資産の課税の均衡　46
所得税（の特別減税）　44, 129
自利の追求　21

（新規）債務創出規制（法）　230, 233
人口の高齢化に伴う財政需要の増大　42
真の受益者を最終負担者として決定する作業　210, 250
すべての政権が遵守すべき歳出抑制基準　217
スミス，A　21, 116, 117, 174, 226, 227
政官財の癒着　23
政権交代ごとの債務増大傾向　25
政治家…官僚の行動様式（利己心の追求）　22, 196
清算事業団…長期債務等の残高（処理）　179, 180
生産物要素費用　20
政党政治と債務増加の関係　26
制度減税　130
税の自然増収　16
政府関係機関予算　55, 87, 88, 91, 92, 216
政府資産と国内資産との相殺論　126
政府支出乗数　14, 15
政府保証債及び政府保証借入金　93
石油ショック　181
世代間の公平　39
世代間の負担の（転嫁）問題　34, 36
瀬戸内海三橋建設資金　113
選挙票の獲得数の最大化　23, 230
潜在的国民負担率　9
戦時公債政策　11
戦時増税　64
前年度予算継承主義　239
増税乗数　15
総花的な補助金政策からの脱却　232
総費用と総便益との比較考量　250
租税と公債　15
租税利益原則　116
その他の国債（特別国債）　122

【た】

第一の予算　95
第一次中曽根内閣時代　215
第二次臨時行政調査会（第二臨調）　215
第二の予算　95
第三セクター　61, 124
対照的（シンメトリカル）な財政政策　12
代表なきところに課税なし　39
タイム・ラグ　20
大量の特例公債が増加することと変わりなく　141
高木　豊　176
脱ダム宣言　232
田中康夫　232
たばこ特別法　188
単一予算主義　237
単年度予算編成　240
地域間資金配分　163
地域ごとの受益に応じた負担原則　248
地域総合整備事業債（地総債）　164
地方外郭団体　123
地方公営企業借入金残高（普通会計負担分）　153
地方交付税特別会計への資金の繰入れ延期　201
地方交付税の所要額　165
地方交付税の特定財源化　164
地方交付税法第6条の3第2項　166
地方財政（計画）　61, 153, 161
地方財政法第5条の特例となる地方債　156, 158
地方債残高　153
地方債の元利負担措置　164
地方自主財源の拡充　173, 197
地方税　44
地方第三種空港　104
地方単独事業の増加　163
地方の「要交付税額」　170
地方分権一括法　160, 161
地方分権推進法　160
地方分権の推進に関する基本方針　160
中部国際空港建設　241, 242
長期公債というローラー　208

長期国債発行による60年償還　111
低金利（時代）　33,64
定率減税　130
デフレ不況　164
転位効果　64
投資の限界効率の低下　105,132
道府県税　44
東名高速道路　114,115,116
道路関係四公団の改革　111
道路公団の債務　235
道路族　114
道路ドル箱路線　114
道路目的税　248
道路（四）公団の（分割）民営化　110,111
特殊法人等整理合理化計画　108
特殊法人…民営化（に関する政府方針）　108,111
特別会計借入金　120,167
特別会計借入金の地方継承分〔交付税特会〕　168
特別会計総額　58
特別会計と一般会計の予算規模　74
特例公債（国債）　53,128,137
特例公債の増加という形　35
特例地方債の発行　167,171
特例法　18,137
土光敏夫　215

【な】

内国債発行額の推移　122
長崎県諫早湾干拓事業　104
中曽根内閣の行政改革　110
ナショナル・ミニマム　106,172,173,234
70歳以上の老人負担〔医療費負担〕　213
縄田康光　166
日露戦費公債　11
日本国憲法の条文　233
日本国債の格付け　32
日本道路公団（ホームページ）　110,115
日本の官公庁のホームページ（情報公開の水準）　114,243
日本の人口　53
日本の税体系　45
年金国庫負担金の繰り延べ措置　201
年金財政（資金）　108,203
年金特別会計　237
年収の11倍の住宅ローン　53

【は】

長谷川正廣　186
花見酒の構図　7
ピーコック，A　64
非市場性貯蓄資金　198
被保険者の本人負担割合　213
費用便益分析　250
平野幸久　241
フィスカル・ポリシー（政策）　12,14,16,17,18,19,20
ブキャナン，J.M.　18,233
福祉国家　4
複数年度予算のモデル事業　240
負債ストック　61
不生産的人口　22
双子の赤字　18
普通会計　61
普通国債　122,127
負の財政ストック　59
プライマリー・バランス　231
フローで見た財政投融資計画の合計　61
フロー（の代表）　44,65
分割・民営化　180
『分権的土地政策と財政』　106,164
平成6，7，8年分所得税特別減税　130
平成13年度決算検査報告　126
平成13年度決算に関する参議院決算委員会　221
平成13年度に生まれた新規の隠れ借金の総額　222
平成14年度決算（の概要）　73,74
平成14年度…補正予算額　219,238

平成15年度の財源不足の補てん措置　157
平成15年度予算　44
平成バブル（不況）　20, 75
便益と費用について比較考量　24
法人税　44
法定受託事務　161
「法定率分」を超えた「所要額」　164, 165
保険特別会計　81, 237
保険料負担の増大　213
補正予算　48, 238, 239
ボツワナ　32
本州四国連絡橋（三橋）公団　104, 110
本州四国連絡橋公団債務　235

【ま】

マイナスのストック　68
毎年3万人の自殺者　229
マスグレイブ，R.A.　227
マルクス，カール　10
見合いの資産　127, 177
三重県長良川河口堰建設事業　104
水資源開発公団　104
未達　34
三橋料金プール制　113
宮脇　淳　74, 185
民主主義社会の政策決定過程　26
民主党…法律で縛るための法案が提出　220
無限の将来に及ぶ租税担保枠　23
無限連鎖講（ねずみ講）　6
ムーディーズ社（の格付け）　31, 32
モラル・ハザード　113, 248

【や】

有効需要の波及効果　13
融資特別会計　81
郵政公社　120, 224
郵政事業特別会計及び郵便貯金特別会計が廃止　224
郵政事業特別会計借入金　120
郵貯資金の運用状況の変動　102
郵貯や年金資金の財投への預託制度が廃止　147
郵便貯金資金（と簡易生命保険資金）　91, 93, 109
郵便貯金特別会計（借入金）　76, 120, 147
ゆりかごから墓場まで　4, 5
翌年度繰越損失金が生じている特別会計　78
翌年度繰越利益金　78
予算及び財政投融資計画の説明　236
予算原則　88
予算書　54, 244
予算統制　86
予算年度を越えて継続する事業の総事業費　249
予算の統一性の原則　86
余剰特別会計　60
預託制度（義務）…廃止　55, 102

【ら】

利益誘導　172
リカード，D　104
利子補給　188
利払費　54
料金プール制　112〜116
「量入制出の原則」　171
臨時財政対策債　153, 155, 157〜159
臨時地方特例交付金　168
臨時特別税　11
臨界状態　4
60年償還（ルール）の国債発行　189, 208
老人拠出金　214

【わ】

ワインズマン，J　64
ワグナー，アドルフ　62

著者紹介

桜井良治（さくらい・りょうじ）
1951年、新潟市に生まれる。
1987年、東京大学大学院経済学研究科博士課程所定演習単位取得。
1988年から、沖縄大学専任講師、1990年から同助教授。
1992年から、静岡大学法経短期大学部助教授、1994年から同教授。
1995年から、静岡大学人文学部教授となり、現在に至る。（財政学担当）
主な著書に、
共著　佐藤進編『日本の財政』1986年2月（ぎょうせい刊）
単著　『分権的土地政策と財政』1997年2月（ぎょうせい刊）
　〃　『日本の土地税制』1998年12月（税務経理協会刊）

政府債務の世紀
── 国家・地方債務の全貌 ──

（検印廃止）

2004年5月25日　初版第1版発行

著　者	桜　井　良　治
発行者	武　市　一　幸

発行所　株式会社 **新　評　論**

〒169-0051 東京都新宿区西早稲田3-16-28
http://www.shinhyoron.co.jp

TEL　03（3202）7391
FAX　03（3202）5832
振替　00160-1-113487

落丁・乱丁本はお取り替えします。
定価はカバーに表示してあります。

印刷　フォレスト
製本　清水製本プラス紙工
総幀　山田英春＋根本貴美枝

©桜井良治　2004　　　　　　　　　　　Printed in Japan
ISBN4-7948-0627-2　C3033

好評刊

川瀬 雄也	公共部門と経済的厚生	3,990円
石水 喜夫	市場中心主義への挑戦 －人口減少の衝撃と日本経済－	3,360円
下平尾 勲 編	現代の金融と地域経済 －下平尾勲退官記念論集－	7,875円
竹内 良夫	現代世界の地方財政	2,625円
田口 冬樹／坪井 順一	消費者のための経営学	2,940円
佐藤 俊幸	バブル経済の発生と展開 －日本とドイツの株価変動の比較研究－	2,520円
諏訪 雄三	公共事業を考える	3,360円
関 満博／大塚 幸雄 編	阪神復興と地域産業	4,725円

＊すべて定価・税5％